高等院校特色规划教材

碎屑岩成岩作用

(富媒体)

张鹏辉 梁 杰 编著

石油工业出版社

内 容 提 要

本书全面系统地介绍了碎屑岩成岩作用的理论和知识体系。全书共分六章，介绍了碎屑岩成岩作用研究概况和发展趋势、碎屑岩储层主要的成岩作用类型、碎屑岩成岩阶段的划分、碎屑岩成岩作用模拟、碎屑岩成岩作用与储层孔隙系统的内在关系、致密砂岩储层成岩作用实例分析等内容。本书内容丰富，结构合理，系统性强，图文并茂，突出了一定的油气矿产领域特色，囊括了近期碎屑岩成岩作用研究的新进展，并附有富媒体资料，方便学生学习。

本书可作为海洋、石油、地矿等高等院校有关专业本科生和研究生的成岩作用、沉积学及储层地质学等相关课程的教材，也可供其他专业师生、相关地质科技及油气勘探工作者阅读和参考。

图书在版编目（CIP）数据

碎屑岩成岩作用：富媒体 / 张鹏辉，梁杰编著 . —北京：石油工业出版社，2023.3

高等院校特色规划教材

ISBN 978-7-5183-5945-5

Ⅰ.①碎⋯ Ⅱ.①张⋯②梁⋯ Ⅲ.①碎屑岩—成岩作用—高等学校—教材 Ⅳ.①P588.21

中国国家版本馆 CIP 数据核字（2023）第 047313 号

出版发行：石油工业出版社
　　　　　（北京市朝阳区安定门外安华里 2 区 1 号楼　100011）
　　　　　网　　址：www.petropub.com
　　　　　编辑部：（010）64523697
　　　　　图书营销中心：（010）64523633
经　　销：全国新华书店
排　　版：三河市聚拓图文制作有限公司
印　　刷：北京中石油彩色印刷有限责任公司

2023 年 3 月第 1 版　2023 年 3 月第 1 次印刷
787 毫米×1092 毫米　开本：1/16　印张：9.25
字数：206 千字

定价：28.00 元
（如发现印装质量问题，我社图书营销中心负责调换）
版权所有，翻印必究

前　言

碎屑岩成岩作用的研究是沉积岩石学、石油地质学、地球物理学、海洋科学、油层物理学、地球化学与现代分析测试技术相互渗透的一门交叉学科领域。自20世纪70年代以来，碎屑岩储层的成岩作用研究取得了巨大进展，也在一定程度上推动了地学前缘学科领域的发展。成岩作用的研究不仅体现在理论上，而且在油气勘探实践中取得了很好的经济效果。党的二十大作出"加大油气资源勘探开发和增储上产力度""加强能源产供储销体系建设，确保能源安全""加快建设海洋强国"等重要部署。为有效提升石油、天然气自给保障能力，我国持续推动陆上油气稳产增产，加速海洋油气勘探开发向深水迈进，大力开发非常规油气。新时代使命在肩，为推动我国石油工业高质量发展、增强能源安全保障能力指明了前进方向，也为做好海洋工作、助力自然资源事业发展提供了根本遵循。

进入21世纪以来，碎屑岩成岩作用的研究取得了一系列重要的进展，然而，目前国内使用的碎屑岩成岩作用教科书大多仍是20世纪八九十年代出版的教材，此后一直未有新的教科书出版。

本书是一本为石油地质、海洋地质、地质学、资源勘查工程、地质工程、矿产普查与勘探及相近专业高年级本科生、研究生编写的基础性教材。为满足人才培养和油气勘探的需求，本书吸收了以往出版的国内外相关教材的优点，还囊括了近年来碎屑岩成岩作用研究的最新进展。全书共分六章。第一章系统介绍了碎屑岩成岩作用研究现状和主要的研究技术方法，并展望了未来的发展趋势。第二章总结了碎屑岩储层主要的成岩作用类型。第三章阐述并对比了国内外主流的碎屑岩储层成岩阶段的划分标准及划分依据。第四章碎屑岩成岩作用模拟，介绍了碎屑岩成岩作用模拟原理、方法及其应用。第五章从油气地质意义的角度，强调了碎屑岩成岩作用与储层孔隙系统的内在关系。第六章着重围绕致密砂岩储层，从沉积和层序地层对成岩演化的控制角度进行了实例分析。

本书由河海大学张鹏辉、梁杰编写。在本书的编写过程中，得到了张金亮教授、Yong Il Lee教授、常象春教授等的指导，并得到了江苏省优势学科建设工程三期项目和河海大学重点教材项目的经费支持，在此表示衷心的感谢。

由于水平有限，书中谬误在所难免，敬请广大读者批评指正。

编著者
2023年1月

目 录

第一章 绪论 ··· 1
 第一节 碎屑岩成岩作用研究概况 ··· 1
 第二节 碎屑岩成岩作用研究的发展趋势及展望 ······························· 2
 参考文献 ··· 11

第二章 碎屑岩储层主要的成岩作用 ··· 20
 第一节 机械压实作用和压溶作用 ··· 20
 第二节 胶结作用 ··· 22
 第三节 溶解（溶蚀）作用 ··· 37
 第四节 交代作用 ··· 39
 参考文献 ··· 40

第三章 碎屑岩成岩阶段的划分 ·· 45
 第一节 国内外学者关于碎屑岩成岩阶段的划分方案 ························· 45
 第二节 碎屑岩成岩阶段的划分依据及其主要标志 ···························· 47
 参考文献 ··· 51

第四章 碎屑岩成岩作用模拟 ·· 53
 第一节 成岩作用物理模拟实验 ·· 53
 第二节 成岩作用数值模拟 ··· 59
 参考文献 ··· 64

第五章 碎屑岩成岩作用与孔隙系统 ··· 67
 第一节 碎屑岩孔隙类型及孔隙结构特征 ··· 67
 第二节 碎屑岩储层粒间孔隙保存机制 ··· 69
 第三节 碎屑岩储层质量 ··· 82
 参考文献 ··· 87

第六章　致密砂岩储层成岩作用实例分析 …………………………………………… 96
　　第一节　沉积相框架下的致密砂岩储层成岩作用研究 …………………………… 96
　　第二节　层序地层框架下的致密砂岩储层成岩作用研究 ………………………… 115
　　参考文献 ……………………………………………………………………………… 134

富媒体目录

序号	名称	页码
1	彩图1-3 海泛面之下碎屑沉积物中碳酸盐胶结发育的示意图(据Morad等,2012,有修改)	5
2	彩图1-5 石英胶结物构造图(据Laubach等,2010,有修改)	7
3	彩图2-5 碳酸盐胶结作用镜下特征	27
4	视频2-1 扫描电镜联合能谱分析	30
5	彩图2-7 绿泥石胶结作用镜下特征	31
6	彩图4-5 模拟的石英胶结及其生长步骤(据Lander等,2008)	60
7	视频5-1 基于聚焦离子束扫描电子显微镜的三维表征	69
8	彩图5-1 富绿泥石膜砂岩储层的沉积环境频率(据Dowey等,2012)	71
9	彩图5-2 绿泥石膜微观特征	73
10	彩图5-5 解释示意模型表征美国墨西哥湾白垩系Tuscaloosa组砂岩在热演化中绿泥石膜对后期石英胶结的抑制过程(据Ajdukiewicz和Larese,2012,有修改)	75
11	彩图5-7 微晶石英膜微观镜下特征	77
12	彩图5-10 控制碎屑岩储层成岩作用的各种复杂因素(据Morad等,2012,有修改)	84
13	彩图6-8 岩样核磁共振T_2谱曲线图	105
14	彩图6-12 松辽盆地长岭断陷登娄库组储层质量预测概念模型(据Zhang等,2015,有修改)	111
15	彩图6-13 第1类储层样品(a)和第3类储层样品(b)的CT图像2D切片	112

续表

序号	名称	页码
16	彩图 6-15　第 1 类储层样品的 2D 和 3D 体积渲染可视化（据 Zhang 等，2019，有修改）	114
17	彩图 6-16　第 3 类储层样品的 2D 和 3D 体积渲染可视化（据 Zhang 等，2019，有修改）	114
18	彩图 6-17　第 1 类储层样品的流体渗流模拟结果	115

第一章

绪论

第一节 碎屑岩成岩作用研究概况

碎屑岩储层是目前世界上各主要含油气区的重要储层之一。在岩石类型上主要包括粗砂岩、中砂岩、细砂岩、粉砂岩、砂砾岩、砾岩等碎屑沉积岩。其中以中砂岩、细砂岩和粉砂岩储层最为常见。

自20世纪70年代以来，碎屑岩成岩作用研究取得了巨大进展，也在一定程度上推动了地学前缘学科领域的发展。作为当今沉积学和盆地研究的前沿研究领域（Wolf和Chilingar，1992；Gluyas和Coleman，1992；Morad等，2000；Milliken，2003；李忠等，2006；Laubach等，2010；Boggs，2011；Bjørlykke和Jahren，2012；张金亮等，2013；Worden等，2018），一直以来，碎屑岩成岩作用与含油气盆地的勘探开发紧密相关，在石油地质界引起了广泛关注。目前普遍认同的成岩作用的概念是指沉积物被埋藏以后、变质作用之前，在较低的温度和压力条件下所发生的物理及化学变化，而不是仅仅在狭义上指沉积物的石化和固结作用（郑俊茂和庞明，1989；刘宝珺和张锦泉，1992）。在盆地历史的沉积、埋藏和抬升周期中，随着周围环境的温度、压力和化学变化，这些过程持续活跃（Morad，2000）。成岩作用的能量来自沉积物的各种矿物组分和孔隙流体。沉积矿物组合通过孔隙流体的水—岩相互作用，与周围地球化学环境达到平衡。成岩反应的基本驱动机制是一种或多种环境孔隙流体化学、温度和压力的变化（Morad等，2010）。在温度和有效应力随时间变化而变化的条件下，砂岩成分、结构和流体化学等因素的复杂和变化的相互作用产生了与储层孔隙度和渗透率相关的广泛影响（Gluyas和Coleman，1992；Taylor等，2010；Bjørlykke和Jahren，2012）。碎屑岩的一系列成岩变化，对于碎屑岩孔隙的形成、保存和破坏均起着非常重要的作用，对储层物性有着决定性的影响，成岩作用的研究不仅体现在理论上，而且对于评估储层质量风险尤其重要，在油气勘探实践中取得了很好的经济效果（Pittman，1979；郑俊茂和庞明，1989；Taylor等，2010；Tobin等，2010；Bjørlykke和Jahren，2012）。因而，碎屑岩成岩作用是深化碎屑岩储层地质理论、合理解释油气储集空间形成机理和有利孔隙发育带的重要基础，也是储层定性和定量评价、油层开发所不可缺少的依据（郑俊茂和庞明，1989；Worden 等，2018）。

与此同时，铸体薄片、扫描电镜、透射电镜、阴极发光、电子探针、X 射线衍射、微纳米 CT 图像分析、流体包裹体测定、能谱分析、等离子发射光谱、同位素质谱、测年分析、微生物成岩作用示踪、微区分析技术等实验测试技术的广泛应用及技术手段创新，使成岩作用研究进入了快速发展阶段。综观碎屑岩成岩作用的研究历史，成岩作用研究从埋藏和早期成岩作用、成岩机理、次生孔隙及无机—有机相互作用的研究时期（Pittman，1979；Schmidt 和 McDonald，1979；Wilson，1982；Larsen 和 Chilingar，1983；Surdam 等，1984；朱国华和裘亦楠，1984；纪友亮等，1995；柳益群和李文厚，1996；赵澄林和朱筱敏，2001；顾家裕等，2001；曾溅辉，2001；应凤祥等，2004；张金亮等，2004；刘成林等，2005；朱筱敏等，2006；Dutton，2008），过渡到近年来以地质流体、水—岩相互作用机制、成岩作用定量化、成岩数值模拟、区域时空演化及其动力学分析为主的研究时期（Powley，1990；Gluyas 和 Coleman，1992；王琪等，1994；Walderhaug，1996；蔡春芳等，1997；Chen 等，1997；袁静和赵澄林，2000；Seewald，2003；史基安等，2003；蔡进功等，2003；蒋凌志等，2004；寿建峰，2005；金振奎和刘春慧，2008；Morad 等，2010；Lander 和 Bonnell，2010；Bjørlykke 和 Jahren，2012；Yuan 等，2017；罗静兰等，2019；Yang 等，2020；Ma 等，2020；Zhi 等，2022；操应长等，2022）。

碎屑岩成岩作用的研究早已超出传统岩石学的研究范畴，伴随着油气勘探工作的日益深入，它已发展成为沉积岩石学、石油地质学、地球物理学、油层物理学、海洋科学、地球化学与现代分析测试技术相互渗透的一门学科。碎屑岩成岩作用的研究，是扩大油气勘探领域的需要，是盆地油气资源评价的需要，是提高油气田开发效果和保护油气层的需要，也是全面认识沉积岩的需要。

第二节 碎屑岩成岩作用研究的发展趋势及展望

一、碎屑岩成岩作用数值模拟技术逐步成熟

碎屑岩成岩作用数值模拟是通过模拟成岩参数的选取，从时间域和空间域预测这些参数的分布，进而通过这种简化的模型按尺度需要进行区域储层的评价与预测研究。在过去的 30 多年中，对于储层质量的预测模拟已从侧重于表征扩展到包括面向过程的模型（Indu，1990；Wood 和 Byres，1994；Taylor 等，2010；Worden 等，2018）。模型类型包括反应输运模型、压实和胶结的校准数值模型以及颗粒/孔隙尺度几何模型。目前的储层质量预测数值模拟模型/软件包括 Geologica's exemplar® （Lander 和 Walderhaug，1999）、Geocosm 公司的 Touchstone 模型（Lander 等，2008）、ExxonMobil 公司的 RQFM 模型，以及同时考虑了一整套流体地球化学反应与流体平流和扩散的反应输运模型（RTM 模型）（Bethke，1996，2008；Jones 等，2002；Xiao 和 Jones，2006；Yuan 等，2017；Esch，

2019）等。石英胶结（Walderhaug，1996，2000；Lander 和 Walderhaug，1999）、斜长石钠长石化（Perez 和 Boles，2005）、蒙皂石伊利石化的经验校准动力学模型，以及纤维状伊利石形成（Lander 和 Bonnell，2010）等模型已被证明可适用于砂岩和泥岩。例如，砂岩压实和石英胶结的数值正演模拟（如 Touchstone）与盆地模拟得出的热史和应力史相关，代表了定量孔隙度和渗透率预测的最新技术（Lander 等，2008；Lander 和 Bonnell，2010；Tobin 等，2010），如图 1-1 所示。所有类型的成岩模型都得益于与约束沉积物组成和结构的沉积模型以及约束热史、应力史和流体通量演化史的 3D 盆地模型的集成。此外，孟元林等（2003）和何东博等（2004）分别采用单因素模型来模拟各种具体成岩作用的作用模拟方法和强调预测储层目的性的效应模拟方法，有针对性地选取成岩阶段划分指标等作为成岩参数，开展了成岩史模拟和成岩阶段空间分布预测，收到良好的应用效果。成岩作用数值模拟结合了沉积和构造等地质资料，定量刻画成岩趋势的空间变化特征，实现成岩作用时空演化规律的模拟，为成岩作用研究提供了一种全新的技术手段。

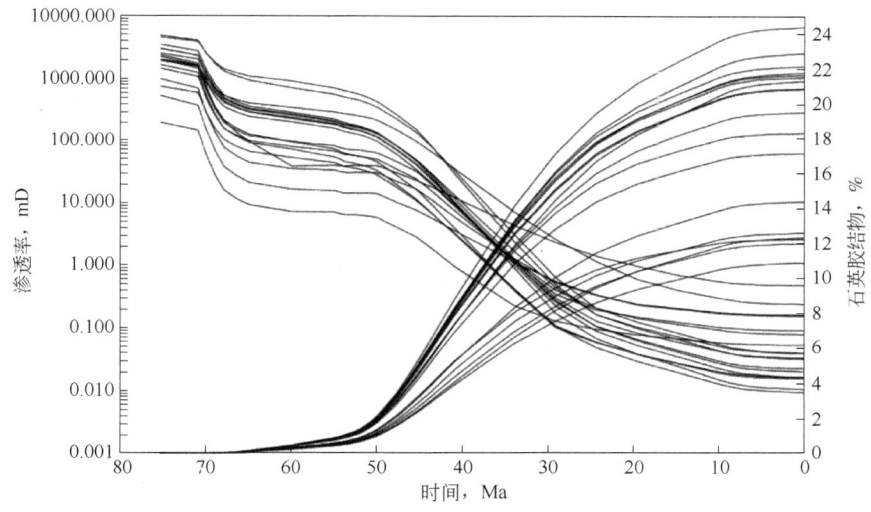

图 1-1　应用 Touchstone 模型来模拟渗透率和石英胶结物随时间的
变化特征（据 Tobin 等，2010，有修改）

二、层序地层/沉积相框架下的成岩作用迅速发展

近年来，将成岩矿物的分布与层序地层/沉积相相结合已成为一种预测成岩矿物在储层中时空演化的重要理念（Taylor 等，1995；Morad 等，2000，2010；Rossi 等，2001；Ketzer 等，2003；El-Ghali 等，2006a；罗忠等，2007；Mansurbeg 等，2008；吴因业等，2011；Kordi 等，2011；Zhang 等，2014；Haile 等，2018；Leila 和 Moscariello 等，2019；Bello 等，2021），因为海（湖）平面变化及不同的沉积环境会引起早期孔隙水化学性质的变化，而这一变化又直接或间接促使了各种成岩过程演化的发生。通过整合成岩作用与沉积相或层序地层序列，大尺度范围内时间和空间成岩演化的过程可以更好地限制在这一

碎屑岩成岩作用（富媒体）

框架中，甚至可以被预测（Kordi 等，2011）。在层序地层/沉积相的框架下开展成岩作用研究是可行的，因为海（湖）平面变化率和沉积物供应速率控制了成岩演化的类型和程度（Morad 等，2000，2010），而这些相应的控制参数主要包括：（1）近地表的孔隙水化学性质的变化；（2）一组特定的地球化学条件下的沉积物的沉积速率和滞留时间；（3）碎屑组分和结构的变化，特别是考虑到盆地内部和外部颗粒类型、数量和空间分布；（4）沉积环境和沉积相，这是由水进和水退事件控制；（5）生物扰动，这会改变砂岩的渗透率和有机质含量（Amorosi，1995；Taylor 等，2000；Ketzer 等，2002，2003；Reed 等，2005；Morad 等，2010；Kordi 等，2011）。通过在层序地层/沉积相框架下分析研究各成岩矿物的分布及储层质量的演化，从而构建出一个可以演示成岩变化及成岩演化路径的预测模型。如图 1-2 所示，Kordi 等（2011）在研究埃及西奈半岛西南部寒武—奥陶系底部砂岩单元时建立了一个在层序地层框架内描述潮下带海侵体系域（TST）和河流相低位体系域（LST）中成岩演化的概念模型，表明早成岩和中成岩的成岩变化均可关联到沉积相、层序界面及体系域中。通过成岩作用与层序地层/沉积相的交叉融合来研究成岩演变的时空配置关系（图 1-3），可以更好地与碎屑岩储层质量和储层非均质性相关联，从而提升预测潜在有利储层分布的能力。

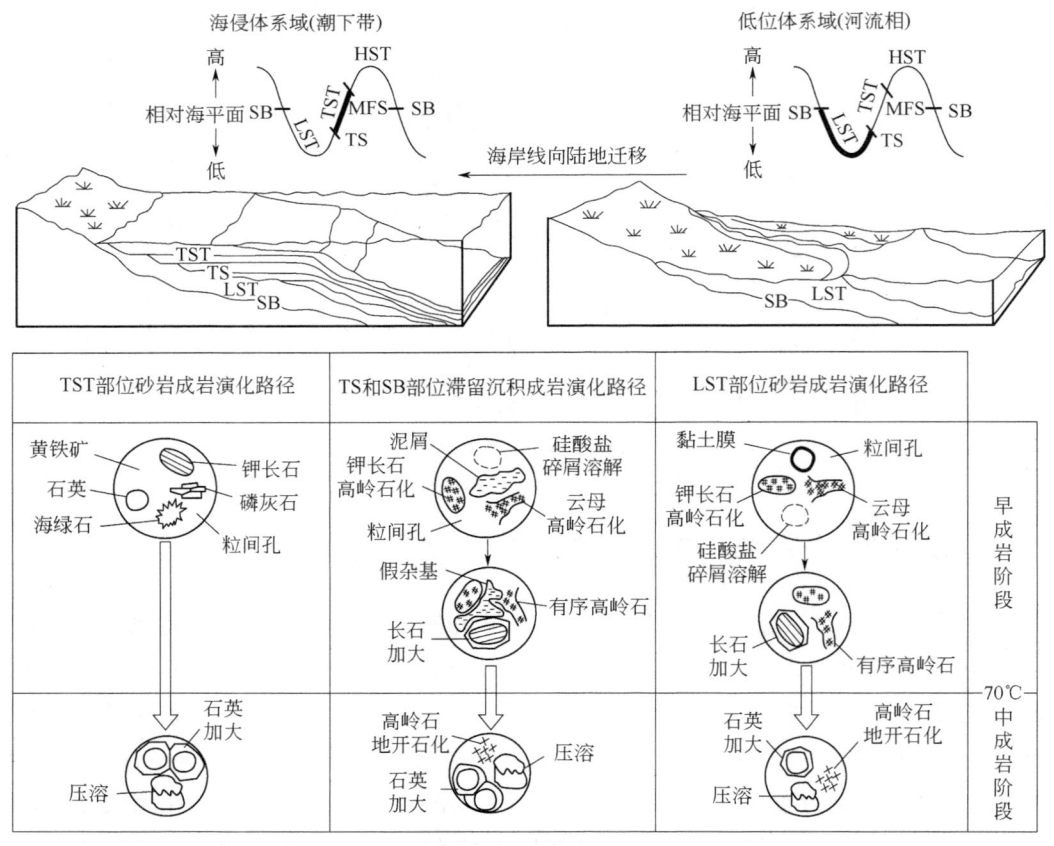

图 1-2 成岩变化及成岩演化路径的预测模型图（据 Kordi 等，2011，有修改）
TS—海侵面；SB—层序边界；HST—高位体系域；MFS—最大海泛面

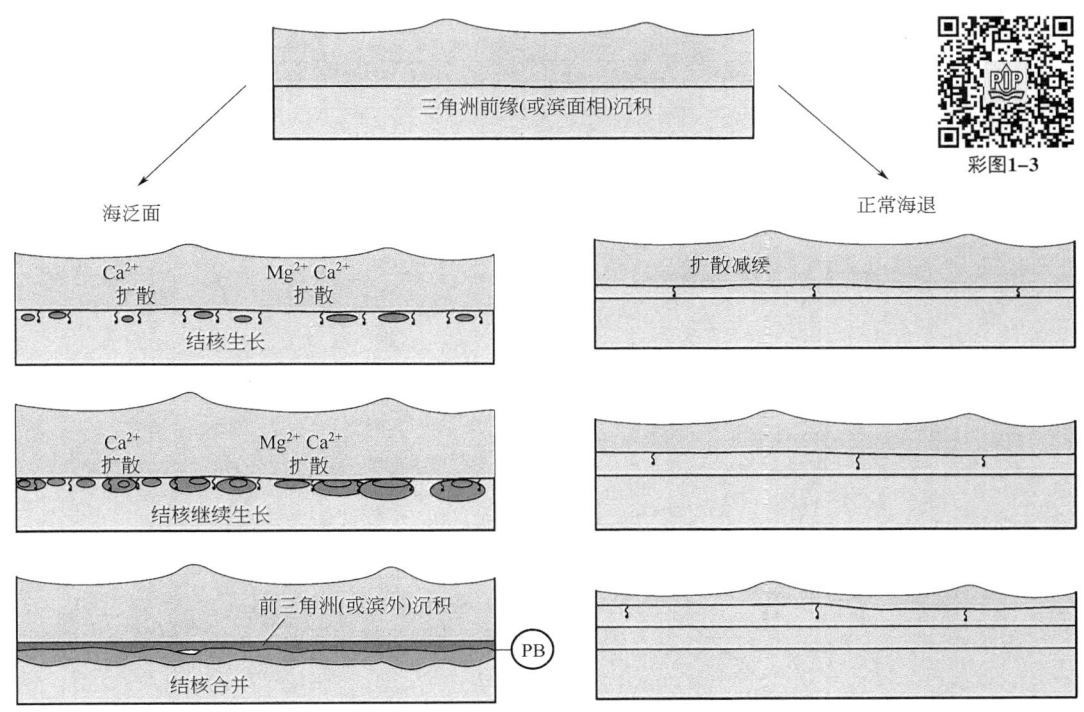

图 1-3　海泛面之下碎屑沉积物中碳酸盐胶结发育的示意图

（据 Morad 等，2012，有修改）

PB—准层序界面

三、碱性成岩作用对成岩作用理论的进一步丰富与完善

成岩环境影响了成岩矿物的溶解和沉淀，不同学者在含油气盆地成岩作用研究中找到了碱性成岩环境存在的依据（Hancock，1978；陈忠等，1996；陆永潮等，1999；吕明，1999；Wang 等，2018），一些学者对石英在一定的碱性水作用下发生溶解的现象进行了分析探讨（地质矿产部情报研究所，1988；Patricia，1994；谭先锋等，2010），这种现象是经典成岩作用中的酸性溶解作用所无法解释的。邱隆伟等（2001）对泌阳凹陷核桃园组二段和三段储层从沉积物及水化学和岩石组构表现两方面分析并找出石英溶解的证据，再分析了碱性成岩作用对储层的影响。以碱性成岩环境为背景，碱性成岩作用探讨了成岩作用过程中碎屑岩储层中主要造岩矿物的稳定性，以及储层中石英溶解的原因和石英直接溶解现象的识别方法，系统分析碱性成岩作用下成岩变化特征及其对储集空间的影响（邱隆伟和姜在兴，2006）。由于在埋藏成岩作用过程中总体以碱性地层水为背景，使得储层埋藏过程中的成岩响应及次生孔隙发育特征与经典的次生孔隙形成机制相区别（邱隆伟等，2001），如图 1-4 所示。碱性成岩作用的提出也促使对成岩环境及其影响有更为深入的认识，准确分析了储层不同成因类型的孔隙特征，丰富和完善了成岩作用理论，同

时也为储层评价和预测提供新的理论指导。

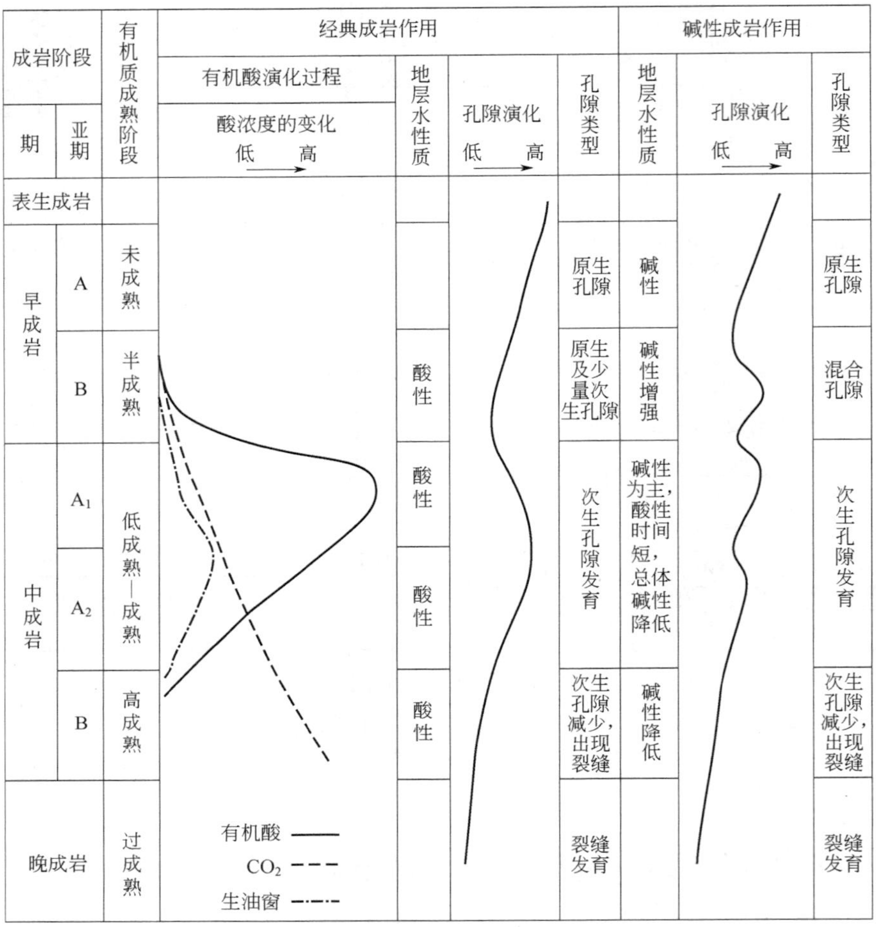

图 1-4　碱性成岩作用和经典成岩作用对孔隙发育的影响对比图（据杜乐天，1986；林西生等，1992；陈丽华和姜在兴，1994；邱隆伟等，2001，有修改）

四、构造成岩作用开拓了深部盆地研究新思路

构造成岩作用研究的是变形或变形构造与沉积物化学变化的关系，将研究的目光放在相对低温的沉积盆地的构造和成岩现象中去，而不是传统意义上理解的构造或变质作用中的构造变形。传统的成岩作用研究主要关注的是沉积物演化的化学反应和流程，很少涉及结构或力学的研究内容。不同于只关注流体与岩石骨架反应过程的传统成岩作用研究，构造成岩作用将变形过程或变形构造也纳入了储层成因与演化研究（Laubach 等，2010）。构造分析和成岩作用相结合的研究工作开始为国内外学者熟知，这一研究领域可以更深入地探讨深部盆地的流体流动、储集等过程。Laubach 等（2010）对美国东得克萨斯白垩系棉谷砂岩样品开展了构造成岩作用的研究，提出存在于胶结物中的裂缝所封闭的纹理显示了张开型裂隙与同沉积的裂隙封闭的胶结物可能会影响裂隙的演化，这些裂隙封闭的纹理

状胶结物中包含流体包裹体组合可以用来与构造信息、热演化史一起来构建成岩模型;同时,流体包裹体研究还表明裂隙张开以及随之而来的裂隙中胶结物的充填时期等同于母岩中孔隙充填的石英胶结物及相伴随的区域埋藏成岩时期(Laubach等,2010)。这样一种流体包裹体、成岩模型及精细分辨率的胶结物序列(图1-5),以及在中等—深埋沉积岩中广泛发育的裂隙组合可以在一个大尺度的构造上揭示胶结物形成时间、胶结序列和裂隙发育程度。

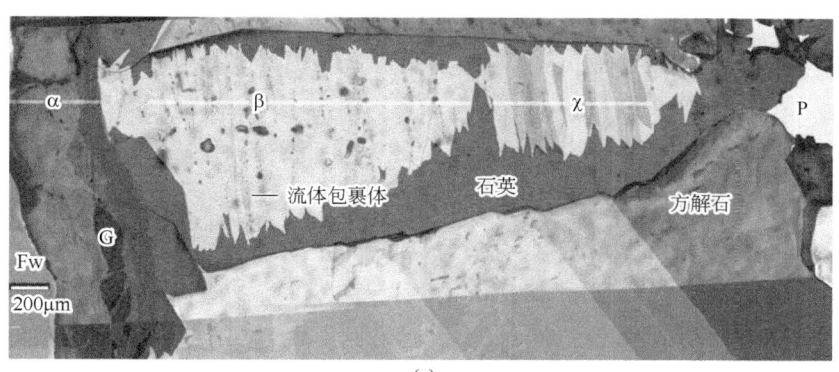

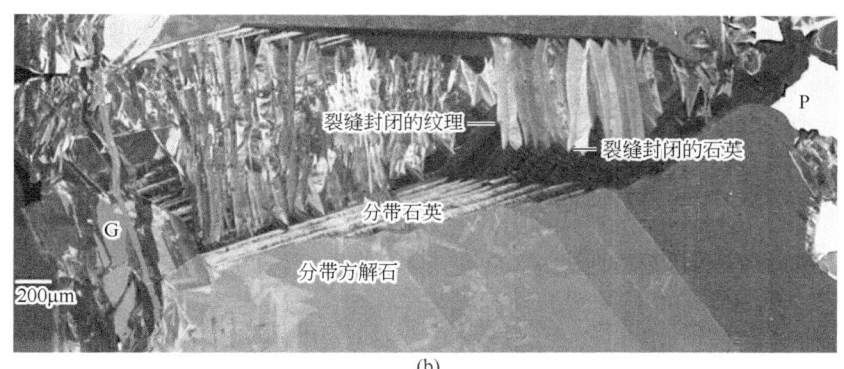

图1-5 石英胶结物构造图(据Laubach等,2010,有修改)　彩图1-5

东得克萨斯白垩系棉谷砂岩,2818m,裂隙张开的历史记录在裂缝所封闭的纹理中。(a)基于体视光和阴极发光的图像反映了被裂缝和相对远离岩体裂隙处发育的石英增生的封闭序列所截取的流体包裹体组合;α,β和χ依次标记了由横截面图像识别出较新的石英搭桥部分和相互叠置的裂缝所封闭的裂隙与石英;Fw为岩体裂隙;G为夹杂的破裂碎屑颗粒;P为残留裂隙的孔隙空间。在石英增生过程中出现的其他孔隙空间已由在裂隙张开时发育的分带方解石所填充。方解石形成晚于石英胶结物,缺少裂隙封闭的纹理。(b)基于体视光和阴极发光的扫描电镜显示X区石英胶结物充填于裂隙开口处,并与外侧的分带石英胶结物相互叠置

构造成岩作用的正式提出和国内外学者不约而同地将构造变形、变位和沉积储层的演化与分布的关系作为焦点研究正体现了构造活动格架下的成岩作用过程不仅成为揭示沉积盆地油气储层演化与分布规律的新思路,也是揭示沉积盆地成岩作用动力机制的重要途径。在某种程度上,所有的深部岩石的沉积岩石学和构造地质学的研究都可以应用这种构

造成岩作用观念,这也为深层碎屑岩储层如致密砂岩气藏等研究领域提供新的研究方向和攻关点,同时,这一研究也将对沉积盆地的研究具有巨大的内在现实意义。

五、成岩相研究走向定量化和实用性

成岩作用是储层发育和形成的必经过程,最终决定储层性能的优劣,而成岩相是在一定沉积和成岩环境下构造、流体、温压条件对沉积物综合改造的结果,能够反映现今的矿物成分和组构面貌,表征储层性质、类型和优劣(邹才能等,2008;张金亮等,2013)。成岩相是决定碎屑岩储层的储集性能及其油气富集的核心要素,代表成岩环境和成岩矿物的综合(Jennings 等,1985;赵澄林等,1992;Grigsby 等,1996;邹才能等,2008;季汉成等,2009;赖锦等,2013;Lai 等,2020)。因此,成岩作用研究领域内成岩相的认识涉及了沉积学、岩石学、流体地质学、地球化学、古生物学、勘探地震学、测井地质学等学科内容,随着勘探实践的深入,能够更有助于寻找优质储集体。近年来,国内外学者对成岩相的概念提出了不同的认识,通过研究总结出了多套分类方案,各种成岩相对应的形成机理也复杂多样,这一研究领域的认识尚不统一,比较有代表性的成岩相方案如表 1-1 所示。而对于以陆相油气储层为主的中国含油气盆地,其多物源、近物源、堆积快、相变大等特点会造成碎屑岩储层沉积成岩特征的较大差异,因而对于陆相碎屑岩成岩相研究也就成了在陆相盆地新的勘探阶段的研究重点之一,对油气储层评价具有指导意义。邹才能等(2008)根据成岩作用和成岩相的成岩机制和勘探需要,提出了成岩相的四步评价法[(1)沉积成岩环境分析,确定成岩相宏观分布规律;(2)确定单井成岩相类型及模式,编制单井成岩相剖面分布图;(3)通过测井相分析和地震相预测,确定成岩测井相及其岩性和孔渗分布,探求无取心井间成岩相类型及分布;(4)成岩相综合分析评价,根据勘探需要编制相应的成岩相平面、剖面分布图],从而实现了半定量—定量地预测有利成岩相带的目的。结合沉积成岩环境,通过深入探讨成岩相的成因机制,可以更好地预测各种成岩相的空间分布,从而为评价和预测有利储集体、开展精细油气勘探服务。

表 1-1 国内外碎屑岩储层成岩相分类方案

作者(年份)	分类依据	分类方案
Aleta(2000)	矿物组分	富钙蒙皂石相、富方英石蒙皂石相
Lee 等(1994)	成岩环境	灰色成岩相、红色成岩相
应凤祥等(2004)		早期弱压实成岩、早期胶结成岩、溶解作用成岩相、晚期胶结成岩和紧密压实、裂缝发育成岩
Jennings 等(1985)	成岩作用类型	机械压实相、化学压实相、胶结物抑制相
张金亮等(1990)		碳酸盐胶结成岩相、SiO_2 胶结成岩相、黏土蚀变成岩相、不稳定碎屑溶蚀成岩相
杨小萍等(2001)		绿泥石—浊沸石胶结相、绿泥石—方解石胶结相、硅质加大与充填胶结相、泥质胶结相、浊沸石溶蚀相、方解石溶蚀相、黑云母—铁方解石胶结致密相、沥青充填相

续表

作者（年份）	分类依据	分类方案
Mou 等（1982）	成岩环境与成岩类型综合	早期碳酸盐胶结相、早期硬石膏胶结相、结节型胶结相
楼章华等（1995）		大气水淋滤成岩相、混合水成岩相、埋藏压实水成岩相、古蒸发浓缩水成岩相
钟广法等（1997）		致密碳酸盐胶结相、斑状胶结相、粒间溶孔发育相、致密压嵌式胶结相
Grigsby 等（1996）	测井曲线或地震地层模型	石英胶结相、绿泥石胶结相、方解石胶结相
Mathisen（1997）		多孔成岩相、致密成岩相
邹才能等（2008）	勘探实用性、成因性和定量性	扩容性成岩相（孔渗级别+岩石类型+成岩作用类型）、致密化成岩相（致密+岩石类型+成岩作用类型）
张响响等（2011）		低孔特低渗溶蚀相、特低孔超低渗压实—溶蚀相、致密强压实相、致密硅质胶结相、致密方解石胶结相

六、研究展望及趋势

刘宝珺（2009）总结出"构造控盆、盆控相、相控矿（流体）"的规律，含油气盆地勘探开发需要对沉积成岩作用进行准确把握。成岩作用作为当今沉积地质学、石油地质学领域中不可分割的一部分，其学科体系具有强烈的学科交叉和辐射的特点（Wolf 和 Chilingar，1994；王贵文和郭荣坤，2000；Burley 和 Worden，2003；应凤祥，2004；张金亮等，2004，2013；Davis 和 Smith，2006；刘建清等，2006；Zhang 等，2008；李忠和刘嘉庆，2009；朱如凯等，2009；王瑞飞和孙卫，2009；于兴河和李胜利，2009；樊爱萍等，2009；Avseth 等，2010；鲍志东等，2011；吴因业等，2011；胡作维等，2012；于兴河等，2015；Worden 等，2018；Yuan 等，2019）。

当前碎屑岩成岩作用研究趋势总结如下：

（1）近年来，以致密砂岩油气藏为代表的非常规储层的勘探开发成为研究热点。限于分析技术的精度，这方面的成岩作用研究程度尚不深入，因此，从科学和实用的角度研究致密砂岩油气藏成岩作用对于致密油气藏开发尤为重要（Tobin 等，2010；Zeng，2010；周勇等，2011；姜在兴等，2013；Strcker 等，2013；纪友亮等，2014；Zhang 等，2014；Xi 等，2016；罗晓容等，2016；Wang 等，2017；Ma 等，2019；Li 等，2019；Xi 等，2020；Zhu 等，2020；Zhang 等，2023）。随着分析技术的革新以及构造成岩作用等新技术、理论的应用（Lai 等，2018），致密砂岩油气藏成岩作用必将成为成岩作用学科领域的前沿地带，带动成岩作用研究的进一步发展。

（2）成岩作用系统在不同尺度下的分级已成为探索成岩作用时空分布与演化研究的

新思路，目前已形成了一些初步的研究思路和方法（李忠等，2006）。然而，限于成岩机制和系统模拟的复杂性、成岩过程的叠加性、水—岩相互作用及其储层非均质性等问题的存在（李忠等，2006；Morad等，2010），在现今的技术和认识层面上，很难开展完善、成熟的成岩作用系统的分级及其时空分布的定量研究。对成岩系统演化机制及其规律的深入探索有助于人们深入了解不同尺度下的成岩作用系统的时空属性，推进对含油气盆地成岩结构的认识。

（3）目前成岩作用研究仍以定性研究为主，成岩作用定量化研究工作进展缓慢。成岩作用定量化研究包括成岩数值模拟技术、影响储层物性的成岩参数定量标定等定量化技术或概念的应用（Indu等，1990；Wood和Byres，1994；杨俊杰等，1995；代金友等，2003；朱筱敏等，2007；林承焰等，2017；Worden等，2018），反映了国内外学者对成岩作用研究从中小尺度拓展到盆地尺度的探求和对成岩统计学认识的不断深化。然而一套较为完备、成熟的定量化研究体系仍有待构建，而成岩作用研究从定性到定量的发展，有助于分析成岩作用的控制因素，也更有利于构建精细的各类砂体储层地质模型及研究砂体不同部位的成岩特征。随着成岩作用定量化研究在石油工业领域沉积岩石学家和盆地建模专家中的应用日益增多，还需要探索更精确的方法来约束关键模型输入（Taylor等，2010）。此外，预测与盆地深部流体运移相关的局部孔隙度的增加也受到断层的深层地震成像质量以及现有地球化学和流体流动模型的限制，因而需要更紧密地整合成岩、沉积和三维盆地模型来实现更准确的预测。尽管这些模型必须以数学为基础，并且需要应用超级计算机，但使用现有和新的岩相、地球化学和岩石物理技术得出的天然和实验岩石数据对于校准和验证至关重要。开发完全耦合的成岩作用和盆地的模型，整合在较大尺度上演化的过程，可以代表砂岩储层质量预测的未来方向。

（4）成岩作用的研究不应只是一个单纯对成岩矿物演化、成岩史分析和成岩阶段划分的认识。成岩作用与沉积环境、层序地层、地球化学、热力学、变形构造、生物作用等学科或领域的交叉已经诞生了很多高质量的、创新性的成果，然而较之其他的自然科学学科，与其他学科领域新方法、实验分析新技术的结合还很薄弱。不仅仅在成岩作用研究领域，自然科学研究的前沿领域往往集中在学科的交叉地带。学科交叉有助于推动学科之间的思维碰撞，是成岩作用研究不断发展和创新的动力，也必将成为成岩作用研究的一个主流趋势。

成岩作用的研究具有很强的综合性，把握所研究区域的基础地质信息，形成特有的成岩演化与模式研究思路（图1-6），对研究区有利的含油气储层进行时空分布预测和评价，可更好地预测烃类相态及聚集类型，为勘探开发服务。当然，随着碎屑岩油气田勘探开发的逐步深入，成岩分析技术手段的进一步丰富与创新，这一研究思路也会得到更深层次的拓宽与完善。

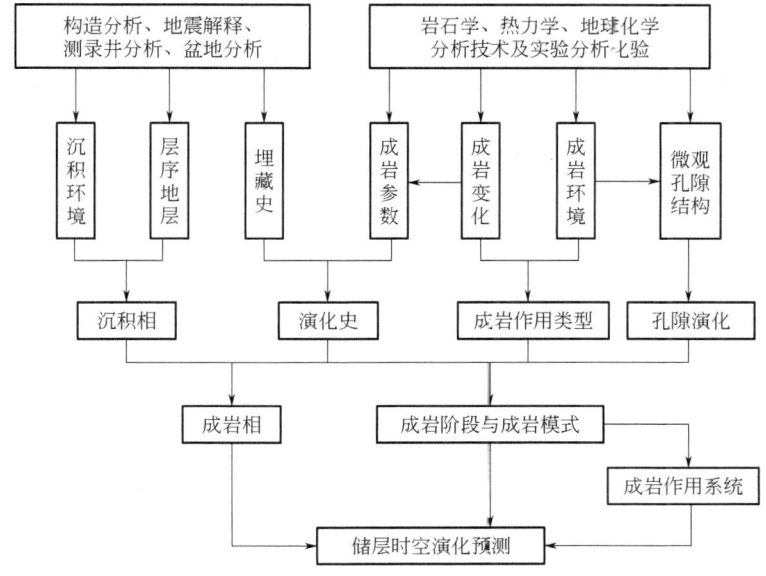

图 1-6 成岩演化与模式研究思路

参考文献

鲍志东, 赵艳军, 祁利祺, 等, 2011. 构造转换带储集体发育的主控因素: 以准噶尔盆地腹部侏罗系为例. 岩石学报, 27 (3): 867-877.

蔡春芳, 梅博文, 马亭, 等, 1997. 塔里木盆地有机酸来源、分布及对成岩作用的影响. 沉积学报, 3: 105-111.

蔡进功, 张枝焕, 朱筱敏, 等, 2003. 东营凹陷烃类充注与储集层化学成岩作用. 石油勘探与开发, 3: 79-83.

操应长, 远光辉, 王艳忠, 等, 2022. 典型含油气盆地深层富长石碎屑岩储层长石溶蚀接力成孔认识及其油气地质意义. 中国科学: 地球科学, 52 (9): 1694-1725.

陈丽华, 姜在兴, 1994. 储层实验测试技术. 东营: 石油大学出版社.

陈忠, 罗蛰潭, 沈明道, 等, 1996. 由储层矿物在碱性驱替剂中的化学行为到砂岩储层次生孔隙的形成. 西南石油学院学报, 18 (2): 15-19.

代金友, 张一伟, 熊琦华, 等, 2003. 成岩作用对储集层物性贡献比率研究. 石油勘探与开发, 30 (4): 54-55.

地质矿产部情报研究所, 1988. 国外沉积成岩作用. 北京: 地质出版社.

杜乐天, 1986. 碱交代作用的地球化学原理. 中国科学 (B 辑), 1: 81-84.

樊爱萍, 杨仁超, 李义军, 2009. 成岩作用研究进展与发展方向. 特种油气藏, 16 (2): 1-8, 103.

顾家裕, 方辉, 贾进华, 2001. 塔里木盆地库车坳陷白垩系辫状三角洲砂体成岩作用和储层特征. 沉积学报, 4: 517-523.

何东博, 应凤祥, 郑俊茂, 等, 2004. 碎屑岩成岩作用数值模拟及其应用. 石油勘探与开发, 31 (6): 66-68.

何生,杨智,何治亮,等,2009. 准噶尔盆地腹部超压顶面附近深层砂岩碳酸盐胶结作用和次生溶蚀孔隙形成机理. 地球科学(中国地质大学学报),34(5):759-768,798.

胡作维,李云,黄思静,等,2012. 砂岩储层中原生孔隙的破坏与保存机制研究进展. 地球科学进展,27(1):14-25.

季汉成,翁庆萍,杨潇,2009. 鄂尔多斯盆地安塞—神木地区山西组成岩与沉积相耦合关系. 石油勘探与开发,36(6):709-717.

纪友亮,2009. 油气储层地质学. 东营:中国石油大学出版社.

纪友亮,赵澄林,刘孟慧,1995. 东濮凹陷沙河街组碎屑岩成岩作用与有机质演化的关系. 石油与天然气地质,2:148-154.

纪友亮,周勇,刘玉瑞,等,2014. 高邮凹陷古近系阜宁组一段沉积特征对储层成岩作用及物性的影响. 地质学报,88(7):1299-1310.

姜在兴,2010. 沉积学. 2版. 北京:石油工业出版社.

姜在兴,梁超,吴靖,等,2013. 含油气细粒沉积岩研究的几个问题. 石油学报,34(6):1031-1039.

蒋凌志,顾家裕,郭彬程,2004. 中国含油气盆地碎屑岩低渗透储层的特征及形成机理. 沉积学报,1:13-18.

金振奎,刘春慧,2008. 黄骅坳陷北大港构造带储集层成岩作用定量研究. 石油勘探与开发,5:581-587.

赖锦,王贵文,王书南,等,2013. 碎屑岩储层成岩相研究现状及进展. 地球科学进展,28(1):39-50.

李忠,陈景山,关平,2006. 含油气盆地成岩作用的科学问题及研究前沿. 岩石学报,22(8):2113-2122.

李忠,韩登林,寿建峰,2006. 沉积盆地成岩作用系统及其时空属性. 岩石学报,22(8):2151-2164.

李忠,刘嘉庆,2009. 沉积盆地成岩作用的动力机制与时空分布研究若干问题及趋向. 沉积学报,27(5):837-844.

林承焰,王文广,董春梅,等,2017. 储层成岩数值模拟研究现状及进展. 中国矿业大学学报,46(5):1084-1101.

林春明,2019. 沉积岩石学. 北京:科学出版社.

林西生,应凤祥,郑乃萱,1992. X射线衍射分析技术及其地质应用. 北京:石油工业出版社.

刘宝珺,1980. 沉积岩石学. 北京:地质出版社.

刘宝珺,2009. 沉积成岩作用研究的若干问题. 沉积学报,27(5):787-791.

刘宝珺,张锦泉,1992. 沉积成岩作用. 北京:科学出版社.

刘成林,朱筱敏,曾庆猛,2005. 苏里格气田储层成岩序列与孔隙演化. 天然气工业,11:1-3,143.

刘建清,赖兴运,于炳松,等,2006. 成岩作用的研究现状及展望. 石油实验地质,1:65-72.

柳广弟,2018. 石油地质学. 5版. 北京:石油工业出版社.

柳益群,李文厚,1996. 陕甘宁盆地东部上三叠统含油长石砂岩的成岩特点及孔隙演化. 沉积学报,3:89-98.

楼章华,曾允孚,1995. 扶杨油层孔隙水成因与砂岩成岩相研究. 沉积学报,13(增刊):63-70.

陆永潮,向才富,陈平,等,1999. 层序地层学在碎屑岩成岩作用研究中的应用:以YA 13-1气田下第三系为例. 石油实验地质,20(2):100-118.

第一章 绪论

罗静兰,何敏,李弛,等,2019. 珠江口盆地南部热演化事件与高地温梯度的成岩响应及其对油气勘探的启示. 石油学报,40(S1):90-104.

罗晓容,王忠楠,雷裕红,等,2016. 特超低渗砂岩油藏储层非均质性特征与成藏模式:以鄂尔多斯盆地西部延长组下组合为例. 石油学报,37(S1):87-98.

罗忠,罗平,张兴阳,等,2007. 层序界面对砂岩成岩作用及储层质量的影响:以鄂尔多斯盆地延河露头上三叠统延长组为例. 沉积学报,6:903-914.

吕明,1999. 莺—琼盆地含气区储层特征. 天然气工业,19(1):20-24.

孟元林,王志国,杨俊生,等,2003. 成岩作用过程综合模拟及其应用. 石油实验地质,25(2):211-215.

邱隆伟,姜在兴,操应长,等,2001. 泌阳凹陷碱性成岩作用及其对储层的影响. 中国科学(D辑),31(9):752-759.

邱隆伟,姜在兴,2006. 陆源碎屑岩的碱性成岩作用. 北京:地质出版社.

史基安,王金鹏,毛明陆,等,2003. 鄂尔多斯盆地西峰油田三叠系延长组长6—8段储层砂岩成岩作用研究. 沉积学报,3:373-380.

寿建峰,2005. 砂岩动力成岩作用. 北京:石油工业出版社.

谭先锋,田景春,李祖兵,等,2010. 碱性沉积环境下碎屑岩的成岩演化:以山东东营凹陷陡坡带沙河街组四段为例. 地质通报,29(4):535-543.

王芙蓉,何生,何治亮,等,2010. 准噶尔盆地腹部地区深层砂岩储层孔隙特征研究. 石油实验地质,32(6):547-552.

王贵文,郭荣坤,2000. 测井地质学. 北京:石油工业出版社.

王琪,史基安,薛莲花,等,1994. 碎屑储集岩成岩演化过程中流体—岩石相互作用特征:以塔里木盆地西南坳陷地区为例. 沉积学报,4:87-93.

王瑞飞,孙卫,2009. 储层沉积—成岩过程中物性演化的主控因素. 矿物学报,29(3):399-404.

王衍琦,1996. 阴极发光显微镜在储层研究中的应用. 北京:石油工业出版社.

吴因业,朱如凯,罗平,等,2011. 沉积学与层序地层学研究新进展:第18届国际沉积学大会综述. 沉积学报,29(1):199-206.

杨俊杰,黄月明,张文正,等,1995. 乙酸对长石砂岩溶蚀作用的实验模拟. 石油勘探与开发,4:82-86,113-114.

杨小萍,陈丽华,2001. 陕北斜坡延长统低渗储集层成岩相研究. 石油勘探与开发,38(4):38-40.

应凤祥,罗平,何东博,2004. 中国含油气盆地碎屑岩储集层成岩作用与成岩数值模拟. 北京:石油工业出版社.

于兴河,李胜利,2009. 碎屑岩系油气储层沉积学的发展历程与热点问题思考. 沉积学报,27(5):880-895.

于兴河,李顺利,杨志浩,2015. 致密砂岩气储层的沉积—成岩成因机理探讨与热点问题. 岩性油气藏,27(1):1-13.

袁静,赵澄林,2000. 水介质的化学性质和流动方式对深部碎屑岩储层成岩作用的影响. 石油大学学报(自然科学版),1:60-63.

曾溅辉,2001. 东营凹陷第三系水—盐作用对储层孔隙发育的影响. 石油学报,4:39-43,6.

张金亮,沈凤,1990. 东濮凹陷桥口地区沙三段碎屑岩成岩作用与储层性质. 矿物岩石,10(1):

35-42.

张金亮, 刘宝珺, 毛凤鸣, 等, 2003. 苏北盆地高邮凹陷北斜坡阜宁组成岩作用及储层特征. 石油学报, 24 (2): 43-49.

张金亮, 司学强, 梁杰, 等, 2004. 陕甘宁盆地庆阳地区长8油层砂岩成岩作用及其对储层性质的影响. 沉积学报, 22 (2): 225-233.

张金亮, 张鹏辉, 谢俊, 等, 2013. 碎屑岩储集层成岩作用研究进展与展望. 地球科学进展, 28 (9): 957-967.

张响响, 邹才能, 朱如凯, 等, 2011. 川中地区上三叠统须家河组储层成岩相. 石油学报, 32 (2): 257-264.

赵澄林, 刘孟慧, 纪友亮, 1992. 东濮凹陷下第三系碎屑岩沉积体系与成岩作用. 北京: 石油工业出版社.

赵澄林, 朱筱敏, 2001. 沉积岩石学. 3版. 北京: 石油工业出版社.

郑俊茂, 庞明, 1989. 碎屑储集岩的成岩作用研究. 武汉: 中国地质大学出版社.

钟大康, 祝海华, 孙海涛, 等, 2013. 鄂尔多斯盆地陇东地区延长组砂岩成岩作用及孔隙演化. 地学前缘, 20 (2): 61-68.

钟广法, 邬宁芬, 1997. 成岩岩相分析: 一种全新的成岩非均质性研究方法. 石油勘探与开发, 24 (5): 62-66.

周勇, 纪友亮, 张善文, 等, 2011. 胶莱盆地莱阳凹陷莱阳组低渗透砂岩储层特征及物性控制因素. 石油学报, 32 (4): 611-620.

朱国华, 裘亦楠, 1984. 成岩作用对砂岩储层孔隙结构的影响. 沉积学报, 1: 1-17.

朱如凯, 赵霞, 刘柳红, 等, 2009. 四川盆地须家河组沉积体系与有利储集层分布. 石油勘探与开发, 36 (1): 46-55.

朱筱敏, 2020. 沉积岩石学. 5版. 北京: 石油工业出版社.

朱筱敏, 米立军, 钟大康, 等, 2006. 济阳坳陷古近系成岩作用及其对储层质量的影响. 古地理学报, 3: 295-305.

朱筱敏, 孙超, 刘成林, 等, 2007. 鄂尔多斯盆地苏里格气田储层成岩作用与模拟. 中国地质, 319 (2): 276-282.

邹才能, 陶士振, 周慧, 等, 2008. 成岩相的形成、分类与定量评价方法. 石油勘探与开发, 35 (5): 526-539.

Aleta A, 2000. Mineralogical descriptions of the bentonite in Balamban, Cebu Province, Philippines. Clay Science, 11 (3): 299-316.

Amorosi A, 1995. Glauconite and sequence stratigraphy: conceptual framework of distribution in siliciclastic sequences. Journal of Sedimentary Research, 65: 419-425.

Avseth P, Mukerji T, Mavko G, et al, 2010. Rock-physics diagnostics of depositional texture, diagenetic alterations, and reservoir heterogeneity in high-porosity siliciclastic sediments and rocks: a review of selected models and suggested work flows. Geophysics, 75: 31-47.

Bello A M, Jones S, Gluyas J, et al, 2021. Role played by clay content in controlling reservoir quality of submarine fan system, Forties Sandstone Member, Central Graben, North Sea. Marine and Petroleum Geology, 128.

Bethke C M, 1996. Geochemical Reaction Modeling, Concepts and Applications. New York: Oxford University Press.

Bethke C M, 2008. Geochemical and biogeochemical reaction modelling. 2nd ed. Cambridge: Cambridge University Press.

Bjørlykke K, Jahren J, 2012. Open or closed geochemical systems during diagenesis in sedimentary basins: constraints on mass transfer during diagenesis and the prediction of porosity in sandstone and carbonate reservoirs. AAPG Bulletin, 12: 2193-2214.

Boggs S, 2011. Principles of Sedimentology and Stratigraphy. 5th ed. New Jersey: Pearson Education, Inc.

Burley S D, Worden R H. 2003. Sandstone diagenesis: recent and ancient. Oxford: Blackwell Publishing.

Chen H, Zhang Q, Shi J, 1997. Evidence of fluid inclusion for thermal fluid-bearing hydrocarbon movements in Qiongdongnan Basin, South China Sea. Science in China (Series D): Earth Sciences, 40 (6): 648-655.

Davis G R, Smith Jr L B, 2006. Structurally controlled hydrothermal dolomite reservoir facies: an overview. AAPG Bulletin, 90 (11): 1641-1490.

Dutton S P, 2008. Calcite cement in Permian deep-water sandstones, Delaware Basin, west Texas: origin, distribution, and effect on reservoir properties. AAPG Bulletin, 92 (6): 765-787.

El-Ghali M A K, Mansurbeg H, Morad S, et al, 2006a. Distribution of diagenetic alterations in fluvial and paralic deposits within sequence stratigraphic framework: evidence from the Petrohan terrigenous group and the svidol formation, lower Triassic, NW Bulgaria. Sedimentary Geology, 190: 299-321.

El-Ghali M A K, Mansurbeg H, Morad S, et al, 2006b. Distribution of diagenetic alterations in glaciogenic sandstones within a depositional facies and sequence stratigraphic framework: evidence from the upper Ordovician of the Murzuq Basin, SW Libya. Sedimentary Geology, 190: 323-351.

Esch W L, 2019. Multimineral diagenetic forward modeling for reservoir quality prediction in complex siliciclastic reservoirs. AAPG Bulletin, 103 (12): 2807-2834.

Gluyas J, Coleman M, 1992. Material flux and porosity changes during sediment diagenesis. Nature, 356: 52-54.

Grigsby J D, Langsford R P, 1996. Effects of diagenesis on enhanced-resolution bulk density logs in Tertiary Gulf Coast sandstones: an example form the Lower Vicksburg Formation, McAllen Ranch field, South Texas. AAPG Bulletin, 80 (11): 1801-1819.

Haile B G, Klausen T G, Czarniecka U, et al, 2018. How are diagenesis and reservoir quality linked to depositional facies? A deltaic succession, Edgeøya, Svalbard. Marine and Petroleum Geology, 92: 519-546.

Hancock, 1978. Possible causes of Rotliegend sandstone diagenesis in northern West Germany. Journal of the Geological Society, 135 (1): 35-40.

Indu D M, Peter J O, 1990. Prediction of reservoir quality through chemical modeling. AAPG Memoir, 19: 15-51.

Jennings R H, Mazzullo J M, 1985. Shallow burial diagenesis of chalks and related sediments at site 550 on the Goban Spur//Graciansky P C, Poag C W. Initial reports of the deep sea drilling project 80. Washington: US Government Printing Office.

Jones G D, Whitaker F F, Smart PL, et al, 2002. Fate of reflux brines in carbonate platforms. Geology, 30: 371-374.

Ketzer J M, Morad S, Evans R, et al, 2002. Distribution of diagenetic alteration in fluvial, deltaic, and shallow marine sandstones within a sequence stratigraphic framework: evidence from the Mullaghmore Formation (Carboniferous), NW Ireland. Journal of Sedimentary Research, 72: 760-774.

Ketzer J M, Holz M, Morad S, et al, 2003. Sequence stratigraphic distribution of diagenetic alterations in coal-bearing, paralic sandstones: evidence from the Rio Bonito Formation (early Permian), southern Brazil. Sedimentology, 50: 855-877.

Ketzer J M, Morad S, Amorosi A, 2003. Predictive clay cementation in a sequence stratigraphy framework // Worden R H, Morad S. Clay cementation in sandstones. Oxford: International Association of Sedimentologists Special Publication Blackwell Publishing, 34: 42-59.

Kordi M, Turner B, Salem A M K, 2011. Linking diagenesis to sequence stratigraphy in fluvial and shallow marine sandstones: evidence from the Cambrian-Ordovician lower sandstone unit in southwestern Sinai, Egypt. Marine and Petroleum Geology, 28: 1554-1571.

Lai J, Wang G, Fan Z, et al, 2018. Fractal analysis of tight shaly sandstones using nuclear magnetic resonance measurements. AAPG Bulletin, 102 (2): 175-193.

Lai J, Wang G, Wang Z, et al, 2018. A review on pore structure characterization in tight sandstones. Earth-Science Reviews, 177: 436-457.

Lai J, Fan X, Liu B, et al, 2020. Qualitative and quantitative prediction of diagenetic facies via well logs. Marine and Petroleum Geology, 120.

Lander R H, Walderhaug O, 1999. Predicting porosity through simulating sandstone compaction and quartz cementation. AAPG Bulletin, 83 (3): 433-449.

Lander R H, Bonnell L M, Larese R E, 2008. Toward more accurate quartz cement models: the importance of euhedral versus noneuhedral growth rates. AAPG Bulletin, 92 (11): 1537-1563.

Lander R H, Bonnell L M, 2010. A model for fibrous illite nucleation and growth in sandstones. AAPG Bulletin, 94 (8): 1161-1187.

Larsen G, Chilingar G V, 1983. Diagenesis in sediments and sedimentary Rocks. Amsterdam: Elsevier.

Laubach S E, Eichhubl P, Hilgers C, et al, 2010. Structural diagenesis. Journal of Structural Geology, 32: 1866-1872.

Lee M K, Bethke C K, 1994. Groundwater flow, late cementation, and petroleum accumulation in the Permian Lyons sandstone, Denver Basin. AAPG Bulletin, 78 (2): 217-237.

Leila M, Moscariello A, 2019. Seismic stratigraphy and sedimentary facies analysis of the pre-and syn-Messinain salinity crisis sequences, onshore Nile Delta, Egypt: implications for reservoir quality prediction. Marine and Petroleum Geology, 101: 303-321.

Li Y, Chang X, Yin W, et al, 2019. Quantitative identification of diagenetic facies and controls on reservoir quality for tight sandstones: a case study of the Triassic Chang 9 oil layer, Zhenjing area, Ordos Basin. Marine and Petroleum Geology, 102: 680-694.

Ma B, Cao Y, Eriksson K A, et al, 2019. Carbonate cementation patterns, potential mass transfer, and implications for reservoir heterogeneity in Eocene tight-oil sandstones, Dongying depression, Bohai Bay Basin, China: evidence from petrology, geochemistry, and numerical modeling. AAPG Bulletin, 103 (12): 3035-3067.

Ma B, Cao Y, Zhang Y, et al, 2020. Role of CO_2 - water - rock interactions and implications for CO_2 sequestration in Eocene deeply buried sandstones in the Bonan Sag, eastern Bohai Bay Basin, China. Chemical Geology, 541.

Mansurbeg H, Morad S, Salem A, et al, 2008. Diagenesis and reservoir quality evolution of Paleocene deep-water, marine sandstones, the Shetland - Faroes Basin, British continental shelf. Marine and Petroleum Geology, 25: 514-543.

Mathisen M E, 1997. Controls of quartzarenite diagenesis, Simpson Group, Oklahoma: implications for reservoir quality prediction//Johnson K S. Simpson and Viola Groups in the Southern Midcontinent. Oklahoma: Geological Survey Circular.

Milliken K L, 2003. Diagenesis//Middleton G V. Encyclopedia of Sediments and Sedimentary Rocks. London: Kluwer Academic Publishers.

Morad S, Ketzer J M, De Ros L F, 2000. Spatial and temporal distribution of diagenetic alterations in siliciclastic rocks: implications of mass transfer in sedimentary basins. Sedimentology, 47: 95-120.

Morad S, Al-Ramadan K, Ketzer J M, et al, 2010. The impact of diagenesis on the heterogeneity of sandstone reservoirs: a review of the role of depositional facies and sequence stratigraphy. AAPG Bulletin, 94 (8): 1267-1309.

Mou D C, Brenner R L, 1982. Control of reservoir properties of tensleep sandstone by depositional and diagenetic facies: Lost Soldier Field, Wyoming. Journal of Sedimentary Petrology, 52 (2): 367-381.

Patricia M, 1994. Dove the dissolution kinetics of quartz in sodium chloride solution at 25° to 300°. American Journal of Science, 294: 665-712.

Perez R, Boles A R, 2005. An empirically derived kinetic model for albitization of detrital plagioclase. American Journal of Science, 305, 312-343.

Pittman E D, 1979. Recent advances in sandstone diagenesis. Annual Review of Earth and Planetary Sciences, 7: 39-62.

Powley D E, 1990. Pressures and hydrogeology in petroleum basins. Earth-Science Reviews, 29: 215-226.

Reed J S, Eriksson K A, Kowalewski M, 2005. Climatic, depositional and burial controls on diagenesis of Appalachian Carboniferous sandstones: qualitative and quantitative methods. Sedimentary Geology, 176: 225-246.

Rossi C, Marfil R, Ramseyer K, et al, 2001. Facies-related diagenesis and multiphase siderite cementation and dissolution in the reservoir sandstones of the Khatatba Formation, Egypt's Western Desert. Journal of Sedimentary Research, 71 (3): 459-472.

Schmidt V, McDonald D A, 1979. The role of secondary porosity in the course of sandstone diagenesis//Scholle P A, Schluger P R. Aspects of diagenesis. Tulsa: SEPM Special Publication, 26: 175-207.

Seewald J S, 2003. Organic-inorganic interactions in petroleum-producing sedimentary basins. Nature, 426: 327-333.

Stroker T M, Harris N B, Elliott W C, et al, 2013. Diagenesis of a tight gas and reservoir: upper Cretaceous Mesaverde Group, Piceance Basin, Colorado. Marine and Petroleum Geology, 40, 48-68.

Surdam R C, Boese S W, Crossey L J, 1984. The chemistry of secondary porosity//McDonald D A, Surdam R C. Clastic Diagenesis. Tulsa: AAPG Memoir.

Taylor K G, Gawthorpe R L, Van Wagoner J C, 1995. Stratigraphic control on laterally persistent cementation, Book Cliffs, Utah. Journal of Sedimentary Research, 69: 225-228.

Taylor K G, Gawthorpe R L, Curtis C D, et al, 2000. Carbonate cementation in a sequence stratigraphic framework: upper Cretaceous sandstones, Book Cliffs, Utah-Colorado. Journal of Sedimentary Research, 70: 360-372.

Taylor K G, Gawthorpe R L, Pannon-Howell S, 2004. Basin-scale diagenetic alteration of shoreface sandstone in the Upper Cretaceous Spring Canyon and Aberdeen Members, Blackhawk Formation, Book Cliffs, Utah. Sedimentary Geology, 72: 99-115.

Taylor T R, Giles M R, Hathon L A, et al, 2010. Sandstone diagenesis and reservoir quality prediction: models, myths, and reality. AAPG Bulletin, 94 (8): 1093-1132.

Tobin R C, McClain T, Lieber R B, et al, 2010. Reservoir quality modeling of tight gas sands in Wamsutter field: integration of diagenesis, petroleum systems and production data. AAPG Bulletin, 94 (8): 1229-1266.

Walderhaug O, 1996. Kinetic modeling of quartz cementation and porosity loss in deeply buried sandstone reservoirs. AAPG Bulletin, 80, 731-745.

Walderhaug O, 2000. Modeling quartz cementation and porosity loss in Middle Jurassic Brent Group sandstones of the Kvitebjørn field, northern North Sea. AAPG Bulletin, 84 (9): 1325-1339.

Wang G, Chang X, Yin W, et al, 2017. Impact of diagenesis on reservoir quality and heterogeneity of the Upper Triassic Chang 8 tight oil sandstones in the Zhenjing area, Ordos Basin, China. Marine and Petroleum Geology, 83: 84-96.

Wang J, Cao Y, Liu K, et al, 2018. Diagenesis and evolution of the lower Eocene red-bed sandstone reservoirs in the Dongying Depression, China. Marine and Petroleum Geology, 94: 230-245.

Wilson M D, 1982. Origin of clays controlling permeability in tight gas sands. Journal of Petroleum Technology, 34: 2871-2876.

Wolf K H, Chilingar G V, 1992. Diagenesis III. Amsterdam: Elsevier.

Wolf K H, Chilingar G V, 1994. Diagenesis IV. Amsterdam: Elsevier.

Wood J R, Byres A P, 1994. Alteration and emerging methodologies in geochemical and empirical modeling// Wilson M D. Reservoir quality assessment and predictation in clastic rocks. Tulsa: SEPM Short Course, 30: 395-400.

Worden R H, Armitage P J, Butcher A R, et al, 2018. Petroleum reservoir quality prediction: overview and contrasting approaches from sandstone and carbonate communities. Geological Society Special Publications, 435.

Xi K, Cao Y, Haile B G, et al, 2016. How does the pore-throat size control the reservoir quality and oiliness of tight sandstones? The case of the Lower Cretaceous Quantou Formation in the southern Songliao Basin, China. Marine and Petroleum Geology, 76: 1-15.

Xi K, Cao Y, Li K, et al, 2020. Insight into pore-throat size distribution and the controls on oiliness of tight sandstone reservoirs using NMR parameters: a case study of the Lower Cretaceous Quantou Formation in the southern Songliao Basin, China. AAPG Bulletin, 104 (11): 2351-2377.

Xiao Y, Jones G D, 2006. Reactive transport modeling of carbonate and siliciclastic diagenesis and reservoir quality prediction. SPE Journal, 101669: 1-10.

Yang T, Cao Y, Friis H, et al, 2020. Diagenesis and reservoir quality of lacustrine deep-water gravity-flow sandstones in the Eocene Shahejie Formation in the Dongying sag, Jiyang depression, eastern China. AAPG Bulletin, 104 (5): 1045-1073.

Yuan G, Cao Y, Gluyas J, et al, 2017. Reactive transport modeling of coupled feldspar dissolution and secondary mineral precipitation and its implication for diagenetic interaction in sandstones. Geochimica et Cosmochimica Acta, 207: 232-255.

Yuan G, Cao Y, Schulz H-M, et al, 2019. A review of feldspar alteration and its geological significance in sedimentary basins: from shallow aquifers to deep hydrocarbon reservoirs. Earth-Science Reviews, 191: 114-140.

Yuan G, Cao Y, ZanN, et al, 2019. Coupled mineral alteration and oil degradation in thermal oil-water-feldspar systems and implications for organic-inorganic interactions in hydrocarbon reservoirs. Geochimica Et Cosmochimica Acta, 248: 61-87.

Zeng L, 2010. Microfracturing in the Upper Triassic Sichuan Basin tight-gas sandstones: Tectonic, overpressure, and diagenetic origins. AAPG Bulletin, 94 (12): 1811-1825.

Zhang J, Qin L, Zhang Z, 2008. Depositional facies, diagenesis and their impact on the reservoir quality of Silurian sandstones from Tazhong area in central Tarim Basin, Western China. Journal of Asian Earth Sciences, 33: 42-60.

Zhang P, Lee Y I, 2023. Facies-related diagenesis of Jurassic sandstones, central Junggar Basin, NW China: implications for reservoir quality evolution. The Geological Society Special Publications, 538.

Zhang Q, Zhu X, Ronald J S, et al, 2014. Variation and mechanisms of clastic reservoir quality in the Paleogene Shahejie Formation of the Dongying Sag, Bohai Bay Basin, China. Petroleum Science, 11 (2): 200-210.

Zhi D, Kang X, Qin Z, et al, 2022. Fluid-rock interactions and porosity genesis in deep clastic reservoirs: a perspective of differential oil charge intensity. Marine and Petroleum Geology, 137.

Zhu S, ZhuX, Jia Y. et al, 2020. Diagenetic alteration, pore-throat network and reservoir quality of tight gas sandstone reservoirs: a case study of Upper Paleozoic sequence in north Tianhuan Depression in Ordos Basin, China. AAPG Bulletin, 104 (11): 2297-2324.

第二章 碎屑岩储层主要的成岩作用

第一节 机械压实作用和压溶作用

一、机械压实作用

机械压实作用是指沉积物在其上覆重力及静水压力作用下或在构造形变应力的作用下，碎屑颗粒紧密排列而使水分排出、孔隙度降低、渗透率变差、孔隙体积缩小的作用。经过机械压实作用后，伴随沉积物中水分排出，会发生碎屑颗粒重新排列、塑性岩屑挤压变形、刚性颗粒（石英、长石等）破裂等微观现象［图2-1(a)］。

(a)　　　　　　　　　　　　　　　(b)

图 2-1　砂岩压实作用镜下特征

(a) 机械压实作用导致云母被压弯，三叠系，鄂尔多斯盆地，单偏光；(b) 压溶作用，见凹凸接触和缝合接触，古近系，渤海湾盆地，单偏光

随着机械压实强度的增大，碎屑颗粒接触依次为点接触、线接触、凹凸接触和缝合接触。沉积物的压实是一个体积缩小的过程。沉积物被压实固结的程度可称为压实作用强度，压实的程度主要取决于细碎屑物质和粗碎屑物质的比例以及沉积格架的特征。Singer and Muller (1981) 指出，压实程度不仅仅是埋藏深度（上覆负荷）和成岩作用的函数，

也是时间、地温梯度、构造应力、岩性、沉积环境和超压流体带等因素的函数。沉积速率控制着沉积物的压实程度，从而能决定成岩期间有机质的转化方向、动力和程度，影响烃类的形成强度（Nazakin，1979）。

定性表征压实作用强度的方法通常是通过岩石薄片观察碎屑颗粒的接触关系。若将砂粒视为刚性的等径球体，则机械压实作用最多只能使其孔隙度降至26%。Houseknecht 的研究结果表明，对原始孔隙度为40%、分选好的砂来说，单纯的机械压实作用只能使孔隙度降至30%左右。

沉积物的压实作用受多种因素控制，在研究沉积物的压实作用时，需要进行综合考虑（表2-1）。寿建峰等（2006）对我国含油气盆地砂岩储层的成岩压实机制分析认为，复杂的地质条件导致碎屑岩成岩压实机制的多样性，反映为包括上覆岩柱引起的压实效应（静岩压实效应）、盆地热流控制的压实效应（热压实效应）、地层流体性质影响的压实效应（流体压实效应）以及构造变形引起的压实效应（构造压实效应）。

表2-1 控制砂岩压实作用的因素和过程（据 Chilingarian 和 Wolf，1976，有修改）

Ⅰ类 （继承性因素：颗粒和流体的特性）	Ⅱ类 （继承性因素：物质的特征）	Ⅲ类 （动力因素）	Ⅳ类 （阻碍因素：阻滞压实作用）
颗粒大小	颗粒/基质/胶结物的比例	流体运动速度	成岩变化
颗粒形状	地层剖面中页岩/粉砂岩/砂岩的比例	流体的补充	新生变形作用
颗粒定向排列	吸收量	流体的排除	胶结作用
颗粒表面特征	吸附能力	流体压力	重结晶作用
颗粒圆度	黏合程度	上覆层压力	后生作用（深埋后生作用）
颗粒球度	粒度分选	地下温度	变质作用
颗粒的静电特征	成分类型	沉积速率（负载速率）	
颗粒的成分	触变特性	地震	
颗粒表面的杂质	孔隙度和渗透率	大地构造	
流体的成分	颗粒堆积方式	年代	
	充填物		
	充填物非均质性		
	颗粒摩擦性		
	颗粒总表面积		
	抗剪强度		
	沉积物的表面形态		
	沉积构造单元的地形（例如：坡度）		

二、压溶（化学压实）作用

机械压实作用和压溶作用是同一物理化学作用的两个连续发生的阶段，两种作用并非相互排斥。机械压实作用由物理作用引发，压溶作用则由物理化学作用共同引发。压溶作用是指当上覆地层的压力或岩石所受构造应力超过孔隙水所能承受的静水压力时（达 2~2.5 倍），引起颗粒接触点上晶格变形和溶解的成岩作用，包括颗粒之间、颗粒与胶结物之间以及各种有机体和骨架结构内的压溶作用。压溶作用发生在颗粒接触点上，即压力传递点上有明显的溶解作用，造成颗粒互相嵌入的凹凸接触和缝合接触 [图 2-1(b)]。在成岩作用的早期，颗粒间接触松散，因而压实作用较为明显，成岩作用中后期则由机械压实作用逐渐过渡到以压溶作用为主的状态。

第二节　胶结作用

胶结作用是自生矿物沉淀在沉积物孔隙空间中，并进一步固结成岩的成岩作用。胶结作用是沉积物转变成沉积岩的重要作用，也是使沉积层中孔隙度和渗透率发生变化（主要是降低）的主要原因之一。在整个沉积物演化过程中，均可从孔隙水溶液中发生矿物沉淀而形成胶结物。胶结作用依据沉淀出的矿物质类型可以分为硅质胶结、碳酸盐胶结、黏土矿物胶结、硫酸盐胶结、长石胶结以及沸石胶结等，大部分典型碎屑岩含有其中的一至五种胶结物，其中以前三种类型最为普遍。胶结作用可以发生于成岩作用过程的各个阶段，胶结物形成期贯穿了从海相或非海相同生成岩作用开始至后期埋藏和抬升作用，胶结物形成后还可发生溶解作用，且后期的胶结物也可以取代早期胶结物。

一、硅质胶结作用

硅质胶结作用是较常见的胶结作用。硅质胶结物分为非晶质和晶质两种矿物形态的产出形式。非晶质的硅质胶结物为蛋白石（蛋白石-A、蛋白石-CT），蛋白石胶结物较为少见，主要出现在距地表较近的火山碎屑砂岩中，或与硅质生物溶解或充填有关，也可以交代古近纪和新近纪以来的方解石介壳。晶质的硅质胶结物为玉髓和石英，玉髓实质上是隐晶石英，呈纤维状、球粒状、半球粒状或者微晶；而石英可以呈微粒状、细粒状的微晶石英充填于孔隙中，也可以碎屑石英次生加大形式出现，其中石英胶结物是碎屑岩中最常见的硅质胶结物，以石英次生加大为主 [图 2-2(a)~(c)]。石英次生加大是从碎屑石英颗粒上无数小晶核开始形成的，是石英颗粒的光性连续增生，常形成石英自形晶面，或相互交错连接的镶嵌状结构；一般可借助于碎屑石英边缘的杂质或浑浊包裹体、气泡来确定碎屑石英核心部分与加大部分之间的界线，而当碎屑边缘无杂质时则需要借助阴极发光技术才能确定。石英胶结作用受到温度的强烈影响；而压力（有效应力）可能也是石英胶结的重要控制因素，因为石英胶结物在超压砂岩中的含量低于正常压力砂岩。石英次生加大主要形成于中成岩期埋藏过程（古地温高于 60~80℃）中，90~165℃ 温度区间是其形成的高峰期；砂岩中的石英胶结速率由晶体生长速率控制，而不是由溶解二氧化硅的产生或输运速率控制（Walderhaug，2000）。微晶石英由几乎相同大小的细小晶体（<5~20μm）镶嵌组成，在扫描电镜下较易识别 [图 2-2(d)]。此外，石英胶结物也通常会形成于砂

岩断裂系统中，并可能会堵塞裂缝（Laubach，1997；Laubach 等，2004）。然而，关于石英胶结作用的持续时间和速率的争论尚未解决，其可能是缓慢而连续的过程，也可能是快速而间断的过程。

图 2-2　硅质胶结作用镜下特征

(a) 自生石英胶结（石英加大），古近系，东海陆架盆地，扫描电镜；(b) 石英次生加大，古近系，渤海湾盆地，扫描电镜；(c) 在绿泥石膜不连续处见石英加大，三叠系，鄂尔多斯盆地，单偏光；(d) 微晶石英，渐新统，巴黎盆地，扫描电镜（据 Jácomo 等，2019）

Q—石英；Ch—绿泥石；Qo—自生石英

石英胶结的整体速率与三个相互联系的步骤有关，这三个步骤必须依次发生：溶解硅的生成、溶解硅的迁移，以及硅沉淀为石英胶结物（图 2-3）。这其中最慢的步骤是受速率限制的，决定石英胶结的总体速率（Lasaga 和 Kirkpatrick，1981）。

石英胶结有几种潜在的二氧化硅来源（图 2-4），可根据砂体内外的来源分为所述砂体内的来源（内部）或所述砂体外的来源（外部）（Worden 和 Morad，2000）。严格来说，这些术语与规模无关，但外部来源通常比内部来源需要更大的传输距离。后者可能涉及 1~10m 或更小规模的物质运动，而前者也可能发生在该规模（即来自包围砂体的泥岩）或更大规模（几十米至上千米）。扩散的规模取决于浓度梯度和精确的速率控制步骤（Oelkers 等，1996）。平流的规模取决于地下压力单元的大小、压力梯度和传输速率对表面控制过程的主导作用（Worden 和 Morad，2000）。

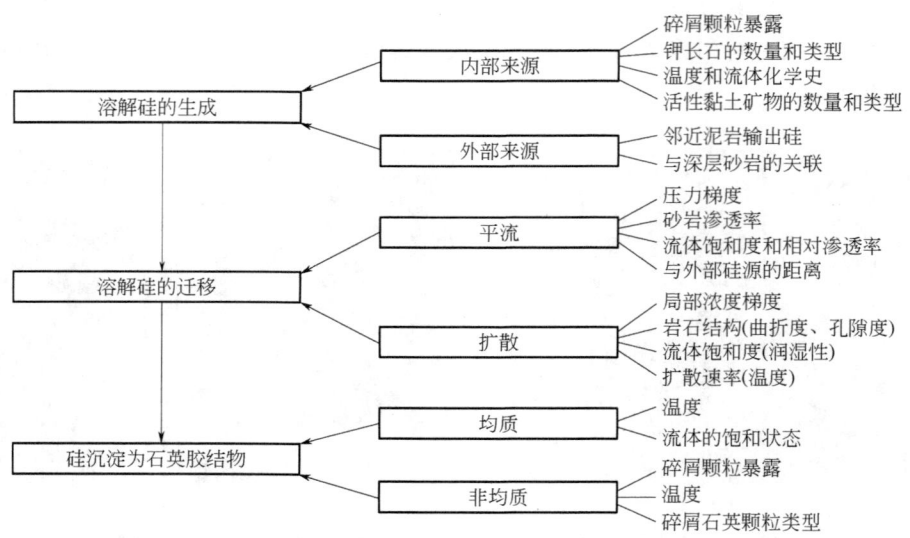

图 2-3 石英胶结的地球化学控制示意图（据 Worden 和 Morad，2000，有修改）
三个基本控制是溶解硅的供应速率、迁移速率和沉淀速率

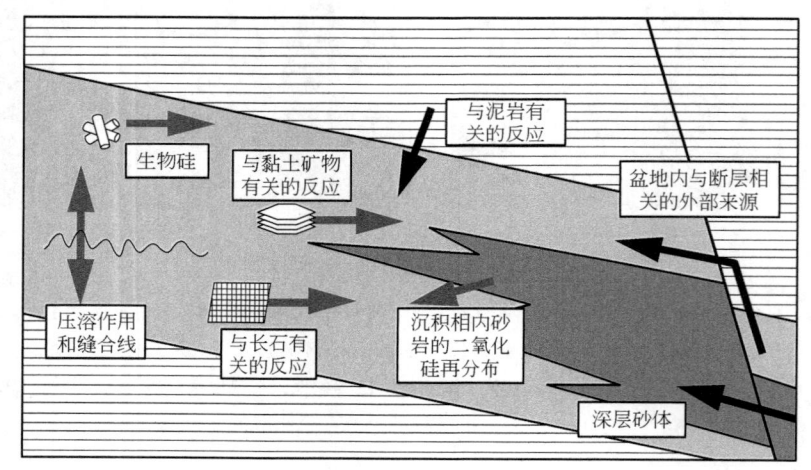

图 2-4 石英胶结大致的来源示意图（据 Worden 和 Morad，2000，有修改）
外部来源用黑色箭头表示；内部来源用灰色箭头表示

1. 石英胶结的内部来源

1) 与长石有关的过程

长石蚀变过程中最重要的是溶解、黏土矿物的转变/交代和钠长石化。

交代长石的黏土矿物通常受地层水化学和温度的控制。例如，大气降水在浅埋砂岩中的渗透会导致长石变为高岭石。长石是二氧化硅来源的主要原因是其比交代它们的黏土矿物具有更高的 Si/Al 比（Worden 和 Morad，2000）。碱性长石的 Si/Al 比为 3，而伊利石和高岭石的 Si/Al 比通常约为 1。所有涉及以长石为代价的黏土矿物（如高岭石和伊利石）

生长的反应都会导致二氧化硅的释放，从而导致石英胶结的可能性。

高岭石或伊利石对钾长石的化学交代对 pH 值和含钾流体活动较为敏感：

$$2KAlSi_3O_8+2H^++H_2O =\!=\!= Al_2Si_2O_5(OH)_4+4SiO_2+2K^+ \quad (2-1)$$
　　钾长石　　　　　　　　　　高岭石　　　石英

$$3KAlSi_3O_8+2H^+ =\!=\!= KAl_3Si_3O_{10}(OH)_2+6SiO_2+2K^+ \quad (2-2)$$
　　钾长石　　　　　　　伊利石　　　　　石英

而在升高的温度（约125℃）下，剩余的钾长石和高岭石通常还会发生广泛反应，形成伊利石和石英，如下式所示：

$$KAlSi_3O_8+Al_2Si_2O_5(OH)_4 =\!=\!= KAl_3Si_3O_{10}(OH)_2+2SiO_2+H_2O \quad (2-3)$$
　钾长石　　　　高岭石　　　　　伊利石　　　　　石英

此外，作为一种常见的埋藏成岩蚀变形式，长石钠长石化的开始温度可能低至约 65℃，但更常见于 100~130℃（Morad 等，1990）。反应公式如下：

$$2KAlSi_3O_8+2.5Al_2Si_2O_5(OH)_4+Na^+ =\!=\!= NaAlSi_3O_8+2KAl_3Si_3O_{10}(OH)_2+2SiO_2+2.5H_2O+H^+ \quad (2-4)$$
　钾长石　　　高岭石　　　　　　　钠长石　　　　伊利石　　　　石英

这一反应受到温度和地层水化学（aNa^+/aH^+）的强烈控制，钠长石—伊利石—石英组合在高温下变得更稳定。因此，钠长石化对地层水的整体盐度和 pH 值的变化较为敏感（Worden 和 Morad，2000）。

2）蒙皂石的伊利石化/绿泥石化

碎屑岩中蒙皂石的化学成分变化很大，但 Si/Al 比相对较高，因此是石英胶结的潜在二氧化硅来源（Boles 和 Franks，1979）。泥岩中的蒙皂石受到动力学控制的伊利石化作用，与 K^+ 通量速率和热史条件有关。伊利石/蒙皂石比率通常用作热成熟度指标。因此，砂体内部和相邻泥岩中的蒙皂石可能是石英胶结物的来源。

蒙皂石的绿泥石化与伊利石化作用相似的温度范围内，可能会导致二氧化硅释放到孔隙水中。绿泥石化要求孔隙水中 $aFe^{2+}/(aH^+)^2$ 比率升高，aNa^+/aH^+ 比率降低，因此多发生在富含碎屑铁硅酸盐、铁氧化物和铁钛氧化物的沉积物中。而伊利石化发生在富含钾长石的沉积物中（Chang 等，1986；Worden 和 Morad，2000）。

3）碎屑石英压溶作用

石英增生中的一些二氧化硅可能来自压力溶解：石英颗粒溶解，局部再沉淀。在局部浓度梯度下，溶解部位异常升高的二氧化硅向二氧化硅浓度较低的区域（即二氧化硅沉淀部位）发生扩散。这一点的证据来自深埋砂岩中镶嵌的石英颗粒和缝合线层 [图 2-1(b)]。压力引起的二氧化硅溶解度变化被认为是压溶作用的关键控制因素（Bjørkum，1996）。压溶/缝合线形成可能受温度和石英界面上存在的云母和伊利石矿物控制（Worden 和 Morad，2000）。然而，这种压力的确切作用尚不确定。

4）无定形（非晶质）硅的溶解

这些二氧化硅形式是热力学上不稳定的含水二氧化硅形式，比石英更易溶解（Vagle 等，1994；Hendry 和 Trewin，1995）。这种由无定形（非晶质）硅溶解和更稳定形式（石英）的再沉淀产生的石英胶结物，可能比长石蚀变来源的石英或压溶作用形成的石英需要相对较低的温度。

2. 石英胶结的外部来源

原则上二氧化硅也可从砂岩外部获取，与泥岩相关的来源包括从盆地深处输送的二氧化硅（如通过断层），或其他外部来源。在成岩温度下，二氧化硅仅微溶于水，要在水溶液中平流输送大量二氧化硅，需要大量的水通量（Bjørlykke，1994）。尽管有充足的证据表明地下存在流体流动，但在深埋状态下，砂岩中实现石英胶结所需的巨大流体体积的潜力有限，这表明，与大规模平流控制的石英胶结相比，更易存在局部层内的硅质来源（Worden 和 Morad，2000）。此外，与泥岩接触的部分砂岩中石英胶结物的局部富集表明，局部扩散或平流控制的二氧化硅从相邻泥岩中迁移到砂岩中（Sullivan 和 McBride，1991）。

二、碳酸盐胶结作用

碎屑岩中碳酸盐胶结作用较广泛，可出现在海相和陆相、浅埋和深埋阶段，并以方解石最为常见，其次为白云石，还包括含铁方解石（含有二价铁的方解石）、铁白云石和菱铁矿等（图 2-5）。文石是方解石的同质异象体，在自然界文石不稳定，随埋藏加大、大气淡水流入和时间推移，文石常转变为方解石。方解石和含铁方解石常以粒状、镶嵌状或栉壳状的结构形式出现。白云石和铁白云石常显示菱形的晶体形态，沿碎屑周围呈薄膜式胶结，或分散充填于孔隙中。菱铁矿一般呈不规则扁平的菱形，或呈微球粒状（称为球状菱铁矿），常环绕碎屑颗粒，充填孔隙或以结核形式出现。此外，常见碳酸盐矿物在元素含量及有关比值上有一定的差别，这些数值与阴极发光颜色及薄片的染色都能相对应（表 2-2）。

表 2-2 方解石、白云石类矿物的元素与发光特征及薄片染色的对应关系表（据应凤祥和王衍琦，1990，有修改）

矿物	方解石	含铁方解石	白云石	含铁白云石	铁白云石
Ca/Mg 含量	>3.5	>3.5	<3.5	<3.5	<3.5
Fe/(Fe+Mg) 含量	—	—	0.05	0.05~0.4	>0.4
$FeCO_3$ 含量	—	—	—	3%~11.8%	14%~26%
Fe/Mn 含量	—	—	—	2.4~10.7	>13
发光特征	发光	暗发光	发光	暗发光	不发光
染色	红	红紫，蓝紫	不染	淡蓝	天蓝

碳酸盐胶结物可形成于成岩期的各个阶段（Morad，1998）。早期形成的海洋碳酸盐胶结物主要由文石或高 Mg 方解石组成，常形成于局限环境的钙质砂岩中，如湖滩岩、海底碳氢化合物渗漏处（Ulmer-Scholle 等，2014）。若碎屑岩中碳酸盐胶结物如方解石（低 Mg 方解石）呈嵌晶，即碎屑颗粒呈"漂浮"状，表明碳酸盐胶结物形成于地表或沉积物压实轻微、浅埋藏环境中。菱铁矿常形成于早成岩阶段的浅海相碎屑岩中，其形成可能与云母的蚀变有关，从次氧化且非硫化的海洋孔隙水中沉淀出来，这类菱铁矿的形成一般与

图 2-5 碳酸盐胶结作用镜下特征

(a) 方解石 (Cal) 胶结,三叠系,鄂尔多斯盆地,单偏光;(b) 方解石胶结,古近系,渤海湾盆地,扫描电镜;(c) 白云石 (Dol) 被铁方解石 (Fe-cal) 交代,三叠系,鄂尔多斯盆地,单偏光;(d) 铁方解石 (Fe-cal) 和铁白云石 (Ank) 胶结,古近系,东海陆契盆地,单偏光;(e) 铁白云石交代碎屑颗粒,侏罗系,准噶尔盆地,单偏光;(f) 铁白云石胶结(能谱测定 Fe 含量>40%),白垩系,松辽盆地,扫描电镜

微生物甲烷生成区域相关(Ellwood 等,1988;Morad,1998)。在早期成岩环境中,白云石常以隐晶到微晶沉淀物或早期碳酸盐交代物的形式出现在盐湖、潮坪或暴露面等处。深埋藏阶段形成的碳酸盐胶结物,一般晶粒较大,多为细—粗晶,常呈零星分散状充填于粒

间孔中或以交代碎屑颗粒和其他自生矿物（如自生石英）的形式产出，且成分上多含Fe^{2+}和Mg^{2+}，这往往与蒙皂石向伊利石转化过程中析出的Fe^{2+}和Mg^{2+}有关。中期成岩环境往往是早期不稳定碳酸盐胶结物、碳酸盐生物碎屑或岩屑溶解的场所。方解石胶结物常见于埋藏成岩环境中，而含铁方解石一般指示形成于还原条件下。菱铁矿胶结物在这一阶段的沉淀会很大程度堵塞碎屑岩储层中的孔隙（Rossi等，2001）。早期形成的白云石一般随温度和压力的升高会转变为更稳定和有序的白云石（Mazzullo，1992），在深埋藏环境下，白云石也可以孔隙直接沉淀物和交代其他碳酸盐胶结物的形式存在。铁白云石一般以碎屑岩孔隙沉淀物的形式出现在中成岩阶段，常见以菱形形态增生于碎屑白云石和白云石胶结物的外面，有时与碳氢化合物的侵入有关（Boles，1978）。

三、黏土矿物胶结作用

黏土矿物是细分散的、含水的层状构造硅酸盐矿物、层链状构造硅酸盐矿物以及含水的非晶质硅酸盐矿物的总称（Deer等，1998；赵杏媛和何东博，2016），通常所见的黏土矿物主要为层状构造硅酸盐矿物，黏土级上限一般小于$4\mu m$。黏土矿物具有片状结构，通过在相邻四面体或八面体的Si或Al离子之间共享氧离子而彼此连接成平面层（Bailey，1980）。黏土矿物的数量、分布模式和形态对砂岩的孔隙度、渗透率、密度、天然放射性、电导率、油田的含水量等具有显著影响（邢顺全和辛国强，1987；王行信和韩守华，2002；吴朝东等，2007；蒋裕强等，2013；Zhang等，2015；Worden等，2020）。不同的黏土矿物胶结物可以对渗透率产生不同的影响，因为它们在孔隙网络中占据不同的位置（Howard，1992）。对砂岩储层中黏土矿物的研究，也可为含油气层的测井解释和油气藏开发中油层保护措施的制定提供十分有用的信息。在碎屑岩中观察到的主要成岩黏土矿物包括蒙皂石、高岭石（或地开石）、绿泥石、伊利石及混层黏土矿物等，砂岩中不太常见的黏土矿物是坡缕石。黏土矿物分为他生和自生两种，他生黏土矿物是指来源于母岩的黏土矿物，而自生黏土矿物则是在成岩过程中就地生成或再生的黏土矿物。自生黏土矿物的形成受到地层孔隙水中颗粒的化学稳定性、地层孔隙水的物化性质以及砂岩的孔渗特征等因素影响。自生黏土矿物表现为在组成、颜色和结构上的一致性，以及高度的结晶性，其产状大致可分为四种：（1）孔隙衬边（也称黏土膜或颗粒包膜），一般在碎屑颗粒表面形成黏土包膜，黏土单矿物或集合体常垂直或平行于碎屑颗粒表面；（2）孔隙充填；（3）交代假象，部分或全面替代碎屑颗粒；（4）裂隙和晶洞充填（郑俊茂和庞明，1989）。

此外，X射线衍射（XRD）分析能揭示矿物的晶体结构，分析快速、简便，是开展黏土矿物定性、定量分析鉴定，以及混层黏土矿物的鉴定和混层比计算的一种非常有效的矿物分析手段。X射线衍射定性鉴定是将所得的衍射数据与标准数据作对比，如果二者吻合，则表明样品中的矿物与该标准矿物是同一种矿物。X射线衍射定量鉴定则是在定性识别基础上，利用各矿物相之间的强度关系等计算出各自的相对含量（表2-3）。

表2-3 黏土矿物 X 射线衍射鉴定表（据 SY/T 5163—2018，有修改）

矿物	谱图特性			
	N 片	EG 片	∠50~550℃片	HCl
高岭石 K	有 0.720nm 和 0.358nm 两个衍射峰	0.720nm 和 0.358nm 两个衍射峰无变化	晶格破坏，峰消失	峰位置无变化
绿泥石 C	有 1.420nm、0.710nm、0.480nm 和 0.335nm 四个衍射峰，其中 0.710nm 峰最强，0.353nm 峰次之	1.420nm、0.710nm、0.480nm 和 0.335nm 四个衍射峰无变化	1.420nm 峰移动到 1.380nm，其余各峰强度大大减弱以至消失	大多数晶格破坏，峰消失
蒙皂石 S	在相对湿度为 50% 时，钙蒙皂石有 1.500nm 峰，钠蒙皂石有 1.250nm 峰	有 1.700nm、0.862nm 和 0.562nm 峰	1.700nm 峰移动到 1.000nm	—
伊利石 It	有 1.000nm、0.500nm 和 0.333nm，其中 0.500nm 峰强度约为 1.000nm 峰强度的 1/3	1.000nm、0.500nm 和 0.333nm 峰无变化	1.000nm 峰位不变、强度不变或略有变化	峰位置无变化
伊利石/蒙皂石间层矿物 I/S	无序间层矿物有以下三个识别标志，必须同时存在：（1）在自然片（N 片）谱图上，在 1.000nm<d<1.540nm 范围内有衍射峰；（2）在乙二醇饱和片（EG 片）谱图上，上述 N 片谱图上的衍射峰向低角度一侧移动至 1.700nm 处，但谱图中不存在与该峰成整数关系的一组系列峰；（3）在高温片（450~550℃）谱图上，上述 EG 片谱图上的衍射峰向高角度一侧移动至 1.000nm 处。有序间层矿物有以下三个识别标志，必须同时存在：（1）在自然片（N 片）谱图上，在 1.000nm<d<1.540nm 范围内有衍射峰；（2）在乙二醇饱和片（EG 片）谱图上，上述 N 片谱图上的衍射峰向低角度一侧移动，但不到 1.700nm 处，但谱图中不存在与该峰成整数关系的一组系列峰；（3）在高温片（450~550℃）谱图上，上述 EG 片谱图上的衍射峰向高角度一侧移动至 1.000nm 处			—
绿泥石/蒙皂石间层矿物 C/S	绿泥石/钙蒙皂石在 1.500nm 与 1.420nm 之间有峰；绿泥石/钠蒙皂石在 1.420nm 与 1.250nm 之间有峰	在 1.700nm 与 1.420nm，0.852nm 与 0.710nm 之间分别有一位衍射峰	在 1.420nm 与 1.000nm 之间出现一个峰	大多数晶格破坏，峰消失

1. 绿泥石

绿泥石是一种特殊类型的黏土矿物，通常含有丰富的铁和镁（Deer 等，2013）。它是细粒海洋沉积物和沉积岩的重要组成部分，也是粗粒碎屑沉积物（如砂岩）中的一种重要黏土矿物（Gingele 等，2001）。绿泥石的一般化学式为 $(X,Y)_{4-6}(Si,Al)_4O_{10}(OH,O)_8$（Worden 等，2020），其中的 X 和 Y 表示八面体配位层中的二价或三价离子，通常包括 Fe^{2+}、Fe^{3+}、Mg 或 Al。理论上，绿泥石不含任何常见的放射性元素，即钾、铀或钍（K、U、Th）。使用 X 射线衍射（XRD）技术可以有效地研究和区分绿泥石（图 2-6；Hillier，2003；Moore 和 Reynolds Jr.，1997）。

与几乎所有其他矿物一样，绿泥石可以作为碎屑矿物出现在砂岩中。在内陆地区，土壤和搬运过程中风化和蚀变的速度相对较慢，因此是沉积系统中常见的碎屑矿物（Hartmann 等，2013；Worden 等，2020）。碎屑绿泥石可作为富含绿泥石的岩屑、基质以及碎屑颗粒包膜等形式出现在碎屑沉积物中（Griffiths 等，2019）。自生绿泥石作为

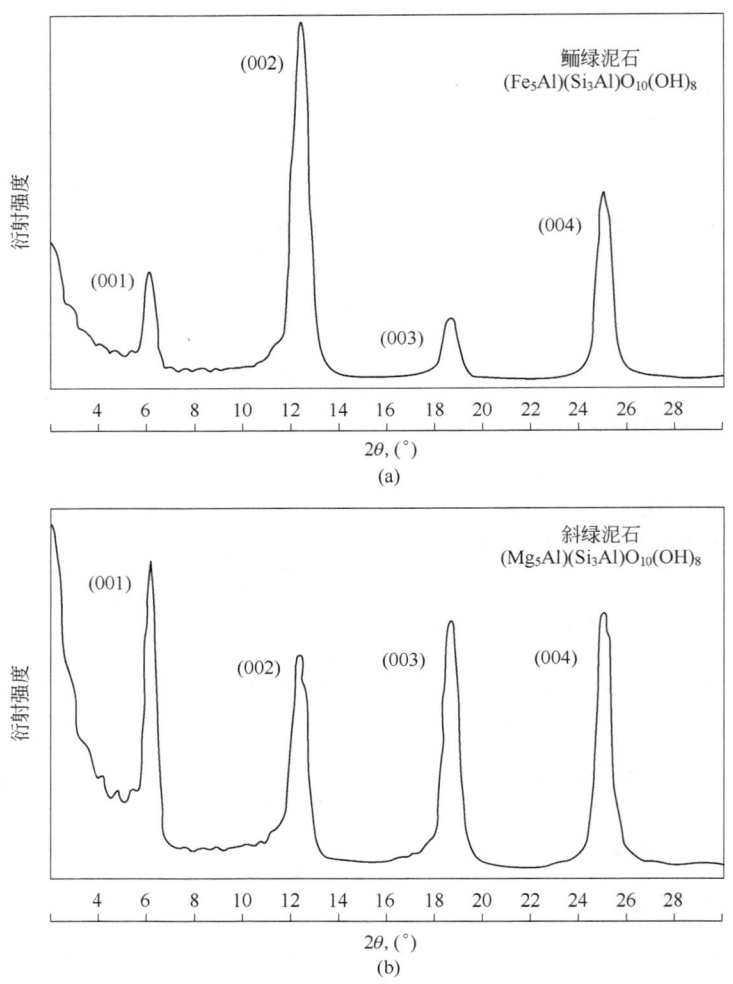

图 2-6 富铁绿泥石（a）和富镁绿泥石（b）X 射线衍射典型特征（据 Hillier，2003，有修改）

碎屑或早期自生黏土矿物的交代产物，在碎屑岩中多呈颗粒包膜形式产出，扫描电镜下观察其单个晶体均为叶片状或针片状，常呈分散状分布于粒表，少部分绿泥石结合体呈绒球状或玫瑰花瓣状等分布于粒表或粒间（图 2-7）。此外，还可以应用扫描电镜联合能谱分析（集成 SEM-EDS）的方法，来确定砂岩组分的图像，并可以根据绿泥石的 Fe/Mg 比率来确定其类型（Worden 等，2020），这种新一代集成 SEM-EDS 工具（如 QEMSCAN 或 TIMA 等），目前已能够从标准抛光截面（6cm^2）或更大的区域进行自动矿物识别和绘图 [图 2-7(d)]。这种分析主要基于在抛光截面上预定义点收集的微米级斑点的化学分析，提供详细的、可重复的定量矿物学信息（视频 2-1）；如果电子束的间距足够小（即分析点之间接近 1mm），那么就会产生一个高分辨率的薄片矿物图 [图 2-7(d)]。绿泥石可以无差别地覆盖在石英、钾长石、斜长石和任何岩屑颗粒上（Worden 等，2020）。

视频 2-1
扫描电镜联合
能谱分析

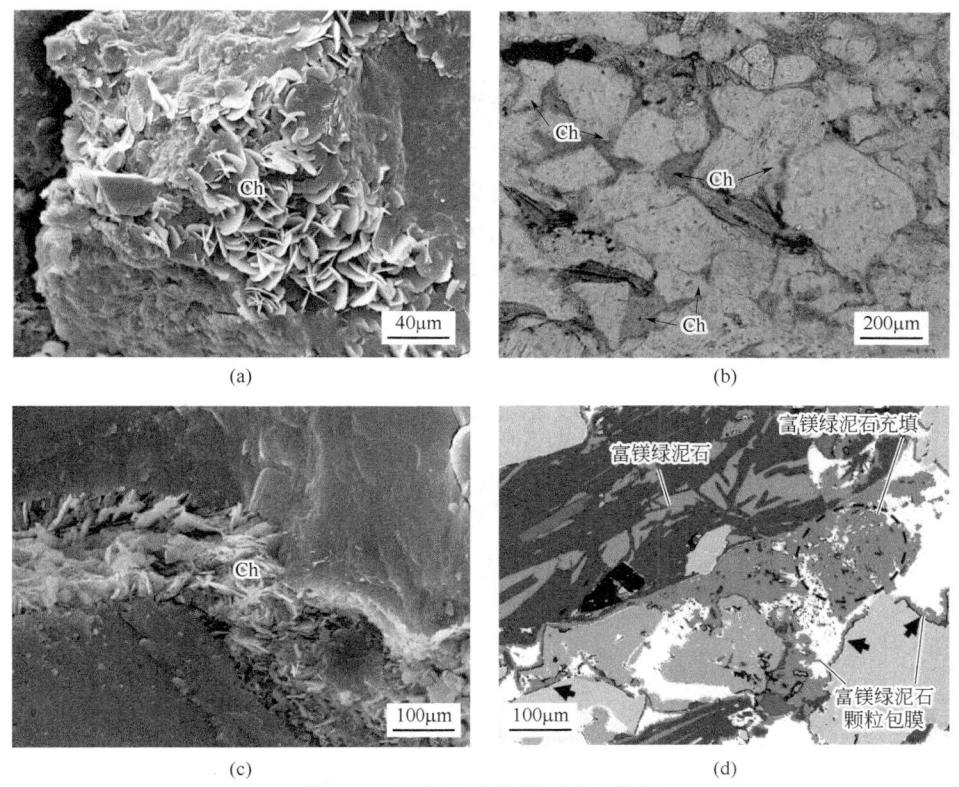

图 2-7 绿泥石胶结作用镜下特征

(a) 叶片状绿泥石（Ch），侏罗系，准噶尔盆地，扫描电镜；(b) 绿泥石颗粒包膜，三叠系，鄂尔多斯盆地，单偏光；(c) 绿泥石充填于粒间孔隙，其形成晚于绿泥石膜，白垩系，印度河盆地，扫描电镜；(d) 富铁绿泥石膜（深绿色）覆盖于石英和碎屑长石颗粒表面，富镁绿泥石（浅绿色）取代了碎屑黑云母颗粒，富铁绿泥石形成不规则的孔隙填充斑块，侏罗系．SEM-EDS 图像（据 Worden 等，2020，有修改）

2. 高岭石

高岭石的化学式为 $Al_2Si_2O_5(OH)_4$。高岭石在薄片下较易辨认，一般呈假六边形[图 2-8(a)]。集合体呈书页状或蠕虫状，以孔隙充填或交代其他矿物或以其他自生矿物的包体产出[图 2-8(b)(c)]。在一些分选较好和颗粒度较粗的石英砂岩和长石砂岩中，常见晶形发育良好的自形高岭石。高岭石是低温形式，而地开石被认为是高岭石的高温形式；地开石倾向于形成小的菱形晶体。随着埋藏深度和温度的逐渐增加（2~3km，70~90℃），有序的高岭石和/或无序度较差的地开石，可能会取代有序度较差的早成岩阶段的高岭石[图 2-8(d)]，这种转化通常在高渗透砂岩中比在低渗透砂岩中更为普遍（Cassagnabere，1998）。在约 3.0~4.5km（90~130℃）的埋藏深度，剩余的同生高岭石会溶解并再沉淀，形成块状的地开石晶体（Beaufort 等，1998）。高岭石转化为地开石可能有助于地层水酸度的增加或 aK^+/aH^+ 比值的降低（Morad 等，1994；Clauer 等，1999）。

碎屑岩成岩作用（富媒体）

X射线衍射（XRD）分析也可用于区分地开石和高岭石。

图 2-8 高岭石镜下特征

(a) 高岭石（Kao）充填粒间孔隙，三叠系，鄂尔多斯盆地，单偏光；(b) 书页状高岭石，侏罗系，准噶尔盆地，扫描电镜；(c) 书页状高岭石，古近系，渤海湾盆地，扫描电镜；(d) 书页状高岭石，部分向地开石转变，古近系，渤海湾盆地，扫描电镜

3. 伊利石

伊利石常呈纤维形态，晶体长达 10μm，宽 0.1~1μm，厚一般只有几纳米。伊利石的一般化学式为 $K_yAl_4(Si_{8-y},Al_y)O_{20}(OH)_4$（Velde，1985），其中 y 通常小于 2。扫描电镜观察结果表明，天然产出的伊利石很难见到单晶体形体，伊利石集合体多呈丝状（发丝状）、纤维状，常呈孔隙桥接结构，位于粒表和（或）粒间；也可见呈片状，这种形态多位于粒表（图 2-9）。伊利石以多种形式出现，反映了不同的层堆叠方式。伊利石通常与高岭石和蒙皂石的转变或长石和云母的溶解有关。

其中，高岭石向伊利石的转化可发生在温度高于约 70℃ 时，而在温度高于 130℃ 时变得普遍。根据平衡热力学模型，钾长石和高岭石在一起似乎普遍不稳定，它们在较低成岩温度下的共存被归因于它们的反应速率缓慢（Bjørlykke 和 Aagaard，1992）。在早成岩阶段高岭石存在的 pH 中性的环境下，其反应式见式（2-3）。

图 2-9 伊利石镜下特征

(a) 纤维状伊利石,侏罗系,挪威中部陆架,扫描电镜(据 Lander 和 Bonnell,2010);(b) 伊利石呈搭桥式分布,白垩系,松辽盆地,扫描电镜;(c) 伊利石包膜,侏罗系,挪威中部陆架,正交偏光(据 Storvoll 等,2002);(d) 粒间孔中分布自生石英、伊利石,古近系,东海陆架盆地,扫描电镜;(e) 溶蚀铸模孔中见纤维状伊利石,侏罗系,挪威中部陆架,扫描电镜(据 Lander 和 Bonnell,2010);(f) 透射电镜下的伊利石成岩矿物的典型形态,石炭—二叠系,沙特阿拉伯中部(据 Franks 和 Zwingmann,2010)

而在没有早期高岭石且存在酸性来源的前提下,高岭石向伊利石的转化也可以发生,反应式见式(2-2)。

此外,受 Na^+ 离子活性和 pH 值控制,高岭石伊利石化过程中 K^+ 的消耗在动力学上控制了钾长石的钠长石化（Aagaard 等，1989），其反应式见式（2-4）。

纤维状伊利石的高表面积、孔隙桥接结构和显著的相关微孔 [图 2-9(a)(b)] 有助于降低渗透率，同时增加束缚水饱和度和毛细管压力（McHardy 等，1982；Kantorowicz，1984）。纤维状伊利石的厚度、宽度和长度通常分别为 0.05nm、0.5nm 和 50mm（Güven 等，1980；Lanson 等，2002）。由此产生的比表面积至少比方解石或石英等胶结物大两个数量级，这些胶结物由更大的块状晶体组成（Panda 和 Lake，1995）。纤维状伊利石多为独立生长，并很好地延伸到宿主砂岩的孔隙空间（图 2-10），并可能会显著增加孔隙空间内流体流动路径的曲折性（Pallatt 等，1984；Cocker，1986；Panda 和 Lake，1995）。由于纤维状伊利石通常比其他自生黏土更深入孔隙，因此在给定体积下，它们往往会导致更大的渗透率降低（Lander 和 Bonnell，2010）。纤维状伊利石主要由高岭石矿物和 K^+ 反应形成。钾可能来源于局部钾长石溶解或外部来源（如迁移流体），也可能来源于相邻泥页岩的溶解流体（Bjørkum 和 Gjelsvik，1988；Chuhan 等，2001；Robinson 等，1993；Zwingmann 等，1999；Gaupp 等，1993；Berger 等，1997；Clauer 等，2008）。

4. 蒙皂石

蒙皂石的通式为 $(0.5Ca,Na)_{0.7}(Al,Mg,Fe)_4(Si,Al)_8O_{20}(OH)_4 \cdot nH_2O$。碎屑岩中的蒙皂石既可为早期成岩成因，也可为碎屑成因（McKinley 等，2003）。砂岩中蒙皂石的状态是沉积和成岩因素的函数。蒙皂石最常见于风成、河流、湖泊和浊积砂岩。扫描电镜观察显示蒙皂石呈蜂窝状赋存于粒表或粒间（图 2-11）。岩石学和沉积学证据表明，在砂岩中，大多数蒙皂石（和其他黏土）胶结物和孔隙衬里是以下原因造成的：生物扰动、渗透作用、周围地层水中的直接沉淀（Jeans，1989）或泥屑的变形（McKinley 等，2003）。相比之下，来自泥岩的 X 射线衍射（XRD）和岩相证据表明，蒙皂石（和其他黏土）矿物直接继承自原始沉积物（Clauer 等，1999；Niu 和 Ishida，2000）。砂岩中蒙皂石的成岩演化很可能对整个成岩矿物学和地层水组成产生重大影响。在埋藏过程中，蒙皂石向其他黏土的转变导致石英胶结，可能导致碳酸盐胶结，并可能改变地层水中的阳离子比率（McKinley 等，2003）。在成岩过程中，砂岩中的蒙皂石通过混合黏土中间体转化为伊利石或绿泥石，但应注意的是，在高成岩温度下蒙皂石并非本质上不稳定。相反，随着埋藏过程中地球化学（水）环境的变化，它们变得不稳定（McKinley 等，2003）。

5. 混层黏土矿物

混层黏土矿物源于单一结构中不同矿物层的相互作用（Srodón，1999），可分为伊利石/蒙皂石（伊/蒙）混层矿物（图 2-12）和绿泥石/蒙皂石（绿/蒙）混层矿物（分别缩写为 I/S 和 C/S）。在逐渐埋藏的成岩过程中，I/S 变得更加富含伊利石，C/S 变得更加富绿泥石。在沉积时和早成岩阶段，I/S 中的层堆叠通常是无序的。用 R 表示的术语"Reichweite"用于描述排序类型。$R=0$ 表示蒙皂石和其他黏土矿物的完全随机相互作用。$R=1$、$R=2$ 和 $R=3$ 描述了逐渐有序的夹层（Reynolds，1980；Wilson，1999）。在加热和埋藏成岩过程中，I/S 的无序程度降低。

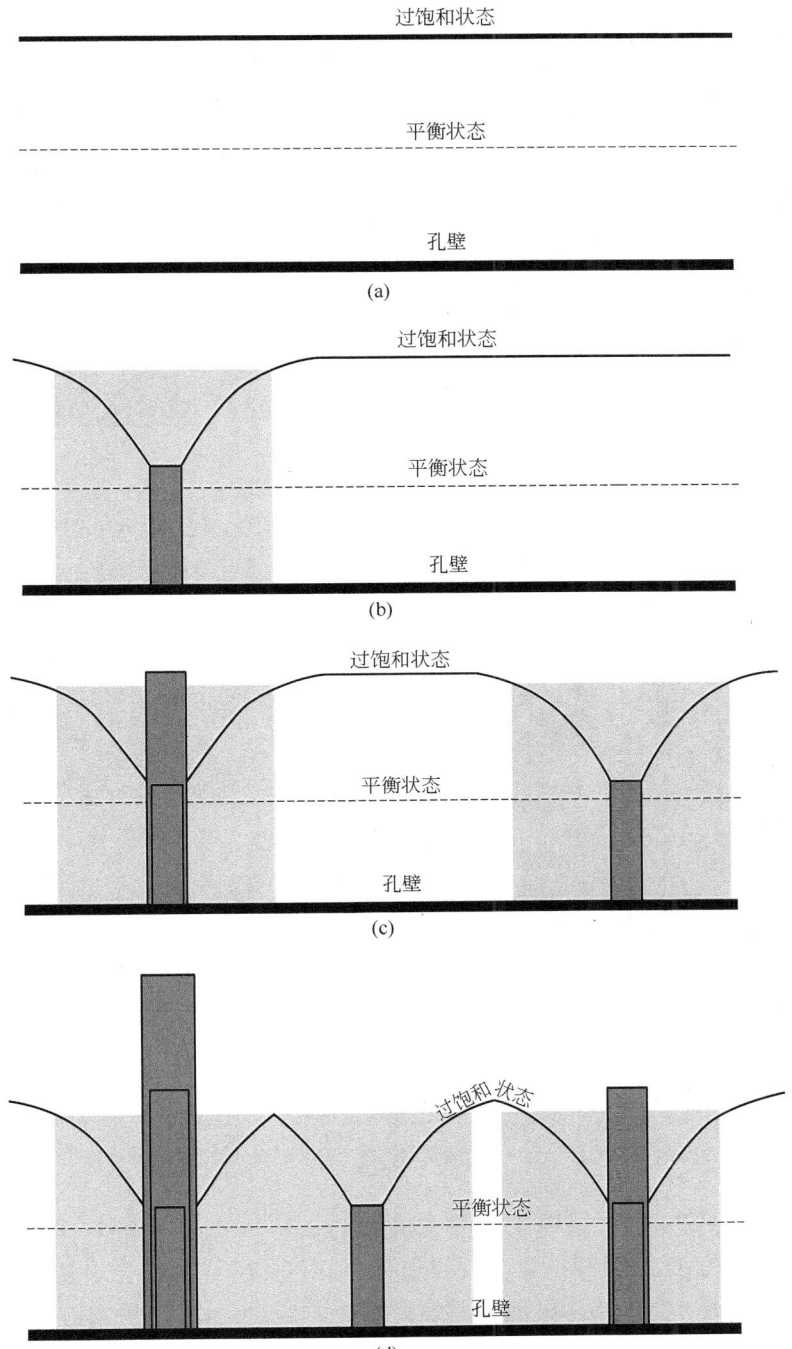

图 2-10 纤维状伊利石生长对新微晶成核的潜在影响示意图
（据 Lander 和 Bonnell，2010）

(a) 在微晶成核之前，给定的孔壁可能会暴露在伊利石过饱和程度均匀的流体中；
(b) 一旦微晶成核，它就充当伊利石溶液的汇点，从而可能降低其附近（灰色区域）的过饱和程度；(c) 由于伊利石过饱和的局部程度较低，新晶体可能不太可能在生长微晶附近的孔壁上成核；(d) 随着更多微晶的形成，易于形成新核的表面积会下降

图 2-11 蒙皂石镜下特征

（a）蒙皂石覆盖于粒表，新近系，准噶尔盆地，扫描电镜；（b）次生溶蚀孔中见蒙皂石，新近系，准噶尔盆地，扫描电镜

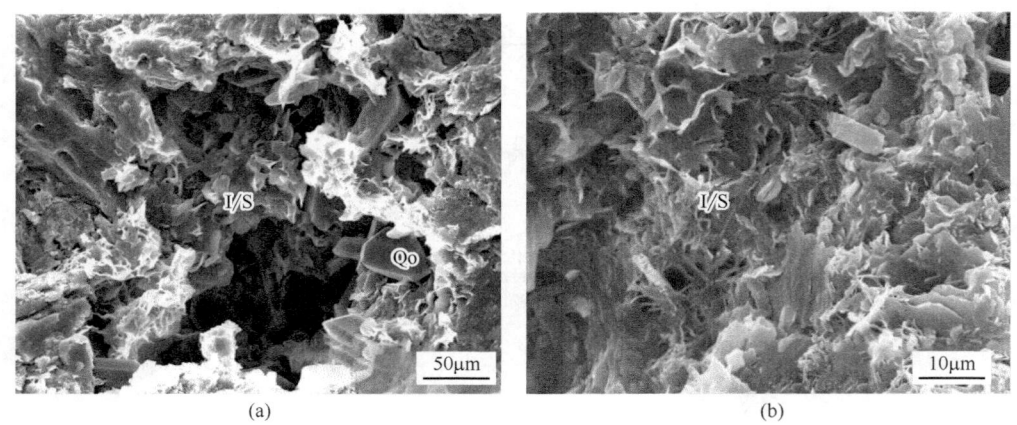

图 2-12 伊/蒙混层镜下特征

（a）弯曲薄片状伊/蒙混层（I/S）发育，见自生石英（Qo），白垩系，松辽盆地，扫描电镜；（b）伊/蒙混层，古近系，渤海湾盆地，扫描电镜

蒙皂石向伊利石的转化可以通过两种途径进行（Worden 和 Morad，2003）。第一种途径产生二氧化硅，需要 Al 的供应以实现伊利石［式(2-7)］的转化。第二种途径则未消耗 Al 并产生过量的二氧化硅［可能为石英胶结物，式(2-8)］。伊利石化可能释放大量 Mg^{2+}、Fe^{2+}、Na^+ 和 Ca^{2+} 离子，这些离子可用于同一或相邻岩石的成岩反应。

$$0.45H^+ + 0.45K^+ + 0.4Al_2O_3 + K_{0.1}Na_{0.1}Ca_{0.2}Mg_{0.4}Fe_{0.4}Al_{1.4}Si_{3.8}O_{10}(OH)_2 \cdot H_2O =$$
$$\text{双八面体蒙皂石}$$

$$K_{0.55}Mg_{0.2}Fe_{0.15}Al_{2.2}Si_{3.5}O_{10}(OH)_2 + 0.1Na^+ + 0.2Ca^{2+} + 0.2Mg^{2+} + 0.125Fe_2O_3 + 0.3SiO_2 + 1.22H_2O$$
伊利石 　　　　　　　　　　　　　　　　　　　　　　　　　　石英

(2-5)

$$1.242H^+ + 0.393K^+ + 1.58K_{0.1}Na_{0.1}Ca_{0.2}Mg_{0.4}Fe_{0.4}Al_{1.4}Si_{3.8}O_{10}(OH)_2 \cdot H_2O \longrightarrow$$
双八面体蒙皂石
$$K_{0.55}Mg_{0.2}Fe_{0.15}Al_{2.2}Si_{3.5}O_{10}(OH)_2 + 0.16Na^+ + 0.31Ca^{2+} + 0.43Mg^{2+} + 0.24Fe_2O_3 + 2.47SiO_2 + 2.86H_2O$$
伊利石   石英

(2-6)

伊/蒙混层矿物在形态上介于伊利石和蒙皂石之间，绿/蒙混层矿物也具有类似的特征。混层黏土是自生黏土矿物中最常见的一类黏土。

蒙皂石绿泥石化反应有两种可能的机制（Chang 等，1986；Niu 等，2000），对应的反应式如下：

$$Ca_{0.1}Na_{0.2}Fe_{1.1}MgAlSi_{3.6}O_{10}(OH)_2 + 1.5Fe^{2+} + 1.2Mg^{2+} + 1.4Al^{3+} + 8.6H_2O =\!=\!=$$
三八面体蒙皂石（皂石）
$$Fe_{2.6}Mg_{2.2}Al_{2.4}Si_{2.8}O_{10}(OH)_8 + 0.1Ca^{2+} + 0.2Na^+ + 0.8SiO_2 + 9.2H^+ \quad (2-7)$$
绿泥石   石英

$$2.4Ca_{0.1}Na_{0.2}Fe_{1.1}MgAlSi_{3.6}O_{10}(OH)_2 + 0.88H_2O + 1.44H^+ =\!=\!=$$
三八面体蒙皂石（皂石）
$$Fe_{2.6}Mg_{2.2}Al_{2.4}Si_{2.8}O_{10}(OH)_8 + 0.24Ca^{2+} + 0.48Na^+ + 0.04Fe^{2+} + 0.20Mg^{2+} + 5.84SiO_2$$
绿泥石   石英

(2-8)

第三节 溶解（溶蚀）作用

溶解（溶蚀）作用是指成岩过程中的宿主沉积物固体成分被孔隙水溶液溶解，从而在宿主沉积物中留下孔隙空间或空隙。不同成岩阶段的成岩环境中，碎屑岩中的矿物遭受温度和压力的变化，尤其是不同的水化学变化，都会不同程度地发生溶解（溶蚀）作用。岩石溶解作用主要为碎屑矿物的溶解（如长石）和自生矿物的溶解（如碳酸盐胶结物和蒸发岩矿物），溶解作用是形成次生孔隙的主要成岩过程（表 2-4；图 2-13）。以 Schmidt 和 McDonald 为代表的一批学者首次发现在砂岩中存在许多由溶蚀作用形成的次生孔隙，并建立了在显微镜下识别次生孔隙的岩石学标志包括：（1）部分溶解作用；（2）铸模孔；（3）不均匀排列和"漂浮状"颗粒；（4）特大孔隙；（5）伸长状孔隙；（6）溶蚀的颗粒边缘；（7）颗粒内溶蚀（蜂窝状颗粒）；（8）破裂的颗粒等。

表 2-4 砂岩产生次生孔隙的成岩作用

成岩作用	形成的次生孔隙
岩石破裂作用	较少
颗粒破裂作用	较少
收缩作用	较少

碎屑岩成岩作用（富媒体）

续表

成岩作用		形成的次生孔隙
溶解作用	长石	较多
	岩屑	较多
	方解石	较多
	白云石	较少
	菱铁矿	较多
	硫酸盐	较少
	其他蒸发岩	较少
	硅酸盐	较少
	其他非硅酸盐	较少

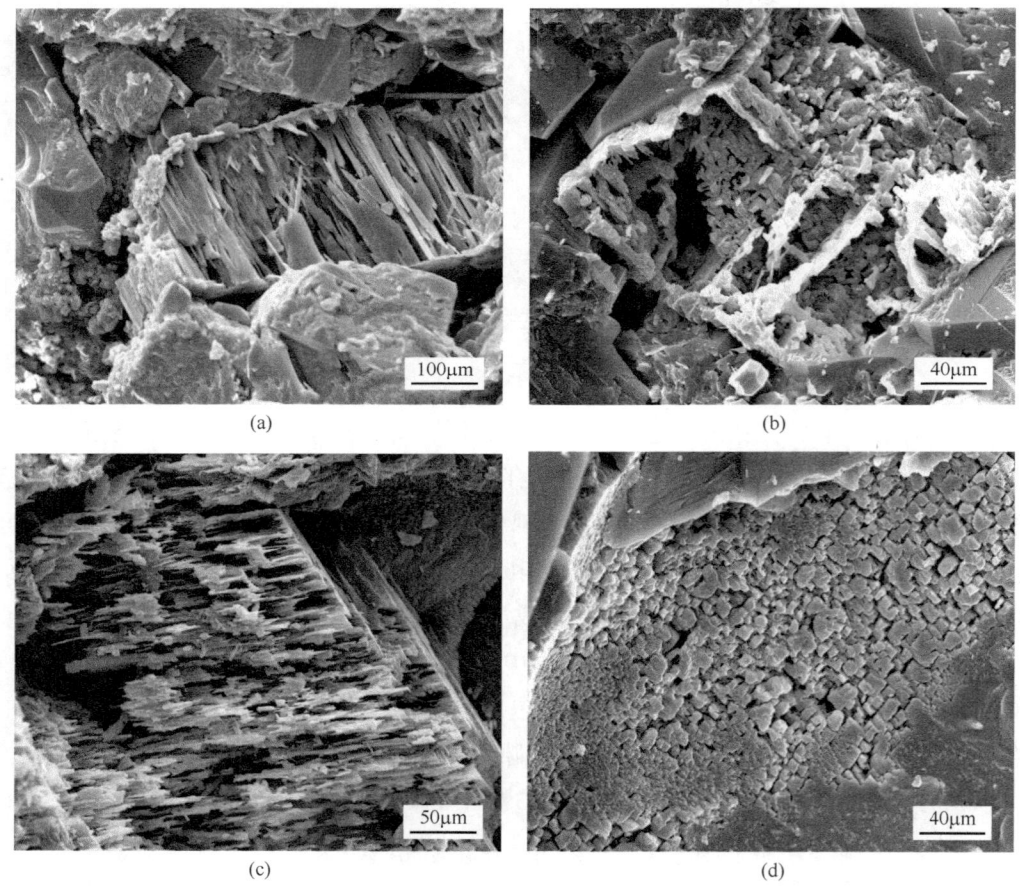

图 2-13 溶蚀作用镜下特征

(a) 长石溶蚀形成次生孔，古近系，苏北盆地，扫描电镜；(b) 长石溶蚀形成次生孔，白垩系，松辽盆地，扫描电镜；(c) 长石溶蚀形成次生孔，古近系，东海陆架盆地，扫描电镜；(d) 方解石溶蚀形成次生孔，新近系，准噶尔盆地，扫描电镜

对于碎屑岩储层的溶解作用，国内外学者提出了多种溶解成孔机制，包括：大气淡水淋滤、有机质热演化生成有机酸溶解、有机质热脱羧作用生成 CO_2 溶解、黏土矿物转化生酸溶解、黏土—碳酸盐矿物反应溶解、硅酸盐矿物逆风化生酸溶解、烃类微生物降解作用溶解（BSR）和烃类热化学硫酸盐还原作用（TSR）溶解、碳酸盐矿物倒退溶解、深部热液溶蚀和碱性溶解作用等（Surdam 等，1984；Emery 等，1990；Giles 和 de Boer，1990；蔡春芳等，1997；顾家裕等，1998；黄思静等，2003；远光辉等，2013；Yuan 等，2015；操应长等，2022）。

第四节 交代作用

交代作用指的是矿物沉淀的过程，是矿物取代先前存在的矿物（可以是单颗粒矿物、岩屑或胶结物）的一种现象；实质是被交代矿物的溶解和交代矿物的原地沉淀同时进行并逐步替代的过程。交代作用可发生于沉积岩形成的各个阶段，服从体积保持定律及质量守恒定律，因而对储层孔隙度和渗透率的影响相对较小。交代矿物一般首先交代颗粒的边缘，随着地层埋藏深度的增加，交代作用也逐渐增强，甚至可以完全交代碎屑颗粒而形成假象交代作用。然而，交代作用过程有时会极为复杂，特别是当出现多期交代作用或多期交代—溶解—胶结事件时。

砂岩中的交代作用较为常见，通常在显微镜和扫描电镜视域下可根据矿物之间的交代关系来确定矿物的生成顺序。此外，阴极发光、电子探针和其他原位定量分析技术也有助于交代作用的识别（Morad 等，1990；Ulmer-Scholle 等，2014）。常见的交代作用包括碳酸盐胶结物交代石英（或石英加大）、长石、岩屑和黏土矿物（图 2-14），黏土矿物交代长石，长石钠长石化，硫酸盐胶结物被石英或碳酸盐胶结物交代等多种类型。以最为典型

(a) (b)

图 2-14 碳酸盐胶结物交代作用镜下特征

(a) 方解石胶结物（Cal）交代碎屑石英及石英加大、钾长石和岩屑，古近系，伊通盆地，单偏光；

(b) 方解石胶结物（Cal）和铁方解石（Fe-cal）胶结物均交代碎屑颗粒及岩屑，而晚期形成的铁方解石会进一步交代早期形成的方解石，白垩系，松辽盆地，单偏光

碎屑岩成岩作用（富媒体）

的碳酸盐胶结物交代作用为例，除与物质本身性质有关外，主要受体系内的物理化学条件的制约，主要因素是孔隙溶液的温度和 pH 值，其次是压力（朱筱敏，2020）。温度升高会使孔隙水中的碳酸离解为 CO_2 和 H_2O（或 HCO_3^- 和 H^+），并促使 CO_2 气体的逸失，CO_2 分压降低，导致碳酸钙溶解度下降和方解石的沉淀。在埋藏成岩过程中，方解石溶解度除随温度升高而降低外，也会随 pH 值和压力的增加而降低。

参考文献

蔡春芳，梅博文，马亭，等，1997. 塔里木盆地有机酸来源、分布及对成岩作用的影响. 沉积学报，3：105-111.

操应长，远光辉，杨海军，等，2022. 含油气盆地深层—超深层碎屑岩油气勘探现状与优质储层成因研究进展. 石油学报，43（1）：112-140.

顾家裕，宁从前，贾进华，1998. 塔里木盆地碎屑岩优质储层特征及成因分析. 地质论评，1：83-89.

黄思静，武文慧，刘洁，等，2003. 大气水在碎屑岩次生孔隙形成中的作用：以鄂尔多斯盆地三叠系延长组为例. 地球科学，4：419-424.

蒋裕强，张春，邓海波，等，2013. 黏土矿物对低渗致密砂岩储渗性能的影响. 西南石油大学学报（自然科学版），35（6）：39-47.

寿建峰，张惠良，沈扬，等，2006. 中国油气盆地砂岩储层的成岩压实机制分析. 岩石学报，8：2165-2170.

王行信，韩守华，2002. 中国含油气盆地砂泥岩黏土矿物的组合类型. 石油勘探与开发，4：1-3，11.

吴朝东，王琪琪，冯雪，等，2007. 新疆库车凹陷侏罗系多粒级黏土矿物分析方法及其对沉积—成岩环境的指示. 岩石学报，7：1655-1663.

邢顺全，辛国强，1987. 大庆油田砂岩中自生粘土矿物的研究. 大庆石油地质与开发，1：11-17，83-84.

应凤祥，王衍琦，1990. 矿物的元素组成与阴极发光颜色. 电子显微学报，3：244.

远光辉，操应长，杨田，等，2013. 论碎屑岩储层成岩过程中有机酸的溶蚀增孔能力. 地学前缘，20（5）：207-219.

赵杏媛，何东博，2016. 黏土矿物与油气勘探开发. 北京：石油工业出版社.

郑俊茂，庞明，1989. 碎屑储集岩的成岩作用研究. 武汉：中国地质大学出版社.

朱筱敏，2020. 沉积岩石学. 5 版. 北京：石油工业出版社.

Aagaard P, Egeberg P K, Saigal G C, et al, 1989. Diagenetic albitization of detrital K-feldspars in Jurassic, Lower Cretaceous and Tertiary reservoir rocks from offshore Norway, Ⅱ. Formation water chemistry and kinetic considerations. Journal of Sedimentary Petrology, 60：575-581.

Abercrombie H J, Hutcheon I E, Bloch J D, et al, 1994. Silica activity and the smectite-illite reaction. Geology, 22：539-542.

Bailey S W, 1980. Structures of layer silicates//Brindley G W, Brown G. Crystal structures of clay minerals and their X-ray identification. London：Mineralogical Society of London.

Beaufort D, Cassagnabere A, Petit S, et al, 1998. Kaolinite-to-dickite reaction in sandstone reservoirs. Clay

Minerals, 33: 297-316.

Berger A, Gier S, Krois P, 2009. Porosity-preserving chlorite cements in shallow-marine volcaniclastic sandstones: evidence from Cretaceous sandstones of the Sawan gas field, Pakistan. AAPG Bulletin, 93: 595-615.

Berger G, Lacharpagne J C, Velde B, et al, 1997. Kinetic constraints on illitization reactions and the effects of organic diagenesis in sandstone/shale sequences. Applied Geochemistry, 12: 23-35.

Bjørkum P A, Gjelsvik N, 1988. An isochemical model for formation of authigenic kaolinite, K-feldspar and illite in sediments. Journal of Sedimentary Petrology, 58: 506-511.

Bjørkum P A, 1996. How important is pressure in causing dissolution of quartz in sandstones? Journal of Sedimentary Research, A66 (6): 147-154.

Bjørlykke K, Aagaard P, 1992. Clay minerals in the North Sea//Houseknecht D W, Pittman E D. Origin, diagenesis, and petrophysics of clay minerals in sandstones. Tulsa: Special Publication of the Society of Economic Paleontologists and Mineralogists.

Bjørlykke K, 1994. Pore water flow and mass transfer of solids in solution in sedimentary basins//Parker A, Sellwood B W. Quantitative diagenesis: recent developments and applications to reservoir geology. Dordrecht: Springer.

Boles J R, 1978. Active ankerite cementation in the subsurface Eocene of Southwest Texas. Contributions to Mineralogy and Petrology, 68 (1): 13-22.

Boles J R, Franks S G, 1979. Clay diagenesis in Wilcox sandstones of southwest Texas: implications of smectite diagenesis on sandstone cementation. Journal of Sedimentary Petrology, 49: 55-70.

Cassagnabere A, 1998. Caractérisation et interprétation de la transition kaolinite-dickite dans les réservoirs à hydrocarbures de Froy et Rind (Mer du Nord), Norvège. University of Poitiers.

Chilingarian G V, Wolf K H, 1976. Compaction of coarse-grained Sediments, II. Amsterdam: Elsevier Scientific Publishing Company.

Chuhan F A, Bjørlykke K, Lowrey C J, 2001. Closed system burial diagenesis in reservoir sandstones: Examples from the Garn Formation at Haltenbanken area, offshore mid Norway. Journal of Sedimentary Research, 71: 15-26.

Clauer N, Rinckenbach T, Weber F, et al, 1999. Diagenetic evolution of clay minerals in oil-bearing Neogene sandstones and associated shales, Mahakam Delta Basin, Kalimantan, Indonesia. AAPG Bulletin, 83: 62-87.

Clauer N, Liewig N, Ledesert B, et al, 2008. Thermal history of Triassic sandstones from the Vosges Mountains Rhine Graben rifting area, NE France, based on K-Ar illite dating. Clay Minerals, 43: 363-379.

Chang H K, Mackenzie F T, Schoonmaker J, 1986. Comparisons between the diagenesis of dioctahedral and trioctahedral smectite, Brazilian offshore basins. Clays and Clay Minerals, 34 (4): 407-423.

Cocker J D, 1986, Authigenic illite morphology: appearances can be deceiving. AAPG Bulletin, 70: 575.

Deer W A, Howie R A, Zussman J, 1998. An introduction the rock-forming minerals. London: Longman.

Deer W A, Howie R A, Zussman J, 2013. An introduction to the Rock-Forming Minerals. 3rd ed. London: The Mineralogical Society.

碎屑岩成岩作用（富媒体）

Ellwood B B, Chrzanowski T H, Hrouda F, et al, 1988. Siderite formation in anoxic deep-sea sediments: a synergetic bacterially controlled process with important implications in paleomagnetism. Geology, 16: 980-982.

Emery D, Myers K J, Young R, 1990. Ancient subaerial exposure and freshwater leaching in sandstones. Geology, 18 (12): 1178-1181.

Franks S, Zwingmann H, 2010. Origin and timing of late diagenetic illite in the Permian-Carboniferous Unayzah Sandstone reservoirs of Saudi Arabia. AAPG Bulletin, 94: 1133-1159.

Gaupp R, Matter A, Platt J, et al, 1993. Diagenesis and fluid evolution of deeply buried Permian (Rotliegende) gas reservoirs, northwest Germany. AAPG Bulletin, 77: 1111-1128.

Griffiths J, Worden R H, Wooldridge L J, et al, 2019. Estuarine clay mineral distribution: modern analogue for ancient sandstone reservoir quality prediction. Sedimentology, 66 (6): 2011-2047.

Giles M R, de Boer R B, 1990. Origin and significance of redistributional secondary porosity. Marine and Petroleum Geology, 7 (4): 378-397.

Gingele F X, De Deckker P, Hillenbrand C D, 2001. Clay mineral distribution in surface sediments between Indonesia and NW Australia—source and transport by ocean currents. Marine Geology, 179 (3): 135-146.

Güven N, Hower W F, Davies D K, 1980. Nature of authigenic illites in sandstone reservoirs. Journal of Sedimentary Petrology, 50: 761-766.

Hartmann J, West A J, Renforth P, et al, 2013. Enhanced chemical weathering as a geoengineering strategy to reduce atmospheric carbon dioxide, supply nutrients, and mitigate ocean acidification. Reviews of Geophysics, 51 (2): 113-149.

Hendry J P, Trewin N H, 1995. Authigenic quartz microfabrics in Cretaceous turbidites: evidence for silica transformation processes in sandstones. Journal of Sedimentary Research, 65: 380-392.

Hillier S, 2003. Quantitative analysis of clay and other minerals in sandstones by X-ray powder diffraction (XRPD)//Worden R H, Morad S. Clay Mineral Cements in Sandstones. Oxford: Blackwells.

Howard J J, 1992. Influence of authigenic-clay minerals on permeability//Houseknecht D W, Pittman E D. Origin, diagenesis, and petrophysics of clay minerals in sandstones. Tulsa: Special Publication of the Society of Economic Paleontologists and Mineralogists.

Jácomo M H, Trindade R I F, French M, et al, 2019. Nuclear magnetic resonance characterization of porosity-preserving microcrystalline quartz coatings in Fontainebleau sandstones. AAPG Bulletin, 103 (9): 2117-2137.

Jeans C V, 1989. Clay diagenesis in sandstones and shales: an introduction. Clay Minerals, 24: 127-136.

Kantorowicz J, 1984. The nature, origin and distribution of authigenic clay minerals, from Middle Jurassic Ravenscar and Brent Group sandstones. Clay Minerals, 19: 359-375.

Lander R H, Bonnell L M, 2010. A model for fibrous illite nucleation and growth in sandstones. AAPG Bulletin, 94 (8): 1161-1187.

Lanson B, Beaufort D, Berger G, et al, 2002. Authigenic kaolin and illitic minerals during burial diagenesis of sandstones: a review. Clay Minerals, 37: 1-22.

Lasaga A, Kirkpatrick R J, 1981. Kinetics of geochemical processes. Berlin, Boston: De Gruyter.

Laubach S E, 1997. A method to detect natural fracture strike in sandstone: AAPG Bulletin, 81: 604-623.

Laubach S E, Olson J E, Gale J F W, 2004. Are open fractures necessarily aligned with maximum horizontal stress? Earth and Planetary Science Letters, 222: 191-195.

Mazzullo S J, 1992. Geochemical and neomorphic alteration of dolomite: a review. Carbonates and Evaporites, 7: 21-37.

McHardy W J, Wilson M, Tait J M, 1982. Electron microscope and x-ray diffraction studies of filamentous illitic clay from sandstones of the Magnus field. Clay Minerals, 17: 23-29.

McKinley J M, Worden R H, Ruffell A H, 2003. Smectite in sandstones: a review of the controls on occurrence and behaviour during diagenesis // Worden R H, Morad S. Clay mineral cements in sandstones. Oxford: Blackwells.

Morad S, 1998. Carbonate cementation in sandstones: Controls on distribution patterns and geochemical evolution // Morad S. Carbonate cementation in sandstones: distribution patterns and geochemical evolution (IAS Special Publication 26). Oxford: Wiley-Blackwell.

Morad S, Bergan M, Knarud R, et al, 1990. Albitization of detrital plagioclase in Triassic reservoir sandstones from the Snorre Field, Norwegian North Sea. Journal of Sedimentary Petrology, 60: 411-425.

Morad S, Ben Ismail H, Al-Aasm I S, et al, 1994. Diagenesis and formation-water chemistry of Triassic reservoir sandstones from southern Tunisia. Sedimentology, 41: 1253-1272.

Moore D M, Reynolds Jr R C, 1997. X-ray diffraction and the identification and analysis of clay minerals. Oxford: Oxford University Press.

Nazarkin L A, 1979. Influence of sedimentation rate and erosional sections on oil and gas potentials of sedimentary basins. Saratov: Saratov State University.

Niu B, Ishida H, 2000. Different rates of smectite illitization in mudstones and sandstones from the Niigata basin, Japan. Clay Minerals, 35: 163-173.

Niu B, Yushimura T, Hirai, A, 2000. Smectite diagenesis in Neogene marine sandstone and mudstone of the Niigata basin, Japan. Clays and Clay Minerals, 48: 26-42.

Oelkers E H, Bjørkum P A, Murphy W M, 1996. A petrographic and computational investigation of quartz cementation and porosity reduction in North Sea sandstones. American Journal of Science, 296: 420-452.

Pallatt N M, Wilson M J, McHardy W J, 1984. The relationship between permeability and the morphology of diagenetic illite in reservoir rocks. Journal of Petroleum Technology, 36: 2225-2227.

Panda M N, Lake L W, 1995. A physical model of cementation and its effects on single phase permeability. AAPG Bulletin, 79: 431-443.

Reynolds R C, 1980. Interstratified clay minerals // Brindley G W, Brown G. Crystal structures of clay minerals and their X-ray identification. London: Mineralogical Society.

Robinson A G, Coleman M L, Gluyas J G, 1993. The age of illite cement growth, Village fields area, southern North Sea: Evidence from K-Ar ages and $^{18}O/^{16}O$ ratios. AAPG Bulletin, 77: 68-80.

Rossi C, Marfil R, Ramseyer K, et al, 2001. Facies-related diagenesis and multiphase siderite cementation and dissolution in the reservoir sandstones of the Khatatba Formation, Egypt's Western Desert. Journal of Sedimentary Research, 71: 459-472.

Singer A, Muller G, 1981. Diagenesis in argillaceous sediments // Larsen G, Chilingar G V. Diagenesis in sediments and rocks. II. New York: Elsevier.

Srodón J, 1999. Use of clay minerals in constructing geological processes: recent advances and some perspectives. Clay Minerals, 34, 27-37.

Storvoll V, Bjørlykke K, Karllrsen D, et al, 2002, Porosity preservation in reservoir sandstones caused by grain-coating illite: a study of the Jurassic Garn Formation from the Kristin and Lavrans fields, offshore mid-Norway. Marine and Petroleum Geology, 19: 767-781.

Sullivan K B, McBride E F, 1991. Diagenesis of sandstone at shale contacts and diagenetic heterogeneity, Frio Formation, Texas. AAPG Bulletin, 75: 121-138.

Surdam R C, Boese S W, Crossey L J, 1984. The chemistry of secondary porosity//McDonald D A, Surdam R C. Clastic Diagenesis. Tulsa: AAPG Memoir 37.

Ulmer-Scholle D S, Scholle P A, Schieber J, et al, 2014. A color guide to the petrography of sandstones, siltstone, shales and assocaited rocks (AAPG Memoir 109). Tulsa: The American Association of Petroleum Geologists.

Vagle G B, Hurst A, Dypvik H, 1994. Origin of quartz cements in some sandstones from the Jurassic of the Inner Moray Firth (U. K.). Sedimentology, 41: 363-377.

Velde B, 1985. Clay Minerals. A physico-chemical explanation of their occurrence. Amsterdam: Elsevier.

Walderhaug O, 2000. Modeling quartz cementation and porosity loss in Middle Jurassic Brent Group sandstones of the Kvitebjørn field, northern North Sea. AAPG Bulletin, 84: 1325-1339.

Wilson M J, 1999. The origin and formation of clay minerals in soils: past, present and future perspectives. Clay Minerals, 34: 7-25.

Wolf K H, Chilingar G V, 1992. Diagenesis Ⅲ. Amsterdam: Elsevier.

Worden R H, Griffiths J, Wooldridge L J, et al, 2020. Chlorite in sandstones. Earth-Science Reviews, 204.

Worden R H, Morad S, 2000. Quartz cementation in sandstones: a review of the key controversies //Worden R H, Morad S. Quartz cementation in sandstones. Oxford: International Association of Sedimentologists Special Publication 29.

Yuan G, Cao Y, Gluyas J, et al, 2015. Feldspar dissolution, authigenic clays and quartz cements in open and closed sandstone geochemical systems during diagenesis. AAPG Bulletin, 99 (11): 2121-2154.

Zhang P, Lee Y I, Zhang J, 2015. Diagenesis of tight-gas sandstones from the Lower Cretaceous Denglouku Formation, Songliao Basin, NE China: implications for reservoir quality. Journal of Petroleum Geology, 38 (1): 99-114.

Zwingmann H, Clauer N, Gaupp R, 1999. Structure related geochemical (REE) and isotopic (K-Ar, Rb-Sr, $d^{18}O$) characteristics of clay minerals from Rotliegend sandstone reservoirs (Permian, northern Germany). Geochimica et Cosmochimica Acta, 63: 2805-2823.

第三章
碎屑岩成岩阶段的划分

第一节 国内外学者关于碎屑岩成岩阶段的划分方案

时间是成岩反应的关键组成部分。早期成岩反应可以较为短暂，海洋中的砂岩胶结作用可以仅在几十年内发生（Taylor 和 Illing，1969；Pye 等，1990）。在埋藏成岩过程中需要更大的时间间隔，其中相关的较高温度和压力会增加反应速率，从而有利于真正的化学平衡（Worden 和 Burley，2003）。成岩演化过程具有阶段性演化特征，由于不同的成岩阶段具有各自不同的物理、化学和生物环境（应凤祥，2004；李忠等，2006；张金亮等，2013），因而对成岩阶段的划分依据及命名不尽相同，国内外学者对于成岩阶段划分的讨论和探讨也还在持续，部分学者关于碎屑岩成岩阶段的划分方案见表3-1。成岩阶段的概念是一个将成岩过程与沉积盆地演化联系起来的广泛框架（图3-1）。从中晚期成岩作用（埋藏成岩作用）到表生成岩作用阶段的成岩变化可发生于埋藏过程的任何阶段（图3-1）。只有当地表水渗透到倒转盆地中并引起矿物反应时，才会发生表生成岩作用（隆起相关过程）。

表3-1 国内外碎屑岩成岩阶段划分方案

作者（年份）	划分方案						
Schmidt 和 McDonald（1979）	早成岩阶段	中成岩阶段					晚成岩阶段
		未成熟期	半成熟期	成熟期		超成熟期	
				A	B		
		$R_o \leq 0.2$	$0.2 < R_o \leq 0.55$	$0.55 < R_o \leq 0.9$	$0.9 < R_o \leq 2.5$	$2.5 < R_o \leq 3.0$	
刘宝珺（1980）	成岩阶段	后生成岩阶段					表生成岩阶段
	盆地水压力、常温	近常温常压的低温低压					温压影响减小
周书欣（1981）	同生成岩阶段	硬结成岩阶段				后生成岩阶段	
		早期	晚期			变生成岩阶段	表生成岩阶段
	表温	表温约96℃	96~120℃			120~230℃	表温

碎屑岩成岩作用（富媒体）

续表

作者（年份）	划分方案					
沙庆安等（1986）	海底成岩阶段	地下成岩阶段（再生成岩阶段）				陆上成岩作用
	海（湖）底环境	地下成岩环境				近地表环境
Morad等（2000）	早成岩阶段	中成岩阶段				表生成岩阶段
		浅层中成岩阶段		深层中成岩阶段		
	<2km；<70℃	2~3km；70~100℃		>3km；>100℃		
《碎屑岩成岩阶段划分》（SY/T 5477—2003）	早成岩阶段		中成岩阶段		晚成岩阶段	表生成岩阶段
	A	B	A	B		
	$S>70\%$；$R_o \leq 0.35$	$50\%<S \leq 70\%$；$0.35<R_o \leq 0.5$	$15\%<S \leq 50\%$；$0.5<R_o \leq 1.3$	$S \leq 15\%$；$1.3<R_o \leq 2.0$	S消失；$2.0<R_o \leq 4.0$	

注：R_o为镜质组反射率；S为伊/蒙混层黏土矿物中蒙皂石混层比。

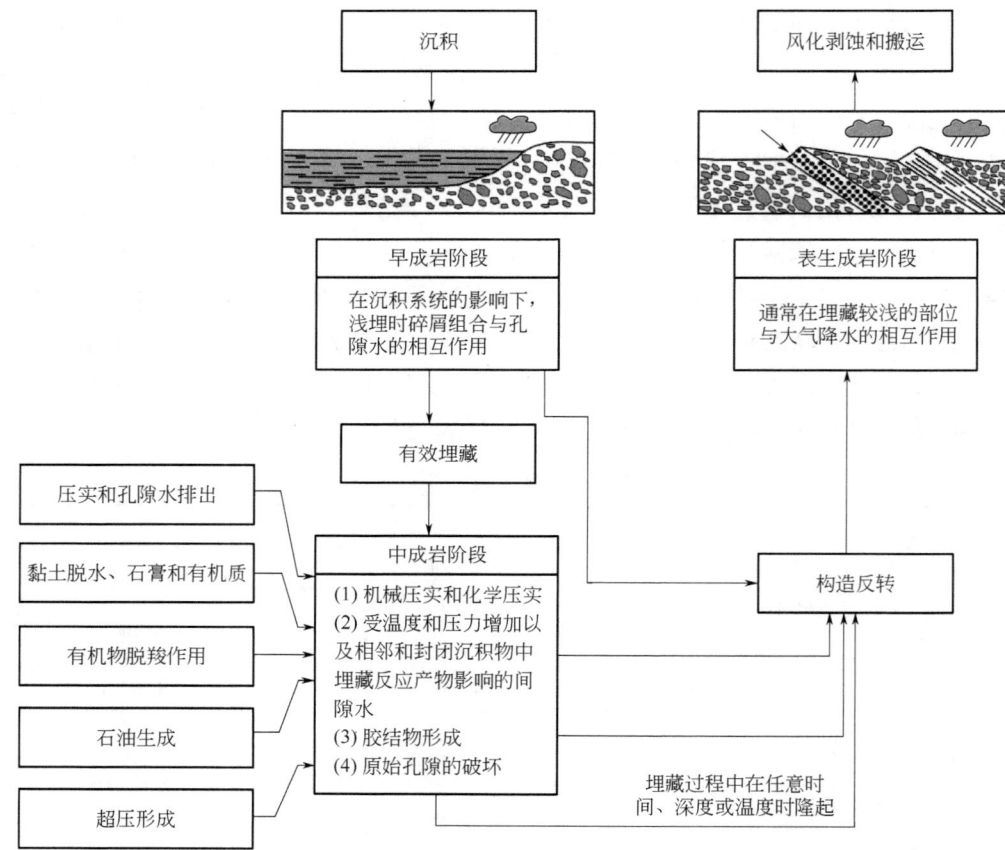

图 3-1　成岩阶段之间互相联系的流程图（据 Worden 和 Burley，2003，有修改）

国外的 Schmidt 和 McDonald（1979），Morad（2000）和 Pettijohn（1975）等学者提出了自己的划分依据，其中 Schmidt 和 McDonald（1979）以及 Morad（2000）的成岩阶段划

分观点是目前国外学者主要采纳的 2 种划分方案。而对于国内的陆相碎屑岩储层，多位学者对成岩阶段的划分进行了探讨。2003 年中国石油天然气集团有限公司制定出中国石油天然气行业使用的碎屑岩成岩阶段划分标准（SY/T 5477—2003），与原标准相比，新的修改和补充内容如下：将原标准中划分的早成岩和晚成岩两个阶段改分为早、中、晚成岩 3 个阶段，原标准中划分的早成岩阶段 A 期、B 期不变，将原划分的晚成岩阶段 A 期、B 期分别改为中成岩阶段 A 期、B 期，原划分的晚成岩阶段 C 期改为晚成岩阶段；在原标准以淡水—半咸水水介质为代表的碎屑岩成岩阶段划分基础上，增加酸性水介质（含煤地层）环境下碎屑岩成岩阶段划分的标准和依据，以及碱性水介质（盐湖盆地）环境下成岩阶段划分的标准和依据；在成岩阶段划分指标上增加了泥岩最大热解峰温指标，增加用伊利石结晶度划分的标志。目前国内主要采用的是这一标准，统一了不同水介质湖盆储层成岩阶段划分术语和定义，从定性和定量相结合的角度建立了我国陆相盆地成岩阶段划分标志，该划分方案在国内得到了较为广泛的推广。

第二节 碎屑岩成岩阶段的划分依据及其主要标志

根据碎屑岩成岩阶段划分标准（SY/T 5477—2003），可划分成同生成岩阶段、早成岩阶段、中成岩阶段、晚成岩阶段和表生成岩阶段。成岩阶段反映了构造变动、流体性质和埋藏深度等多种因素相互作用的结果，是评价储层有机质成熟度、岩石的内部组成、结构、储集条件和预测有利区块的重要依据。

碎屑岩成岩阶段划分依据主要包括：（1）自生矿物分布、形成顺序，自生矿物是砂岩中矿物成分、孔隙溶液成分及温压条件共同作用而形成的，因而随着地层温度、压力及孔隙水性质的变化，储层中会出现不同类型的自生矿物，它们能指示碎屑岩的形成发育过程；（2）黏土矿物组合、伊利石/蒙皂石（I/S）（伊/蒙）混层黏土矿物的转化以及伊利石结晶度，对于伊/蒙混层随成岩阶段的演变，一般存在蒙皂石→无序混层（渐变带）→部分有序混层（第一转化带）→有序混层（第二转化带）→卡尔克博格式有序混层（第三转化带）→伊利石的演变过程；（3）岩石的结构、构造特点及孔隙类型，在不同的成岩阶段，由于成岩作用对孔隙演化的影响不同，会呈现不同的孔隙类型发育带；（4）有机质成熟度，通常应用镜质组反射率 R_o、孢粉颜色、热变指数 TAI 及最大热解峰温 T_{max} 等指标来划分有机质的热成熟阶段；（5）古温度［流体包裹体均一温度、自生矿物形成温度、伊/蒙混层（I/S）黏土矿物的演化］。

一、同生成岩阶段的主要标志

沉积物沉积后尚未完全脱离上覆水体时发生的变化与作用的时期称为同生成岩阶段。其主要标志包括：

碎屑岩成岩作用（富媒体）

（1）岩石（沉积物）疏松，原生孔隙发育；

（2）海绿石主要形成于本阶段；

（3）鲕绿泥石的形成；

（4）同生结核的形成；

（5）沿层理分布的微晶及斑块状泥晶菱铁矿；

（6）分布于粒间及粒表的泥晶碳酸盐，有时是纤维状及微粒状方解石；

（7）有时有新月形及重力胶结；

（8）在碱性水介质（盐湖盆地）中析出的自生矿物有粉末状和草莓状黄铁矿、他形粒状方沸石、基底式胶结或斑块状胶结的石膏、钙芒硝，可见石英等硅酸盐矿物的溶蚀现象等。

二、早成岩阶段、中成岩阶段、晚成岩阶段的主要标志

根据沉积水介质性质的不同，可分为淡水—半咸水水介质、酸性水介质（含煤地层）和碱性水介质（盐湖），其形成的碎屑岩在早成岩阶段、中成岩阶段、晚成岩阶段等阶段的成岩特征和标志上既有共同规律，又有各自的特殊性。以淡水—半咸水水介质碎屑岩成岩阶段划分为例，其岩石矿物学、古地温、有机质成熟度等标志见表3-2。

1. 早成岩阶段

1）早成岩阶段 A 期

（1）古温度范围为古常温~65℃；

（2）有机质未成熟，其镜质组反射率 R_o<0.35%，最大热解峰温 T_{max}<430℃，孢粉颜色为淡黄色，热变指数 TAI<2.0；

（3）岩石弱固结—半固结，原生粒间孔发育；

（4）泥岩中富含蒙皂石，及蒙皂石层占70%以上的伊利石/蒙皂石（I/S）无序混层黏土矿物（有序度 $R=0$），统称蒙皂石带；

（5）砂岩中一般未见石英加大，长石溶解较少，可见早期碳酸盐胶结（呈纤维状、栉壳状、微粒状）及绿泥石环边，黏土矿物可见蒙皂石、无序混层矿物及少量自生高岭石。

2）早成岩阶段 B 期

（1）古温度范围为65~85℃；

（2）有机质半成熟，镜质组反射率 R_o 为0.35%~0.5%，最大热解峰温 T_{max} 为430~435℃，孢粉颜色为深黄色，热变指数 TAI 为2.0~2.5；

（3）由于压实作用及碳酸盐类等矿物的胶结作用，岩石由半固结到固结，孔隙类型以原生孔隙为主，并可见少量次生孔隙；

（4）泥岩中蒙皂石明显向伊利石/蒙皂石（I/S）混层黏土矿物转化，蒙皂石层占70%~50%，属无序混层（有序度 $R=0$），称无序混层带；

第三章 碎屑岩成岩阶段的划分

表3-2 淡水—半咸水水介质碎屑岩成岩阶段划分表 [据《碎屑岩成岩阶段划分》(SY/T 5477—2003)]

注1：①含低价铁的矿物如黄铁矿、菱铁矿、铁白云石、绿泥石、海绿石等的矿化的浸染现象；②褐铁矿化的高价铁的氧化膜；③碎屑颗粒表面的高价铁的氧化膜；④分布于粒间和颗粒表面的泥晶碳酸盐；⑤烃类溶解孔、洞；⑥溶解作用；⑦表生钙质结核；⑧表生高岭石；⑨新月形碳酸盐胶结物及重力胶结；⑩烃类氧化降解。因地壳构造运动，在地质历史过程中可能在早成岩阶段、中成岩阶段或晚成岩阶段的任何时候出现表生成岩阶段，各地区视具体情况而定。

注2："………"表示少量或可能出现的成岩标志。

(5) 砂岩中可见Ⅰ级石英次生加大，加大边窄或有自形晶面，扫描电子显微镜下可见石英小锥晶，呈零星或相连成不完整晶面，书页状自生高岭石较普遍，有的砂岩受火山碎屑颗粒的影响，仍可见蒙皂石；

(6) 在有的砂岩基质中有云雾状燧石；

(7) 可见一些矿物交代和转化现象。

2. 中成岩阶段

1) 中成岩阶段 A 期

(1) 古温度范围为 85~140℃；

(2) 有机质低成熟，镜质组反射率 R_o 为 0.5%~1.3%，最大热解峰温 T_{max} 为 435~460℃，孢粉颜色为橘黄—棕色，热变指数 TAI 为 2.5~3.7；

(3) 泥岩中的伊利石/蒙皂石（I/S）混层黏土矿物，蒙皂石层占 50%~15%，其中 50%~35% 属部分有序混层（$R=0/R=1$），35%~15% 属有序混层（$R=1$），在某些有火成岩侵入的地层中或富含火山碎屑物质的岩石中，蒙皂石和伊利石/蒙皂石（I/S）混层黏土矿物的转化和分布有时出现异常，应综合其他指标进行成岩阶段划分；

(4) 砂岩中可见晚期含铁碳酸盐类胶结物，特别是铁白云石，常呈粉晶—细晶，以交代、加大或胶结形式出现，还可见其他自生矿物如钠长石、浊沸石、片沸石、方沸石等；

(5) 石英次生加大属Ⅱ级，大部分石英颗粒和部分长石颗粒具次生加大，自形晶面发育，有的见石英小晶体，在扫描电子显微镜下，多数石英颗粒表面被较完整的自形晶面包裹，有的石英自生晶体向孔隙空间生长，交错相接，堵塞孔隙；

(6) 砂岩中黏土矿物，可见自生高岭石、伊利石/蒙皂石（I/S）混层黏土矿物、呈丝发状自生伊利石、叶片状或绒球状自生绿泥石、绿泥石/蒙皂石（C/S）混层黏土矿物等，蒙皂石基本上消失；

(7) 长石、岩屑等碎屑颗粒及碳酸盐胶结物常被溶解，孔隙类型除部分保留的原生孔隙外，以次生孔隙为主。

中成岩阶段 A 期，根据泥岩中伊利石/蒙皂石（I/S）混层黏土矿物演化和有机质热演化特征，以蒙皂石层占 35%、镜质组反射率 R_o 为 0.7% 或最大热解峰温 T_{max} 为 440℃ 为界，还可以细分为 A_1、A_2 两个亚期。A_1 亚期有机质低成熟，有机酸产量高，为次生孔隙产生带。A_2 亚期有机质成熟，进入生油高峰，有机酸浓度降低，并由于胶结作用的出现，使物性较 A_1 亚期略差。

2) 中成岩阶段 B 期

(1) 古温度范围为 140~175℃；

(2) 有机质处于高成熟阶段，镜质组反射率 R_o 为 1.3%~2.0%，最大热解峰温 T_{max} 为 460~490℃，孢粉颜色为棕黑色，热变指数 TAI 为 3.7~4.0；

(3) 泥岩中有伊利石及伊利石/蒙皂石（I/S）混层黏土矿物，蒙皂石层小于 15%，属超点阵或卡尔克博格有序混层（有序度 $R \geq 3$），称超点阵有序混层带；

（4）砂岩中石英次生加大为Ⅲ级，特别是富含石英的岩石几乎所有石英和长石具有加大边且边宽，多呈镶嵌状，高岭石明显减少或缺失，有的可见含铁碳酸盐类矿物、浊沸石和钠长石化；

（5）扫描电子显微镜下，颗粒间石英自形晶体相互连接，岩石致密，有裂缝发育。

3. 晚成岩阶段

（1）古温度范围为 175~200℃；

（2）有机质处于过成熟阶段，镜质组反射率 R_o 为 2.0%~4.0%，最大热解峰温 $T_{max} >$ 490℃，孢粉颜色为黑色，热变指数 TAI>4.0；

（3）岩石已极致密，颗粒呈缝合接触及有缝合线出现，孔隙极少而有裂缝发育；

（4）砂岩中可见晚期碳酸盐类矿物以及钠长石、榍石等自生矿物，石英加大属Ⅳ级，颗粒间呈缝合接触，自形晶面消失；

（5）砂岩和泥岩中代表性黏土矿物为伊利石和绿泥石，并有绢云母、黑云母，混层已基本消失，称为伊利石带或伊利石—绿泥石带。

根据伊利石的结晶度，其 Kubler 指数（K.I）为 $0.25°(\Delta 2\theta) < K.I < 0.42°(\Delta 2\theta)$，属于晚成岩期。

三、表生成岩阶段的主要标志

（1）含低价铁的矿物（如黄铁矿、菱铁矿等）被褐铁矿化或呈褐铁矿的浸染现象；

（2）碎屑颗粒表面的氧化膜；

（3）新月形碳酸盐胶结及重力胶结；

（4）渗流充填物；

（5）表生钙质结核；

（6）硬石膏的石膏化；

（7）表生高岭石；

（8）溶蚀现象，有溶孔、溶洞产生，不整合面下的次生孔隙发育，改善了物性；

（9）断层和裂缝的发育，为地表水的向下渗透以及深部地层水和地表水的对流作用提供通道，同时也形成次生孔隙。

参考文献

李忠，陈景山，关平，2006. 含油气盆地成岩作用的科学问题及研究前沿. 岩石学报，22（8）：2113-2122.
刘宝珺，1980. 沉积岩石学. 北京：地质出版社.
刘宝珺，张锦泉，1992. 沉积成岩作用. 北京：科学出版社.
沙庆安，陈景山，潘正莆，1986. 论成岩作用阶段的划分和术语的选用. 岩石学报，2（2）：42-49.

碎屑岩成岩作用（富媒体）

应凤祥，2004. 中国含油气盆地碎屑岩储集层成岩作用与成岩数值模拟. 北京：石油工业出版社.

张金亮，张鹏辉，谢俊，等，2013. 碎屑岩储集层成岩作用研究进展与展望. 地球科学进展，28（9）：957-967.

郑浚茂，庞明，1989. 碎屑储集岩的成岩作用研究. 武汉：中国地质大学出版社.

周书欣，1981. 对成岩作用及其阶段划分的意见. 石油勘探与开发，3：10-13.

Bjørlykke K, Jahren J, 2012. Open or closed geochemical systems during diagenesis in sedimentary basins: constraints on mass transfer during diagenesis and the prediction of porosity in sandstone and carbonate reservoirs. AAPG Bulletin, 12: 2193-2214.

Larsen G, Chilingar G V, 1983. Diagenesis in sediments and sedimentary rocks (developments in sedimentology 25). Amsterdam: Elsevier.

Milliken K L, 2003. Diagenesis.//Middleton G V. Encyclopedia of sediments and sedimentary rocks. London: Kluwer Academic Publishers.

Morad S, Ketzer J M, De Ros L F, 2000. Spatial and temporal distribution of diagenetic alterations in siliciclastic rocks: implications of mass transfer in sedimentary basins. Sedimentology, 47: 95-120.

Pettijohn F J, 1975. Sedimentary Rocks. 3rd ed. New York: Harper and Row.

Pittman E D, 1979. Recent advances in sandstone diagenesis. Annual Review of Earth and Planetary Sciences, 7: 39-62.

Powley D E, 1990. Pressures and hydrogeology in petroleum basins. Earth-Science Reviews, 29: 215-226.

Pye K, Dickson J A D, Schiavon N, et al, 1990. Formation of siderite-Mg-calciteiron concretions in intertidal marsh and sandflat sediments, north Norfolk, England. Sedimentology, 37: 325-343.

Schmidt V, McDonald D A, 1979. The role of secondary porosity in the course of sandstone diagenesis//Scholle P A, Schluger P R. Aspects of diagenesis. Tulsa: SEPM Special Publication 26.

Surdam R C, Boese S W, Crossey L J, 1984. The chemistry of secondary porosity//McDonald D A, Surdam R C. Clastic diagenesis. Tulsa: AAPG Memoir 37.

Taylor J C M, Illing L V, 1969. Holocene intertidal calcium carbonate cementation, Qatar, Persian Gulf. Sedimentology, 12: 69-108.

Taylor K G, Gawthorpe R L, Pannon-Howell S, 2004. Basin-scale diagenetic alteration of shoreface sandstone in the Upper Cretaceous Spring Canyon and Aberdeen Members, Blackhawk Formation, Book Cliffs, Utah. Sedimentary Geology, 172: 99-115.

Wolf K H, Chilingar G V, 1992. Diagenesis III. Amsterdam: Elsevier.

Worden R H, Burley S D, 2003. Sandstone diagenesis: the evolution from sand to stone//Burley S D, Worden R H. Sandstone diagenesis, recent and ancient. Oxford: Blackwell Publishing Ltd.

第四章
碎屑岩成岩作用模拟

碎屑岩成岩作用模拟对于提供准确的孔隙度数据（微观孔隙结构，即孔喉的形状、大小和分布以及它们之间的相互联系）和渗透率在成岩过程中的演变数据，模拟成岩过程和成岩序列，并对重建更真实的储层模型具有至关重要的作用，也能够提供更大范围的盆地建模所必需的数据（Bloch，1994；应凤祥，2004；林承焰等，2017；Esch，2019）。

第一节　成岩作用物理模拟实验

成岩作用物理模拟实验即在实验室中进行实验来进一步认识砂岩成岩作用的一种有效方法（Pittman 和 Larese，1991；刘国勇等，2006；操应长等，2011；吴松涛等，2014；纪友亮等，2017；高志勇等，2017）。没有任何实验能够完全再现自然条件，特别是考虑到大多数地质过程所需的时间比研究人员所能利用的时间长得多。但可以考虑多种方法来加速这一过程，包括使用比成岩系统更高的温度（Hunt，1995；Cross 等 2004；Kaczmarek 和 Sibley，2011），还可以通过使用比硅酸盐或碳酸盐更易溶解的类似材料（Sathar 等，2012）及与岩石极不平衡的流体成分（Heald 和 Renton，1966；Chermak 和 Rimstidt，1990；Lander 等，2008）来提高反应速率。迄今为止，压实作用和成岩矿物的成岩作用实验更普遍地应用于砂岩而非碳酸盐岩，这可能是因为：（1）机械压实对砂岩的重要性大于碳酸盐岩；（2）砂岩的矿物学和地球化学性质比碳酸盐岩更为复杂，更适合于实验模拟（Worden 等，2018）。

成岩作用（压实作用）物理模拟实验可追溯至20世纪60年代。Benson（1981）首次在砂层中使用岩屑颗粒（主要是海绿石）进行压实实验研究。Kurkjy（1988）使用美国阿拉斯加鹰河（Eagle River）的天然岩屑砂开展了压实实验研究。这两项研究均表明泥质岩屑材料具有显著的塑性变形。

Pittman 和 Larese（1991）的物理模拟实验研究与以往实验的主要区别之一在于在实验中控制了孔隙压力，更接近自然埋藏条件；在该物理模拟实验中，在高压水热反应器中进行了400多次压实实验（图4-1）。"覆盖层"压实压力由泵驱动的活塞施加，以迫使流体落后于活塞。"孔隙"压力是由泵送孔隙流体通过样品室产生的。热量由电炉提供，

碎屑岩成岩作用（富媒体）

电炉由连接到压力室的热电偶控制。选用的单轴应变压实设备，可用于近似无构造应力盆地中多孔和可渗透沉积物的地下应力条件。为了模拟埋藏条件，需控制孔隙压力（模拟静水压力）。盆地的静水梯度随水的盐度而变化，对于盐度为100‰总溶解物质的盐水，静水梯度为0.465psi/ft。实验中使用的样品是由天然圆形石英颗粒和0.5~1.0mm尺寸范围内的各种磨碎的岩屑碎片（粗砂）组成的双组分人工混合物。实验中使用板岩、片岩、千枚岩、页岩、海绿石、膨润土、鲕粒、新鲜流纹岩、新鲜玄武岩和风化玄武岩等材料来充当岩屑，并按不同混合比例（体积含量介于5%~95%）制备了岩屑与石英混合物。样品装在长28.5mm（1.1in）、直径10.2mm（0.4in）的铜管中，振动30s以使颗粒重新定向到更稳定的填充排列。样品放在反应器中，然后用蒸馏水饱和，而可膨胀黏土的样品则需要用KCl溶液饱和以防止膨胀。实验温度为75℃（167℉），活塞压力与孔隙压力之比为2∶1，以接近正常静水梯度0.465psi/ft。压力每0.5h增加1000psi（6.9MPa），最大活塞压力达到15000psi（103.4MPa）。然后保持该压力2h以结束测试。试验总时间为9h。将压实后的样品用染色环氧树脂浸渍，纵向切片，之后计点以确定石英、岩屑和孔隙体积百分比，在实验中所采用的初始孔隙率为32.2%。

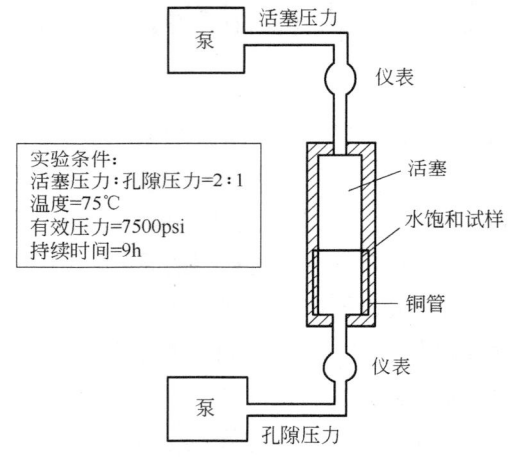

图4-1 压实装置示意图（据Pittman和Larese，1991）
样品装于铜管中，活塞压力和孔隙压力由泵控制。该反应器在200℃（392℉）下，
额定工作压力为20000psi（137.9MPa），其最大额定压力为30000psi（206.9MPa）

Pittman和Larese（1991）的物理模拟实验表明，岩屑砂岩的物理压实程度与岩屑物质的数量和类型有关。一般来说，沉积岩屑比变质岩屑更具韧性。火山岩屑经风化作用或成岩作用转变为层状硅酸盐矿物时，具有极强的韧性。同时，矿物学和粒内微孔隙也影响了砂岩的韧性。在岩屑中，基于软的、塑性的矿物（黏土和云母）与硬的、刚性的矿物（石英和长石）的质量比提供了砂岩韧性的良好指示。两者比值大于1表示岩屑材料具有很高的韧性，且含微孔岩屑比致密岩屑更具韧性。物理压实模型是基于对分选良好的岩屑砂岩的实验数据建立的，其中保存的孔隙率是有效应力、岩屑材料类型和岩屑材料数量的函数（图4-2）。将实验压实技术的压实模型应用于现代地下砂样（或露头等效物），可

以对可能成为盆地勘探目标的岩屑砂岩提供有价值的保存孔隙度（即储层潜力）估计。此外，实验数据还表明，早期形成的部分胶结物可阻碍压实的进一步进行并保持孔隙度。早期出现的超压会降低有效应力，从而抑制压实。当然，后期发展的超压并不能有效地保护孔隙，因为压实是一个不可逆的过程。

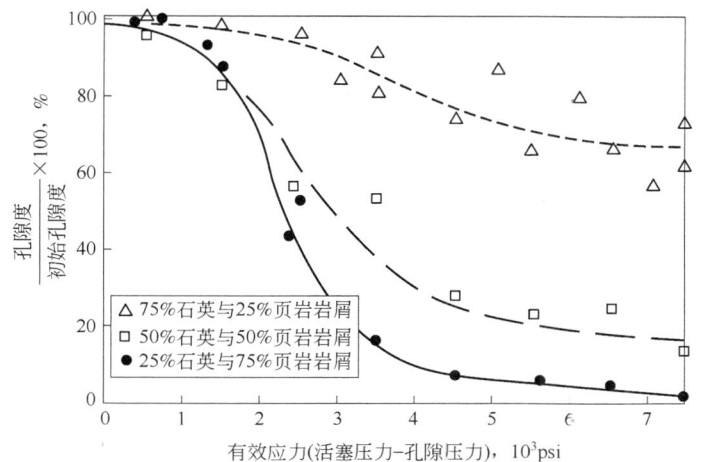

图 4-2　石英与绿色页岩岩屑比例分别为 75∶25、50∶50 和 25∶75 时压实后剩余原始孔隙度
百分比随有效应力的变化曲线图（据 Pittman 和 Larese，1991）

注意，含有 25% 石英的曲线显示压实作用在约 4000psi（27.6MPa）的有效应力下非常显著

石英胶结（增生）作为能够显著影响深埋砂岩孔隙度的一种成岩作用，近年来也被用于开展实验模拟。Lander 等（2008）在石英单晶颗粒上以及由单个大晶体制成的石英板上开展了石英增生的实验合成探索。在实验中，保证了不同尺寸成核衬底上形成的石英增生的流体成分、通量和温度相同。对于单晶石英颗粒实验，选择了两个直径分别为 0.3mm 和 1.4mm（分别为中等和极粗粒）的天然单晶石英颗粒，它们具有光滑的表面和球体形态。在将颗粒放入反应器之前，使用稀盐酸和六偏磷酸钠溶液清洗颗粒，以去除氧化铁和黏土。对于石英板实验，在实验中用一块石英晶体制作了石英板基板，并抛光了其表面。该板垂直于石英晶体 c 轴，因此不对应于自形晶面，并用铜箔覆盖板，在其中切割直径为 0.19~3.23mm 的圆孔，以提供直径与细砂至极粗砂相当的成核位置。通过使用水热反应器，并施加温差以诱导流体对流。反应器被一个用于限制循环的穿孔铜挡板分成两个等温区，上部等温区用于石英板实验，而下部等温区用于单晶石英颗粒实验。实验运行过程中在 69MPa（10000 psi）压力下使用 0.3mol/L Na_2CO_3 溶液，在反应器上部和下部等温区分别使用 300℃ 和 350℃（572℉ 和 662℉）的恒定温度。以 48h 的增量将实验材料从反应器中移除，以便可以记录随着晶体的逐渐生长，石英形貌和最大 c 轴长度的变化。

Lander 等（2008）模拟实验结果表明，与较小晶粒相比，在较大晶粒上成核的过度生长的最大沉淀速率明显更快 ［图 4-3(a)］。同样，与在较小位置形成的晶体相比，石英板上较大直径位置的过度生长速率明显更快 ［图 4-3(b)］。石英板上单个晶体的生长

碎屑岩成岩作用（富媒体）

历史表明，在石英加大形成完全自形之后，沿着 c 轴的最大生长速率约降为原来的 1/20。在反应器中进行至 144h 后，1.56mm 位置晶体的生长速率突然变化，这充分说明了这种速率的下降规律。这种下降趋势在扫描电镜图像中很明显，可以看到金字塔面的生长速度比非六边形 c 轴生长表面慢得多（图 4-4）。这些表面的形态也有明显的差异。在 SEM 下，金字塔表面光滑且均匀（288h；图 4-4），而非六边形表面具有更高的起伏（48h；图 4-4）。随着继续生长，晶体表面由自形面组成的比例会系统地增加，直到最终达到基本无凹坑的完全终止形式（144h；图 4-4）。出现这些现象的原因，可以用晶面角守恒定律（Steno，1669）来解释；在较大位置成核的增生必须在达到自形终止之前生长至更远（Heald 和 Renton，1966）。因此，与较小的表面相比，在大的非六边形表面上成核增生具有更长的生长周期的优点（Lander 等，2008）。

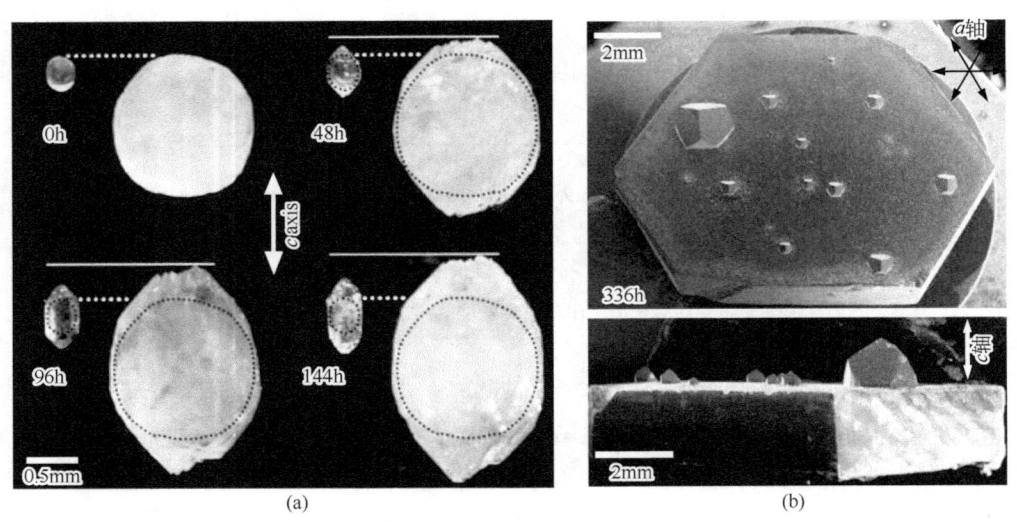

图 4-3　合成石英胶结的实验模拟结果（据 Lander 等，2008）

（a）天然石英颗粒的合成石英胶结的实验模拟结果。白色虚线对应原始石英颗粒的估计边缘（由黑色虚线勾勒轮廓），实线表示较大颗粒沿晶体学 c 轴的最大生长量。较粗颗粒上的石英增生的总体速度比较细颗粒上的更快，且较小颗粒和较大颗粒之间的速度差距随着反应器中的时间而增加。虽然较小的颗粒在 48h 后具有完全自形的形式，但较大的颗粒在 144h 后仍存在一些非自形表面。（b）在反应器中累积 288h 后，由单个大石英晶体制成的石英板上石英增生的电镜图像。石英在直径 0.19~3.2mm 的孔上成核增生，实验中将其切割成覆盖板的铜箔，该铜箔垂直于晶体学 c 轴定向。上、下两图显示了石英板的不同视图

此外，近年来也有少量关于黏土矿物成岩物理模拟实验的相关探索。众所周知，砂岩储层中自生黏土矿物的形成和分布受到各种自然因素的影响，如原始沉积物成分、沉积相、热史、矿物相的空间分布以及水化学性质（如 pH、盐度）。此外，控制黏土包膜在孔隙空间中分布的因素以及自生黏土矿物形成的机制也难以确定。因此，给黏土矿物成岩物理模拟实验带来了不小的难度。在对挪威近海 Oseberg 和 Veslefrik 油田存在早期磁绿泥

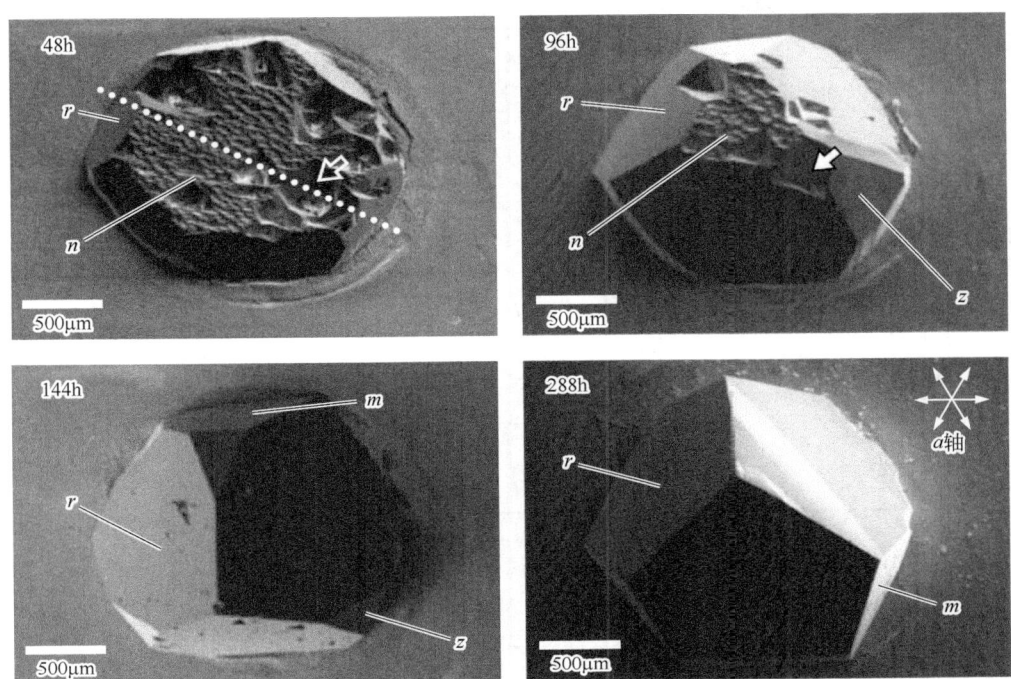

图 4-4 反应器中不同累积时间的石英板实验中石英增生形态的电镜图像，
在 1.5mm（0.05in）的孔上成核（据 Lander 等，2008）

石包膜的天然砂岩样品进行水热反应时会形成绿泥石膜（Aagaard 等，2000），但未涉及黏土矿物转化的相关机理。而 Haile 等（2015）基于数量、表面覆盖率、晶体形态、晶体化学等，将在聚丙烯非搅拌间歇式水热反应器中通过物理模拟实验形成的黏土包膜与挪威南维京地堑 Intra-Draupne 砂岩中形成的黏土包膜进行比较。在模拟实验中选用长石和石英为生长基质，考虑到它们是硅质碎屑砂岩储层中重要的成岩矿物。用于制备反应溶液的化合物是溶解在高纯水中的 $MgCl_2$、$CaCl_2$、Na_2CO_3 和 HCl 试剂。反应器有 24 个单独的孔，每个孔的容量为 10mL 溶液。在每个孔中加入 8mL 工作溶液，在室温下产生约 2mL 顶部空间。分批实验在 100℃ 和 150℃ 的温度下进行 21~50 天。具体实验条件见表 4-1，并根据式（4-1）粗略估计黏土矿物的生长速率（Haile 等，2015）：

$$R=\frac{V\rho}{MSt} \tag{4-1}$$

式中，R 为黏土矿物的生长速率，$mol/(m^2 \cdot s)$；V 为新形成黏土矿物的估计体积，cm^3；ρ 为矿物密度，g/cm^3；M 为摩尔质量，g/mol；S 为黏土矿物覆盖的表面积，m^2；t 为实验时间，s。其中，根据扫描电镜显微照片可测量蒙皂石和绿泥石矿物颗粒聚集体的高度（L）、宽度（W）及厚度（H），进而可以计算黏土包膜的面积（$A=LW$）和体积（$V=LWH$）。此外，实验中将绿泥石颗粒的长度和宽度定义为其规则板状结构的最长轴和最短轴，并根据扫描电镜显微照片观察结果，使用半径为 4mm、厚度为 0.56mm 的圆盘几何形状来估算单个绿泥石晶体的体积（Haile 等，2015）。

表 4-1 水热反应的实验条件（据 Haile 等, 2015）

实验序号	初始材料		温度 ℃	初始溶液 pH 值	时间 天
	溶液中 Mg^{2+} 浓度, mol/L	固体材料			
1	0.1	长石	150	8.22	17
2	0.1	长石	150	6.21	17
3	1	长石	150	6.12	17
4	0.1	长石	150	5.79	20
5	0.1	长石和石英	150	6.63	21
6	0.1	长石和石英	150	6.63	40
7	0.05	长石	100	6.50	52
8	0.1	长石	150	6.63	19
9	0.1	长石	150	6.09	20
10	0.1	长石	150	4.99	20
11	0.1	长石	150	5.20	20
12	0.1	长石	150	4.80	20
13	0.1	长石	150	5.11	19
14	0.1	长石	150	5.46	20
15	0.01	长石	150	6.65	40

物理模拟实验结果显示，选用长石和石英作为生长基质，既是晶体成核的场所，也是 K、Al 和 Si 溶液的来源（Haile 等，2015），通过改变 pH、温度和过饱和度，使用多批次反应器系统合成了在不同基质表面形成的黏土包膜。在富镁溶液的存在情形下，这些溶解的元素被引入各种自生黏土矿物（高岭石、伊利石、蒙皂石和绿泥石）中。该实验根据长石和石英表面黏土包膜厚度与时间的关系，使用式(4-1)粗略估算了绿泥石和蒙皂石的生长速率。其中，绿泥石膜的估计生长速率（体积速率）在 $5.0×10^{-9}$ ~ $1.4×10^{-8}$ mol/(m²·s)，而单个绿泥石晶体的生长速率（局部速率）估计为 $1.48×10^{-9}$ mol/(m²·s)（表 4-2）。蒙皂石膜的预计生长速率在 $1.26×10^{-9}$ ~ $3.77×10^{-9}$ mol/(m²·s)（表 4-2）。估算生长速率的所有反应都在 150℃ 温度条件下进行。实验结果进一步显示，在相同的实验条件下，蒙皂石对在长石表面的生长比石英更有利，而在长石表面的绿泥石生长速度似乎比蒙皂石快 2~6 倍（Haile 等，2015）。尽管物理模拟实验和实际样品之间存在差异，但研究表明，在没有其他基质的情况下，蒙皂石和绿泥石直接在纯净的石英和长石表面上成核是可能的，并且在所研究的水热反应温度条件下（100~150℃）成核速度很快。实验结果还表明，水热反应中的钾长石是黏土矿物增生所需的铝和二氧化硅的来源。此外，实验结果显示，除长石外，石英溶解导致二氧化硅的过量供应促进了蒙皂石而非绿泥石的生长。同时，水热反应形成的黏土包膜（蒙皂石和绿泥石膜）在外观上与自然界中的黏土包膜相似（Haile 等，2015）。

表4-2 实验形成的黏土矿物的大致生长速率（据Haile等，2015）

实验序号	运行时间 天	基质材料	产物	黏土包膜厚度 μm	生长速率 mol/(m²·s)
5	20	钾长石	蒙皂石	1	252×10⁻⁹
5	20	石英	蒙皂石	0.5	126×10⁻⁹
6	40	钾长石	蒙皂石	3	377×10⁻⁹
6	40	石英	蒙皂石	2	252×10⁻⁹
2	20	石英	绿泥石	2	500×10⁻⁹
2	20	石英	绿泥石	5	140×10⁻⁸
2	20	石英	绿泥石	0.56	148×10⁻⁹ᵃ

a 估算假设单晶为圆盘几何形状。

第二节 成岩作用数值模拟

目前主流的成岩作用数值模拟软件或模型（如Geologica's exemplar®、Touchstone或RQFM）主要模拟了埋藏期间砂岩的机械压实和石英胶结（Lancer和Walderhaug，1999），这是许多富石英砂岩储层孔隙度和渗透率降低的主要机制。石英胶结模型对于预测砂岩和断层岩性质（如孔隙度、渗透率、力学性质和地震属性）至关重要。储层砂岩中的石英胶结物几乎总是以在碎屑石英颗粒表面成核的增生形式形成。因此，预测石英胶结程度的模型通常包括模拟可用于成核的表面积和单位表面积的晶体生长速率（Lander等，2008）。

Lander等（2008）通过数值模拟实验，进一步评估石英晶体生长速率的影响因素。输入几何结构基于由天然石英、钾长石和页岩岩屑颗粒组成的压实合成的薄片，其中约四分之三的固体体积是由石英颗粒组成，其粒间孔隙率约为30%。石英胶结是模拟中孔隙度损失的唯一机制，且模拟假设温度和过饱和度恒定。晶体生长速率随时间的变化反映了石英晶体形态随生长的演变，以及生长晶体与相邻固体的相互作用。模拟结果显示，随着自形面的发展，从最初的快速增长率（红色）占主导地位［图4-5(a)(b)］向逐渐缓慢的增长（绿色和青色）演变［图4-5(c)(d)］。随着缓慢生长的棱柱面占据石英生长表面的主导地位，即使在大部分非自形表面积损失之后，随着孔隙率减少，生长速率的下降仍在继续。这种下降是由于快速生长的表面优先受胶结作用影响而损失，考虑到其生长得更远且进入孔隙空间更易与其他固体接触，这一现象对于富石英胶结砂岩（如致密气体砂岩）的储层质量预测可能很重要，因为在低孔隙率下，持续热暴露的孔隙度损失率会显著下降。此外，在低孔隙率下，孔隙（以黑色显示）倾向于局限在除石英以外的固体颗粒（深灰色颗粒）表面周围，因其与过度生长的成核表面的距离更大［图4-5(c)］。这种孔隙度分布模式反映了在许多普遍石英胶结砂岩中发现的情况，并说明了为什么含有少量长石、刚性岩屑或燧石颗粒的致密气砂岩通常比石英含量更高的砂岩具有更好的储层质量（Lander等，2008）。

图 4-5 模拟的石英胶结及其生长步骤（据 Lander 等，2008）

浅灰色、深灰色和黑色分别表示单晶石英颗粒、非石英颗粒和孔隙空间。颜色显示模拟石英胶结，其中红色表示在非六边形表面上快速生长，绿色表示在棱锥面上生长，青色表示在棱柱面上缓慢生长。随着胶结作用的进行，生长较慢的表面逐渐取代生长较快的表面。正如在天然砂岩中观察到的，在广泛胶结阶段的残余孔隙空间往往集中在非石英颗粒附近

阿伦尼乌斯（Arrhenius）方程用于模拟石英沉淀表面积归一化速率（SAN 速率）中的温度依赖性（Walderhaug，2000），阿伦尼乌斯公式是瑞典科学家阿伦尼乌斯所创立的化学反应速率常数随温度变化关系的经验公式，公式如下：

$$k = A \mathrm{e}^{\dfrac{-E_\mathrm{A}}{RT}} \tag{4-2}$$

式中，k 是单位面积的石英沉淀速率，$\mathrm{mol/(cm^2 \cdot s)}$；$A$ 是常数，$\mathrm{mol/(cm^2 \cdot s)}$；$E_\mathrm{A}$ 是石英沉淀的活化能，J/mol；R 是实际气体常数，为 8.314J/(mol·K)；T 是温度，K。

动力学速率定律通常还包括一个无单位的过饱和项（Lasaga，1998）。尽管式（4-2）中省略了该项，但考虑到大多数储层砂岩中的流体相对于石英处于或略高于饱和状态，可将其视为常数 A 的隐含部分（Livingstone，1963）。

此外，用于配置动力学石英模型的参数通常使用来自探井的岩相数据等进行调整（Taylor 等，2010）。而其余的非石英胶结物都受到岩相观察和数据得出的经验关系的制约，一般根据其相对共生作用作为时间、温度或埋藏深度的定性或半定量函数引入模拟。

Lander 和 Bonnell（2010）开发了砂岩中纤维状伊利石的形成模型，其中高岭石是主要反应物，钾来源于原位钾长石颗粒溶解或引入模型参考框架。伊利石纤维的成核和生长

利用阿伦尼乌斯方程进行建模,除了考虑温度和时间外,还考虑了饱和状态。成核作用发生在孔壁上,该作用需要能量的推动,而碎屑白云母和伊利石可视为能量上有利的基质。基于 Touchstone™ 软件,通过简化地质场景的合成模拟,作为探索模型对矿物成核和生长动力学、温度历史、反应物体积、K^+ 活性和成核基质性质进行分析(图 4-6);使用一组模型参数,在两个地质条件不同的自然数据集(挪威中部近海侏罗系石英砂岩和东南亚近海中新统岩屑砂岩)中再现了纤维状伊利石、高岭石和钾长石反应物的赋存模式。

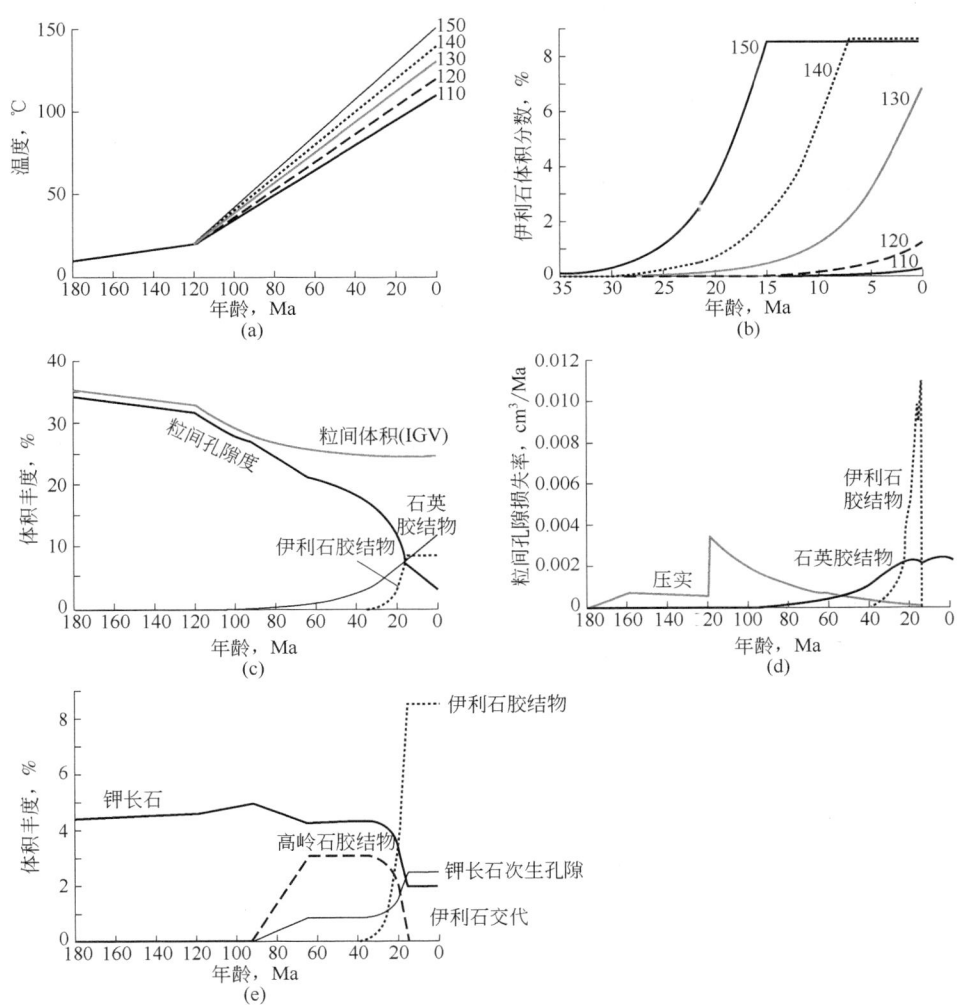

图 4-6 设计用于大致近似北海和挪威大陆架侏罗系储层伊利石形成的
合成伊利石化模型的输入和结果(据 Lander 和 Bonnell,2010,有修改)

(a)地温史输入;(b)各地温史曲线的伊利石胶结物丰度随时间的模拟;(c)最大模拟温度 150℃时,模拟的粒间体积(IGV,代表压实状态)、粒间孔隙度、石英胶结物和伊利石胶结物随时间的模型变化;(d)最大模拟温度 150℃时,压实、石英胶结和伊利石胶结导致的孔隙体积损失模型速率与地质时间的比较;(e)最大模拟温度 150℃时,埋藏史中伊利石反应物和产物的体积丰度随时间的变化

碎屑岩成岩作用（富媒体）

此外，自20世纪80年代末和90年代初，反应输运模型（RTM）也被用于对砂岩中的化学成岩反应进行模拟，这一模型对于长石砂岩和岩屑砂岩可能更为适用。因为长石和多数岩屑在化学性质上是不稳定的，在埋藏过程中会受到广泛的化学蚀变；成岩黏土矿物、碳酸盐胶结物、碎屑颗粒交代和次生孔隙的形成通常由这些化学变化引起，它们对孔隙改造的影响与石英胶结物相同甚至更大（Esch，2019）。沉积地层中含水流体和成岩矿物之间的复杂相互作用可以使用已知的RTM数值代码进行模拟。反应输运模型（RTM）背后的基础理论已得到充分确立（例如，Raffensperger，1996；Bethke，2008；Xu和Pruess，1998；Steefel等，2005），并涉及求解非等温流体流动、多组分溶质输运（平流、分散和扩散）和化学反应的耦合方程。基本模型配置要求定义初始流体成分和温度、流体成分和压力、随时间变化的流体通量、初始模型砂岩矿物学、在平衡或动力学基础上处理的所有矿物以及用于配置动力学反应的参数（Bethke，2008）。可采用阿伦尼乌斯（Arrhenius）形式的速率方程（Palandri和Kharaka，2004），以适应埋藏过程中温度和流体成分变化导致的反应速率变化。反应速率方程的一般形式为：

$$r_{\text{mineral}} = A_S A e^{\frac{-E_A}{RT}} \prod_j a_j^{P_j} \left(1 - \frac{Q}{K}\right) \quad (4\text{-}3)$$

式中　r_{mineral}——反应速率，mol/s；

　　　A_S——表面积，cm²；

　　　A——阿伦尼乌斯指数前因子，mol/(cm²·s)；

　　　e——自然对数的基数；

　　　E_A——活化能，J/mol；

　　　R——气体常数，8.3143J/(K·mol)；

　　　T——绝对温度，K；

　　　a_j——促进或抑制物质的活性；

　　　P_j——速率定律中的反应物浓度幂；

　　　$\dfrac{Q}{K}$——饱和指数。

动力学反应的初始表面积被视为比表面积。石英和长石表面积通过使用简单的球体模型进行约束，计算公式如下：

$$A_{\text{mineral}} = \frac{60}{2.65D} \quad (4\text{-}4)$$

式中　A_{mineral}——比表面积，cm²/g；

　　　D——平均粒径，mm。

对于含有早期成岩胶结物和颗粒包膜的情形，则可对石英和长石的初始比表面积作进一步调整，计算方法为：

$$A_{\text{adjusted}} = A_{\text{mineral}} \frac{0.26-E}{0.26}(1-GCF) \tag{4-5}$$

式中 E——早期碳酸盐胶结物含量；

GCF——骨架颗粒表面的包膜覆盖率。

基于早期碳酸盐胶结物含量导致有效表面积减少的表面积系数 $(0.26-E)/0.26$ 是一个简单的近似值，对于刚性颗粒、分选良好的砂岩，可用固定的压实孔隙体积分数 0.26（Paxton 等，2002）。

将 X1t（一维反应输运模型）应用于砂岩化学成岩预测的基本工作流程如图 4-7 所示。为了模拟埋藏成岩作用，第一步要建立初始模型砂岩组分和结构，第二步是在埋藏史背景下建立水文地质框架，用于限制温度、流体通量和流体成分随时间的变化。目前所适用的水文地质系统主要为边缘海和深海环境，孔隙流体主要来源于正常海水并由其演化而来。一旦这些边界条件完全定义，就可以运行模型。模型模拟结果是否成功标准有两个，一是能否获得广泛砂岩岩性范围内不同成岩矿物反应物和体积的模型实现，二是证明模拟的结果是否与从薄片岩相学获得的成岩演化序列的解释相一致（Esch，2019）。

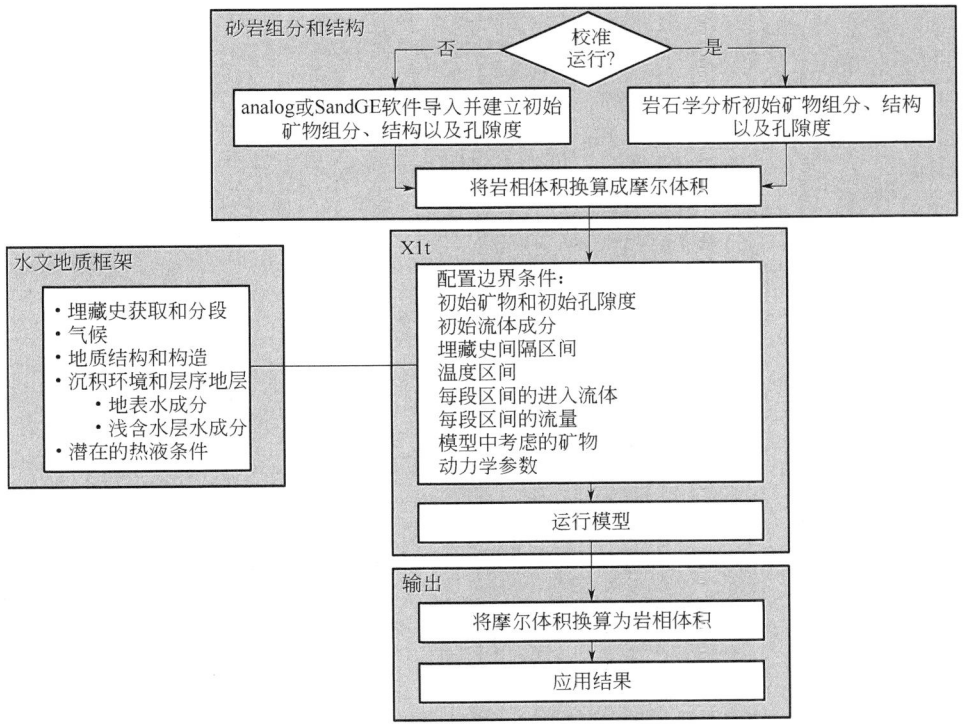

图 4-7 将 X1t（一维反应输运模型）应用于砂岩化学成岩预测的基本工作流程，包括实际配置和运行模型之前的两个步骤（据 Esch，2019，有修改）

这两个准备步骤建立了模型岩石的起始矿物成分和结构，并提供了水文地质框架的约束。水文地质框架中的关键考虑因素包括时间—温度历史、地表水和地下水成分的控制以及流体通量。一旦输入这些信息，就可以配置和运行模型，并根据需要应用以输出数据

碎屑岩成岩作用（富媒体）

以来自深水扇沉积的砂岩储层样本为例，基于岩相学认识观察到的成岩序列从最早到最晚的成岩矿物沉淀或溶解情况依次为斜长石溶解、伊利石—蒙皂石沉淀、晚期高岭石沉淀和少量石英胶结。模拟结果显示，成岩演化顺序为斜长石溶解、高岭石沉淀以及少量伊利石—蒙皂石和少量石英胶结。图4-8显示了样本B-3的模拟序列示例。5Ma时的快速埋藏导致出现后期孔隙流体事件，引起后期长石溶解，并产生额外的石英胶结物和高岭石胶结物。该序列与B区的岩相学一致。这一模拟结果表明，可以使用校准的反应输运模型（RTM）对海洋和边缘海沉积环境中的砂岩成岩作用进行完整矿物学预测。

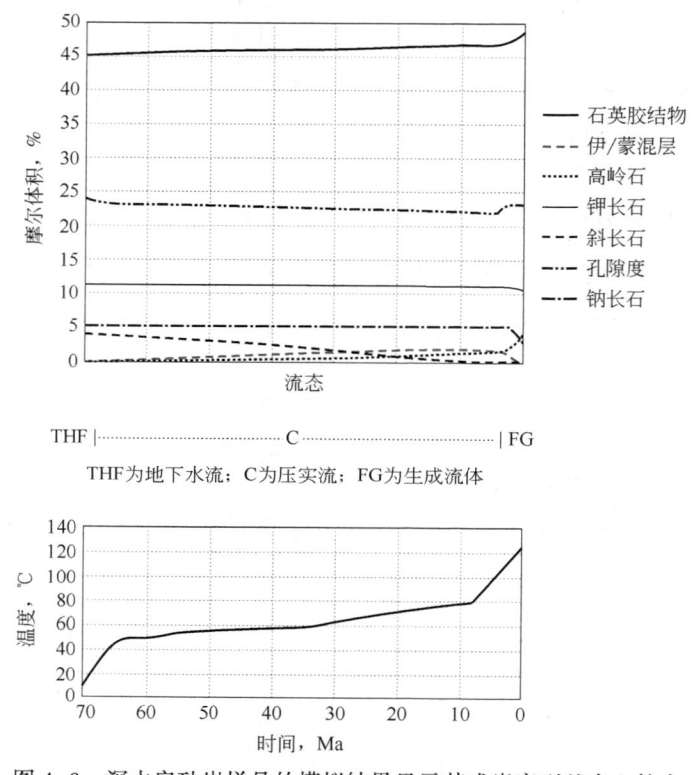

图4-8 深水扇砂岩样品的模拟结果显示其成岩序列基本上符合岩相学成岩序列结果（据Esch，2019，有修改）

参考文献

操应长，葸克来，王健，等，2011. 砂岩机械压实与物性演化成岩模拟实验初探. 现代地质，25（6）：1152-1158.

高志勇，冯佳睿，崔京钢，等，2017. 深层储集层长石溶蚀增孔的物理模拟与定量计算. 石油勘探与开发，44（3）：359-369.

纪友亮，吴浩，王永诗，等，2017. 应用物理模拟研究碎屑岩储层物性演化特征：以胜利油区古近系沙河街组为例. 高校地质学报，23（4）：657-669.

林承焰, 王文广, 董春梅, 等, 2017. 储层成岩数值模拟研究现状及进展. 中国矿业大学学报, 46 (5): 1084-1101.

刘国勇, 金之钧, 张刘平, 2006. 碎屑岩成岩压实作用模拟实验研究. 沉积学报, 3: 407-413.

吴松涛, 孙亮, 崔京钢, 等, 2014. 正演模式下成岩作用的温压效应机理探讨与启示. 地质论评, 60 (4): 791-798.

应凤祥, 2004. 中国含油气盆地碎屑岩储集层成岩作用与成岩数值模拟. 北京: 石油工业出版社.

Aagaard P, Jahren J S, Harstad A O, et al, 2000. Formation of grain-coating chlorite in sandstones: laboratory synthesized vs. natural occurrences. Clay Minerals, 35 (1): 261-269.

Benson D J, 1981. Porosity reduction through ductile grain deformation: an experimental assessment. Gulf Coast Association of Geological Societies Transactions, 31: 235-237.

Bethke C M, 2008. Geochemical and biogeochemical reaction modeling, 2nd ed. Cambridge, United Kingdom: Cambridge University Press.

Chermak J A, Rimstidt J D, 1990. The hydrothermal transformation rate of kaolinite to muscovite/illite. Geochimica et Cosmochimica Acta, 54: 2979-2990.

Cross M M, Manning D A C, Bottrell S H, et al, 2004. Thermochemical sulphate reduction (TSR): experimental determination of reaction kinetics and implications of the observed reaction rates for petroleum reservoirs. Organic Geochemistry, 35: 393-404.

Esch W L, 2019. Multimineral diagenetic forward modeling for reservoir quality prediction in complex siliciclastic reservoirs. AAPG Bulletin, 103 (12): 2807-2834.

Haile B G, Hellevang H, Aagaard P, et al, 2015. Experimental nucleation and growth of smectite and chlorite coatings on clean feldspar and quartz grain surfaces. Marine and Petroleum Geology, 68: 664-674.

Heald M T, Renton J J, 1966. Experimental study of sandstone cementation. Journal of Sedimentary Petrology, 36: 977-991.

Hunt J M, 1995. Petroleum geochemistry and geology. New York: W. H. Freeman and Company.

Kaczmarek S E, Sibley D F, 2011. On the evolution of dolomite stoichiometry and cation order during high-temperature synthesis experiments: an alternative model for the geochemical evolution of natural dolomites. Sedimentary Geology, 240: 30-40.

Kurkjy K A, 1988. Experimental compaction studies of lithic sands. Coral Gables, Florida: University of Miami.

Lander R H, Bonnell L M, 2010. A model for fibrous illite nucleation and growth in sandstones. AAPG Bulletin, 94 (8): 1161-1187.

Lander R H, Larese R E, Bonnell L M, 2008. Toward more accurate quartz cement models: the importance of euhedral versus noneuhedral growth rates. AAPG Bulletin, 92 (11): 1537-1563.

Lander R H, Walderhaug O, 1999. Predicting porosity through simulating sandstone compaction and quartz cementation. AAPG Bulletin, 3 (3): 433-449.

Lasaga A C, 1998. Kinetic theory in the earth sciences: Princeton series in geochemistry. Princeton, New Jersey: Princeton University Press.

Livingstone D A, 1963. Data on geochemistry: chemical composition of rivers and lakes. U. S. Geological Survey Professional Paper.

Palandri J L, Kharaka Y K, 2004. A compilation of rate parameters of water-mineral interaction kinetics for application to geochemical modeling. Menlo Park, California: U. S. Geological Survey.

Paxton S T, Szabo J O, Ajdukiewicz J M, et al, 2002. Construction of an intergranular volume compaction curve for evaluating and predicting compaction loss in rigid-grain sandstone reservoirs. AAPG Bulletin, 86 (12): 2047-2068.

Pittman E D, Larese R E, 1991. Compaction of lithic sands: experimental results and applications. AAPG Bulletin, 75 (8): 1279-1299.

Raffensperger J P, 1996. Numerical simulation of sedimentary basin-scale hydrochemical processes//Corapcioglu Y C. Advances in porous media. Amsterdam: Elsevier Science.

Sathar S, Worden R H, Faulkner D R, et al, 2012. The effect of effect of oil saturation on the mechanism of compaction mechanism of compaction in granular materials: higher oil saturations lead to more grain fracturing and less pressure solution. Journal of Sedimentary Research, 82: 571-584.

Steefel C I, DePaolo D J, Lichtner P C, 2005. Reactive transport modeling: an essential tool and a new research approach for the Earth sciences. Earth and Planetary Science Letters, 240, 3-4: 539-558.

Steno N, 1669. Desolido intra solidum naturaliter contento dissertationis prodromus. Florence, Maar, 2 (27): 181-227.

Taylor T R, Giles M R, Hathon L A, et al, 2010. Sandstone diagenesis and reservoir quality prediction: models, myths, and reality. AAPG Bulletin, 94 (8): 1093-1132.

Walderhaug O, 2000. Modeling quartz cementation and porosity loss in Middle Jurassic Brent Group sandstones of the Kvitebjørn field, northern North Sea. AAPG Bulletin, 84: 1325-1339.

Worden R H, Armitage P J, Butcher A R, et al, 2018. Petroleum reservoir quality prediction: overview and contrasting approaches from sandstone and carbonate communities//Armitage P J, Butcher A R, Churchill J M, et al. Reservoir quality of clastic and carbonate rocks: analysis, modelling and prediction. London: The Geological Society of London.

Xu T, Pruess K, 1998. Coupled modeling of nonisothermal multiphase flow, solute transport and reactive chemistry in porous and fractured media: 1. Model development and validation. Berkeley, California: Lawrence Berkeley National Laboratory Report.

第五章 碎屑岩成岩作用与孔隙系统

成岩作用改变了碎屑岩储层的孔隙系统，包括孔隙类型和几何形状等，从而控制了其最终的孔隙度和渗透率。砂岩孔隙度是原始孔隙度、埋藏深度、压实程度以及孔隙网络中胶结物发育的复杂函数。孔隙度和渗透率对油气藏的经济可行性具有控制作用（Blackbourn，2012；Worden 等，2018）。

第一节 碎屑岩孔隙类型及孔隙结构特征

一、碎屑岩储层的储集空间类型

储层的孔隙空间是指储集岩中未被固体物质所充填的空间，也称为储集空间。由于不同类型储层的成因和演化历史不同，其储集空间的类型也不同，包括各种类型的孔、缝、洞（纪友亮，2015）。以储集空间成因为主，可把碎屑岩储层的孔隙空间类型划分为三大类：原生孔隙、次生孔隙和裂隙（表5-1）。

表5-1 碎屑岩储层储集空间分类

类	亚类		空间大小	特征
原生孔隙	粒间孔隙		<2mm	颗粒原生或者残留孔隙
	杂基孔隙			黏土杂基间孔隙
次生孔隙	颗粒及粒内孔隙			如长石和岩屑等颗粒的大部、局部或粒内溶解
	粒间溶蚀孔隙	胶结物及其晶内局部溶解		如方解石等胶结物或其晶体内局部溶解
		杂基溶解		黏土杂基的局部溶解
		超大孔		由胶结物及颗粒一起被溶解所致
	铸膜孔	粒膜		颗粒溶解而保留外形
		晶膜		晶体溶解而保留外形
		生物膜		生物溶解而保留外形
	晶间孔			如在晚期形成的高岭石、白云石等晶体间孔隙
	溶洞		>2mm	多与表生淋滤作用有关

碎屑岩成岩作用（富媒体）

续表

类	亚类	空间大小	特征
裂隙	层间缝、收缩缝	>0.01mm	沉积作用形成
	成岩缝及其溶蚀		无方向性，缝细，延伸范围小，有的可见溶解现象
	构造缝		受应力控制，组系分明，平整延伸，切割力强，有的可见溶蚀现象

原生孔隙是指在沉积时期形成的孔隙。原生孔隙主要包括粒间孔隙和基质内部由杂基支撑的孔隙，其次为沉积时期已存在的岩屑粒间孔隙。

次生孔隙是指在成岩作用过程中形成的孔隙和溶洞。次生孔隙是碎屑岩的一个极其普遍的特征，在薄片和电镜下中非常容易识别。埋藏成岩过程中次生孔隙的发育一直是一个有争议的话题，至今仍有争议。尽管如此，埋藏成岩期间形成的次生孔隙被认为是北海油田（Wilkinson等，1997）、美国陆上油田以及我国陆相盆地等局部层段孔隙度值异常高的原因。在这些情况下，次生孔隙多归因于碳酸盐胶结物和钾长石的溶解，以及溶解产物从砂岩中的大量移除。更常见的是再分布的二次孔隙，溶解反应的产物局部沉淀（Giles和de Boer，1990）。在埋藏成岩作用中，由铝硅酸盐溶解引起的次生孔隙再分布是常态，但新形成的矿物又会堵塞粒间孔隙。

裂缝包括各种应力作用使岩石破裂而产生的裂隙，一些层理缝和矿物解理缝也属于此类。一般而言，碎屑岩储层中的裂隙并不发育；但在一些情况下裂缝对储渗性能（尤其是渗透性）可起重要作用，并可作为油气储集空间（Zeng和Li，2009；Zeng等，2013）。

二、碎屑岩储层的孔隙结构特征

碎屑岩经历各种成岩作用，其孔隙结构会变得十分复杂。储层的孔隙结构是指岩石所具有的孔隙和喉道的几何形状、大小、分布及其相互联通的关系，岩石的孔隙系统由孔隙和喉道两部分组成。孔隙为系统中的膨大部分，连通孔隙的细小部分称为喉道。Wardlaw提出，应将两连通孔隙之间最窄的部位称为喉道，而介于最狭窄部位左右部分均称为孔隙。

流体在碎屑岩孔隙系统中渗流时，要经过一系列交替着的孔隙和喉道。流体在岩石中的渗流受到流体通道中最小部分（即喉道）所控制。因此喉道的形状、大小和分布控制着孔隙的渗流能力。确定孔隙和喉道的大小及分布是研究岩石孔隙结构的核心问题（柳广弟等，2018；吴胜和等，2021）。

储层孔隙结构研究是以岩石样本为基础的微观分析，主要依靠实验仪器设备来实现（柳广弟等，2018）。目前研究孔隙结构的实验方法很多，可以分为三类：第一类为间接测定法，如毛细管压力法，包括压汞法等；第二类为直接观测法，包括薄片法、扫描电镜法等；第三类为数字岩心法，包括铸体模型法、孔隙结构三维模型重构技术。此外，由于致密砂岩储层不同于常规储层，其孔喉值主要介于 $0.03 \sim 2\mu m$，孔喉尺寸小、孔隙结构复杂、非均质性强（Nelson，2009；高辉等，2011；邹才能等，2012；陈欢庆等，2013；白斌等，2014；Sun等，2015；朱如凯等，2016，2019；Wu等，2018；Lai等，2018；Xi等，2020），含大量纳米级孔隙，目前对致密砂岩孔隙结构的定性表征方法包括聚焦离子束扫描电子显微镜（视频5-1）、高分辨率场发射扫描电子显微镜等电子显微成像分析技术及微纳米CT技术等直观描述孔隙的几何形态、连通性和充填情况等；定量表征方法包括气体吸附实验、高压压汞及核磁共振等技术定量分析致密砂岩孔径大小及分布、比表面积等。此外，致密储层孔隙结构表征还应考虑样品代表性尺度问题，以及技术有效适用范围问题，并加强多尺度定性与定量数据融合以提高表征精度（朱如凯等，2016）。

视频5-1 基于聚焦离子束扫描电子显微镜的三维表征

第二节 碎屑岩储层粒间孔隙保存机制

砂岩在埋藏成岩过程中，通常情况下孔隙度会随深度增加而减小，压实作用（主要为机械压实）和胶结作用（主要为石英胶结）是引起孔隙丧失的最主要的影响机制（Line等，2018；Ajdukiewicz和Lander，2010）。自20世纪70年代以来，深埋藏砂岩中出现异常高孔隙度的现象逐渐为石油地质学家们所重视。砂岩孔隙发育受控于沉积、早期成岩及中晚期成岩过程，是颗粒粒度、分选性、组分、成岩作用及埋藏演化史共同作用的结果（Ajdukiewicz和Lander，2010；Zhang等，2015）。近年来发现的深层常规、非常规油气藏常常与这一类异常高孔隙度的砂岩储层相对应，反映出孔隙保存与油气富集的密切联系。已知的对孔隙保存起关键作用的因素包括：（1）颗粒包膜发育；（2）孔隙流体超压；（3）与外来盐体有关的热流扰动；（4）油气充注（Bloch等，2002；Taylor等，2010；Ajdukiewicz和Larese，2012；胡作维等，2012；Worden等，2018；张鹏辉等，2019）。砂岩粒间孔隙的保存往往表现为可以有效地减弱压实作用和（或）石英增生对粒间孔隙的破坏。这4种因素能够通过抑制压实作用和（或）石英增生来影响粒间孔隙的保存，进而影响砂岩储层的质量。

对于埋藏深、温度高（通常大于100℃）的砂岩储层，特别是碎屑石英含量相对较高的砂岩储层，目前其孔隙保存研究在保存机理、适用条件、实验模拟等方面取得了一些重要进展，但还面临着诸多挑战，仍存在不少争议。因此，本书引入和总结了国内外学者近年来在砂岩粒间孔隙保存方面的研究进展以及笔者在该方面的一些研究成果，明确了孔隙保存机制的认识，并指出异常高孔隙度砂岩储层的预测和模拟是未来的研究趋势和难点，相关成果认识有助于形成并完善砂岩储层孔隙保存机制的研究体系，对于含油气盆地深部砂岩油气藏勘探开发具有重要的启示意义。

碎屑岩成岩作用（富媒体）

一、颗粒包膜发育

整体而言，砂岩储层中孔隙度减少的主要原因之一是石英胶结（Heald 和 Larese，1974；Mcbride，1989；Pittman 等，1992；Bjørlykke 和 Egeberg，1993；Giles 等，2000；Walderhaug，2000；Worden 和 Morad，2000；Morad 等，2010；Worden 等，2012），除黏土矿物、微晶石英等常见的可有效保存（原生）粒间孔隙的颗粒包膜外，羟基氧化铁和沸石等颗粒包膜也被认为具有相似的孔隙保存机制（Taylor 等，2010；Ajdukiewicz 和 Larese，2012）。黏土矿物颗粒包膜多与深部储层孔隙保存密切相关，而这些颗粒包膜对于原始孔隙的有效保存是建立在颗粒包膜形成于主要的石英胶结作用开始之前这一前提下。其中对于这类黏土矿物颗粒包膜，可以是碎屑成因也可为自生成因（Wilson 和 Pittman，1977；Bloch 等，2002；Taylor 等，2004，2010；Ajdukiewicz 和 Larese，2012；Worden 等，2020），以绿泥石为主，还可为伊利石和混层黏土矿物，大多还需满足以下条件：（1）必须达到一定厚度（Ozkan 等，2011；Sun 等，2014）；（2）较高的粒表覆盖率（Bloch 等，2002；Lander 等，2008；Taylor 等，2010；Ajdukiewicz 和 Larese，2012；Zhang 等，2015）。

1. 绿泥石膜

作为深埋藏砂岩中最为常见的一种孔隙保存机制，绿泥石膜在碎屑石英含量相对较高的砂岩中主要通过减少石英颗粒的表面积来有效抑制石英增生。在绝大多数情形下，富绿泥石膜（粒表覆盖率高）的砂岩中石英胶结物的含量很低。

绿泥石可由非绿泥石源物质（如颗粒早期的黏土包壳、早期绿/蒙黏土矿物、高岭石等）转化形成，或在成岩阶段直接从富铁或富镁的孔隙水中新生沉淀而来（Wilson 和 Pittman，1977；Pittman 等，1992；Bloch 等，2002；Taylor 等，2010；Zhang 等，2015；Worden 等，2020）。前期报道的与深部粒间孔隙保存密切相关的富铁绿泥石膜广泛分布于美国墨西哥湾白垩系 Tuscaloosa 组河流相和浅海砂岩（Thomson，1979；Pittman 等，1992；Ryan 和 Reynolds，1996）、挪威北海陆架侏罗系海相砂岩（Ehrenberg，1993；Aagaard 等，2000）、巴基斯坦 Sawan 气田白垩系砂岩（Berger 等，2009）、中国四川盆地上三叠统须家河组砂岩（黄思静等，2004；Sun 等，2014）、鄂尔多斯盆地上三叠统延长组砂岩（田建锋等，2008；丁晓琪等，2010；姚泾利等，2011；Zhang 等，2020）以及松辽盆地下白垩统登娄库组砂岩（Zhang 等，2015）等。同样地，富镁绿泥石膜有助于保存孔隙的例子可见于美国莫比尔湾侏罗系 Norphlet 组风成砂岩（Dixon 等，1989；Kugler 和 McHugh，1990；Hillier 等，1996；Ajdukiewicz 和 Lander，2010）和德国北部二叠系风成砂岩（Gaupp 等，1993；Hillier 等，1996）等，但其分布远不及富铁绿泥石膜普遍。其中铁离子的来源主要为：（1）在高能沉积环境的河水中溶解的铁离子（Ehrenberg，1993）；（2）大气水流入伴随的富铁离子活动，多以菱铁矿沉淀为证据（Aagaard 等，2000）；（3）火山岩岩屑蚀变（Thomson，1979；Pittman 等，1992；Berger 等，2009）等。而镁离子则被认为可能来源于碎屑颗粒中的早期黏土、铁氧化物以及矿化度盐水的相互作用（Kugler 和 McHugh，1990）或者火山岩岩屑蚀变（Thomson 和 Stancliffe，1990）等。

Dowey 等（2012）统计了 62 篇文献中的 54 个绿泥石膜发育的研究区，统计结果表明绿泥石膜可存在于不同的沉积环境，其中以在三角洲沉积环境（44%）最为发育，河流相沉积环境（19%）次之［图 5-1(a)］。发育绿泥石膜的沉积地质年代最主要集中在白垩系（26%）［图 5-1(b)］。其分布的纬度位置主要位于 60°N～60°S 之间，指示温带和热带气候有利于绿泥石膜的形成。

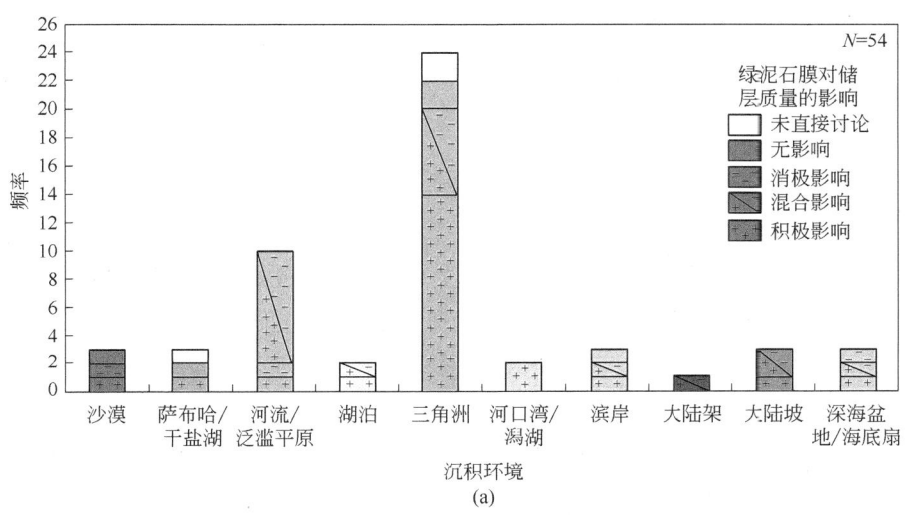

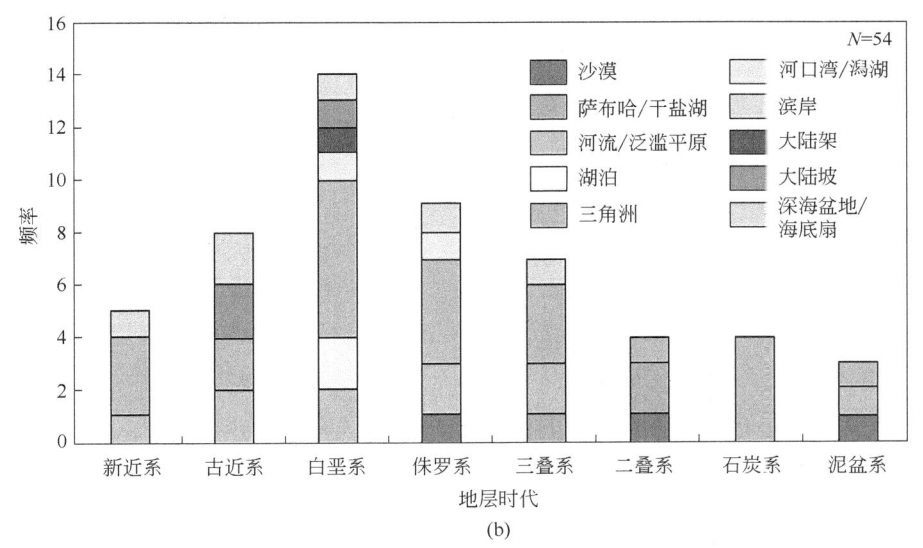

图 5-1　富绿泥石膜砂岩储层的沉积环境频率（据 Dowey 等，2012）
(a) 不同沉积环境下绿泥石膜对储层质量的影响；(b) 绿泥石膜发育沉积年代和环境频率

彩图 5-1

在我国，绿泥石膜最主要的赋存场所集中在鄂尔多斯盆地和四川盆地上三叠统砂岩储层中。以鄂尔多斯盆地中部和西南部为例，上三叠统延长组砂岩储层成岩作用强，整体低

碎屑岩成岩作用（富媒体）

孔致密，油气藏普遍呈单井产量不高的特点。绿泥石是延长组砂岩中最主要的自生矿物之一，且绿泥石膜普遍发育（黄思静等，2004；田建锋等，2008；丁晓琪等，2010；姚泾利等，2011；Zhou 等，2016；Wang 等，2017；周勇等，2017；张鹏辉等，2019；Zhang 等，2020）。对鄂尔多斯盆地延长组砂岩中自生绿泥石成因综合分析，黄思静等（2004）认为以孔隙环边衬里方式产出的绿泥石是湖相三角洲前缘推进的良好标志。姚泾利等（2011）认为延长组砂岩中绿泥石膜的发育是强水动力沉积条件的一种标志，并基于绿泥石膜的成因认识，将绿泥石膜的形成模式划分为5个阶段，分别为原始颗粒沉积阶段、原始颗粒表面黏土吸附成膜阶段、颗粒初期压实阶段、环边绿泥石化阶段和自生绿泥石形成阶段。尽管延长组砂岩储层较为致密，但绿泥石膜相对较为发育的强水动力条件下的砂岩往往具有较好的物性和孔喉连通性，原生粒间孔隙保存较好，这一类砂岩构成了主要的油气聚集场所。

砂岩中自生绿泥石以孔隙环边衬里作为主要的赋存状态［图5-2(a)］。以巴基斯坦白垩系 Goru 组下段砂岩为例，自生绿泥石膜厚度为 5~10μm，在扫描电镜下其形态类型可分为两类：一类为里层的晶形较差的绿泥石，另一类为外层的晶形较好的绿泥石［图5-2(b)；Berger 等，2009］，前者多为早期成岩阶段形成的，而后者一般垂直于环边表层生长且多形成于中晚期成岩阶段。这种绿泥石膜双层结构的特点在鄂尔多斯盆地延长组砂岩中较为常见（姚泾利等，2011；Zhang 等，2012）。Bloch 等（2002）通过对北海 Haltenbanken 地区侏罗系富含绿泥石环边胶结物的砂岩进行统计分析，当砂岩粒度中值大于 0.45mm 时，这类砂岩具有较高的岩心孔隙度，普遍大于 18%，只有少数几块岩样的孔隙度因碳酸盐胶结、分选较差或绿泥石膜粒表覆盖率低而相对较低（图5-3），论证了砂岩粒度对于绿泥石膜孔隙保存的有效性上具有较好的控制作用。

松辽盆地长岭断陷下白垩统登娄库组致密砂岩气藏也广泛发育富铁绿泥石膜，绿泥石是登娄库组砂岩中含量最为丰富的黏土矿物［图5-2(c)］，约占岩石含量的 9.7%，通过对自然样品和乙二醇样品的 X 射线衍射分析可知，其类型为 14Å 绿泥石，未发现混层黏土矿物存在。通过在颗粒接触处绿泥石缺失现象及 X 射线衍射形态分析，并未发现早期绿泥石成因的证据，反映出登娄库组致密气砂岩储层中的绿泥石膜为自生成因。镜下观察显示构成自生绿泥石膜的铁离子主要来自火成岩岩屑转化［图5-2(d)］。压实作用及随后的中成岩阶段的碳酸盐胶结作用构成了登娄库组致密气砂岩孔隙变差的主要因素，而进一步的研究认为在绿泥石膜粒表覆盖率较高且碳酸盐胶结物含量较低的样品中其粒度差异是粒间孔隙能否较好保存的一个主控要素，辫状三角洲前缘河口沙坝上部、分流河道下部以及辫状河道下部粒度较粗的砂岩储层中，绿泥石膜较为连续且具有较高的粒表覆盖率，同时石英胶结和碳酸盐胶结较为局限，一些粒间孔隙和较大孔径的孔喉得以保存［图5-2(e)、图5-4(a)、图5-4(b)］，使得该类砂岩储层具有较其他类型储层更好的物性条件；而粒度较细且高绿泥石覆盖率的砂岩不利于粒间孔隙的保存，这主要是由于过于密集的绿泥石膜会严重堵塞孔隙结构，粒间孔隙很难保存，过厚的绿泥石膜吸附较多水并降低孔隙系统的连通性［图5-2(f)、图5-4(c)、图5-4(d)］，进而阻碍天然气采收率的提高，这类较差储层主要对应于辫状三角洲前缘河口沙坝、漫溢和沙席下部、分流河道和河道沙坝上部,以及辫状河道和河道沙坝上部砂岩(Zhang 等,2015)。

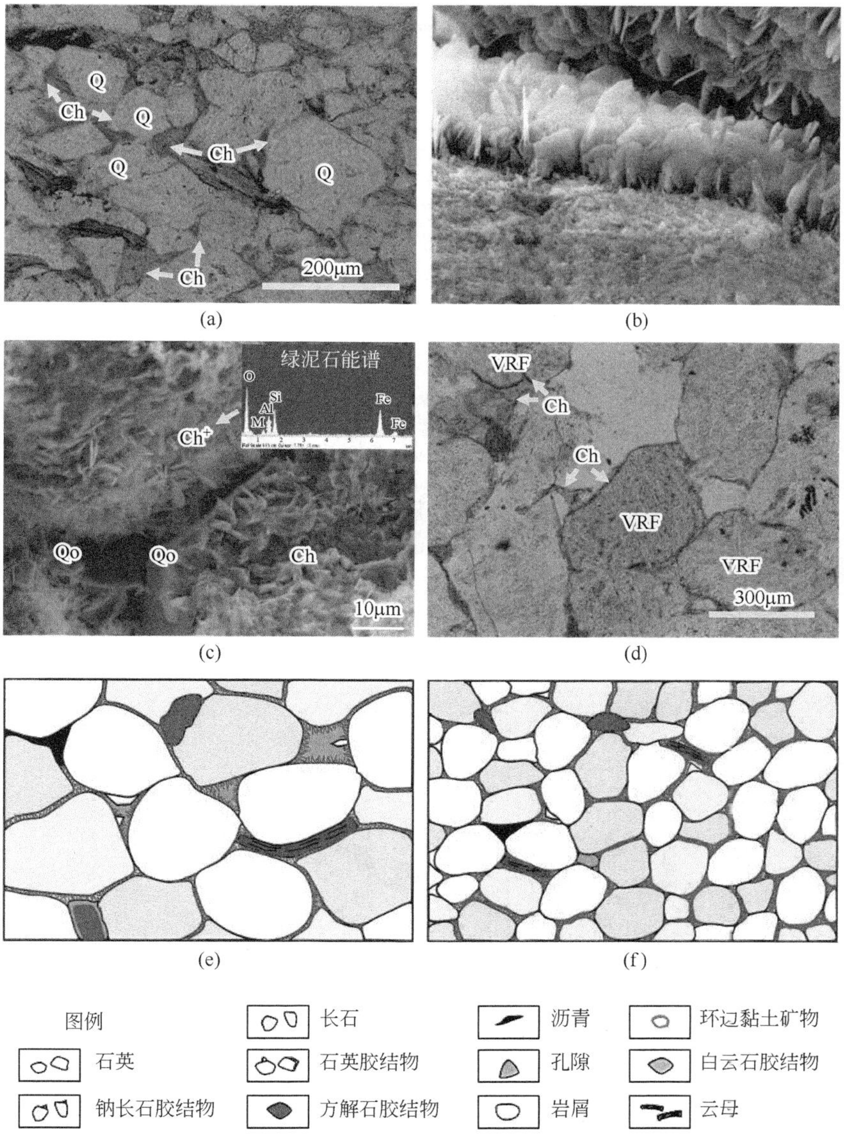

图 5-2 绿泥石膜微观特征

(a) 鄂尔多斯盆地上三叠统延长组砂岩,H284 井,2189.75m,Ch 为绿泥石,Q 为石英颗粒;(b) 两种绿泥石膜形态,巴基斯坦 Sawan 气田白垩系砂岩,2 号井,3313.6m(据 Berger 等,2009);(c) 电镜下显示绿泥石胶结物(Ch)发育于碎屑颗粒表面,石英加大(Qo)出现在绿泥石膜缺失或仅部分覆盖粒表处,CS108 井,3608.2m;(d) 部分保存的粒间孔隙,见明显的环边绿泥石膜(Ch),火成岩岩屑(VRF)被绿泥石交代,CS108 井,3608.2m;(e) 粒度相对较粗砂岩中粒表覆盖率较高的绿泥石膜有利于粒间孔隙的保存;(f) 粒度过细的砂岩中粒表覆盖率较高的绿泥石膜难以保存有效的粒间孔隙

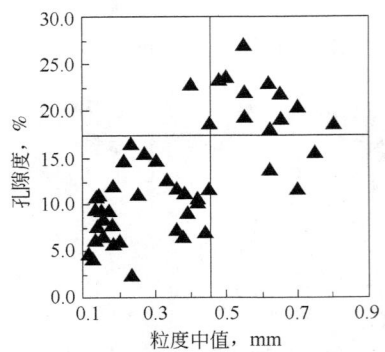

图 5-3 北海侏罗系富含绿泥石环边胶结物砂岩中粒度与物性关系图（据 Bloch 等，2002）

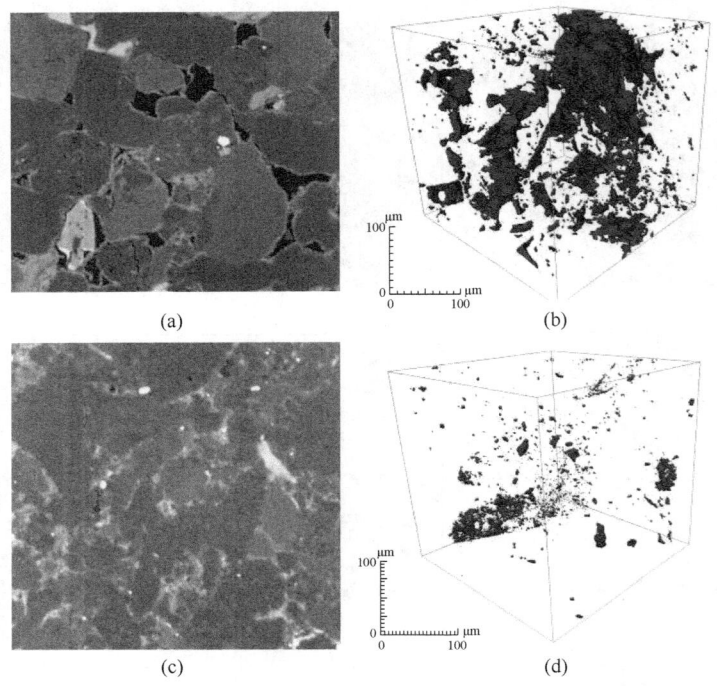

图 5-4 松辽盆地下白垩统登娄库组致密气砂岩孔隙系统

(a) 粒度相对较粗砂岩，绿泥石膜粒表覆盖率较高；(b) 对应 (a) 图砂岩，孔隙发育较好且具有连通性；
(c) 粒度过细砂岩，绿泥石膜粒表覆盖率较高；(d) 对应 (c) 图砂岩，孔隙较不发育且不具备连通性

  Ajdukiewicz 和 Larese（2012）通过对美国墨西哥湾白垩系 Tuscaloosa 组砂岩热液反应实验，总结出绿泥石膜随热演化程度的升高对石英胶结的抑制作用过程（图 5-5）。通过这一实验和观察，进一步证实了绿泥石膜抑制石英增生而使得深埋藏砂岩中粒间孔隙得以保存，同时引入了一个新的解释观点来说明这一抑制机制：从埋藏开始至 115℃，石英胶结物的新生成核作用受到绿泥石膜的抑制；随着温度的升高（115~164℃），石英胶结物

第五章 碎屑岩成岩作用与孔隙系统

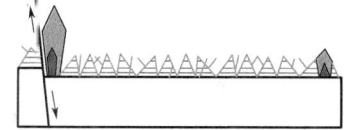

图例 ⬟ 快速生长的他形石英加大 ⬠ 自形石英加大 ▭ 石英颗粒
　　　 ▤ 生长停滞的他形石英加大 △△ 绿泥石膜

图5-5 解释示意模型表征美国墨西哥湾白垩系 Tuscaloosa 组砂岩在热演化中绿泥石膜对后期石英胶结的抑制过程（据 Ajdukiewicz 和 Larese，2012，有修改）

在石英表面与黏土矿物颗粒间成核，开始充填绿泥石膜之间的微孔隙；伴随着温度的进一步升高，石英胶结物的生长会在黏土矿物颗粒边界处停止，只在绿泥石膜不完整处会继续生长进而侵入到主要的粒间孔隙空间。

彩图5-5

2. 伊利石膜

与绿泥石膜对于储层孔隙保存机制得到广泛认同所不同，伊利石膜对于孔隙的保存作用并未引起太多的关注。与孔隙保存机制密切相关的伊利石膜可见于美国莫比尔湾侏罗系 Norphlet 组风成砂岩（Ajdukiewicz 等，2010）、美国西部内陆侏罗系 Nugget/Navajo 组的部分风成砂岩（Ajdukiewicz 和 Larese，2012）、德国北部二叠系风成砂岩（Gaupp，1993）、巴西侏罗系 Sergei 组河流相砂岩（Moraes 和 De Ros，1990）、中东二叠系 Unayzah 组砂岩（Franks 和 Zwingmann，2010）、挪威近海侏罗系 Garn 组砂岩（Storvoll 等，2002）等。

Ajdukiewicz 和 Larese（2012）通过利用水热反应实验来验证 Tuscaloosa 组砂岩中伊利石膜抑制石英胶结作用，并进一步评价这种抑制机制。在实验中将碎屑石英颗粒与表面的伊利石膜分开[图5-6(a)(b)]，将伊利石膜剥离的碎屑石英置于能够发生石英增生的实验条件下24h[图5-6(c)]，实验结束后在石英表面观察到广泛、明显的石英加大现象，而在同样的实验条件下未剥离伊利石膜的样品只能在包膜覆盖不连续的表面观察到石英胶结现象[图5-6(d)]，形成较大的反差对比，从而验证了伊利石膜对石英胶结的抑制作用。Ajdukiewicz 和 Larese（2012）通过对不同黏土矿物产生的实验结果的进一步对比分析表明，在其他条件相同的前提下，伊利石膜抑制较高温度条件下石英增生的效果要弱于绿泥石膜。

值得一提的是，在我国川西地区须家河组四段及松辽盆地南部登娄库组致密砂岩储层中尽管可以观察到很好的伊利石膜保存原生孔隙的现象（孟万斌等，2011；Zhang 等，2015），但由于伊利石膜发育有限，因而这一孔隙保存机制在上述研究地区并不显著。

3. 微晶石英膜

微晶石英膜的存在被认为是深部沉积盆地砂岩中一种抑制石英增生的有效机制，其很难在偏光显微镜下观测到，因而在砂岩成岩作用及孔隙保存研究中极容易被忽视。微晶石

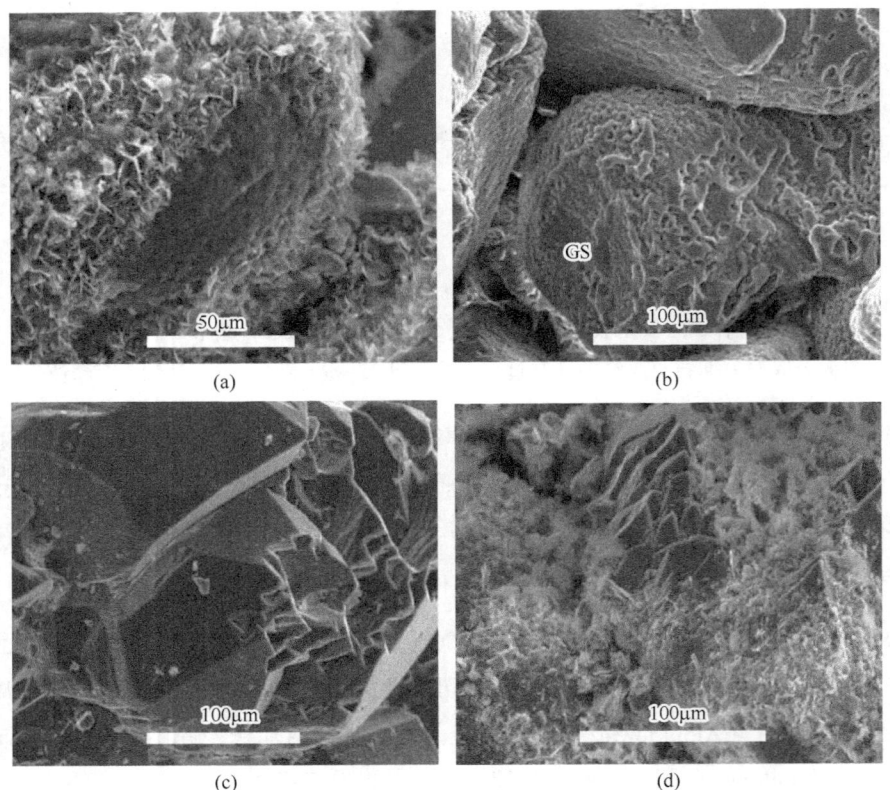

图 5-6 水热反应实验扫描电镜视域下检验伊利石膜对石英胶结的抑制作用
(据 Ajdukiewicz 和 Larese，2012，有修改)

(a) 富含伊利石膜砂岩样品；(b) 将伊利石膜从样品颗粒表面 (GS) 分离开；
(c) 剥离伊利石膜的样品经过 24h 利于石英胶结的实验环境可见明显的石英加大现象；
(d) 未剥离伊利石膜的样品置于同等实验条件下只见局限发育的石英增生现象

英膜通常厚度在 0.1~15μm，微晶石英的 c 轴取向具有随机性（Vagle 等，1994；Haddad 等，2006；Taylor 等，2010；Worden 等，2012）。与之相反的，石英胶结物在晶体学和光学取向上与碎屑石英颗粒具有一致性（Mcbride，1989）。

在北海盆地侏罗系和白垩系砂岩（Aase 等，1996；Ramm 等，1997；Jahren 和 Ramm，2000）、巴西西部泥盆纪砂岩（Lima 和 De Ros，2002）、法国巴黎盆地渐新统 Fontainebleau 组砂岩（French 和 Worden，2013）等均发现微晶石英的存在，且富集微晶石英膜的砂岩较缺乏微晶石英膜的砂岩具有更高的粒间孔隙度和较低的石英胶结物。如在北海南 Viking 地堑侏罗系砂岩中微晶石英膜粒表覆盖率较高的砂岩其石英胶结物体积分数平均为 5%~10%，对应高孔隙度（孔隙度主要介于 20%~30%）砂岩，而在缺乏微晶石英膜发育的砂岩中孔隙度大致在 7% 以下（Maast 等，2011）。砂岩中富含生物硅特别是硅质海绵骨针在浅埋过程中发生溶解被认为是微晶石英形成的最主要来源，此外富硅火山玻璃溶解而产生的过饱和硅可能是微晶石英形成的另一潜在来源（Williams 和 Crerar，1985；Aase 等，1996；Bloch 等，2002；Taylor 等，2010；Maast 等，2011；Worden 等，2012；French 和

Worden，2013）。

电子背散射衍射（EBSD）分析显示微晶石英颗粒较碎屑石英颗粒呈现出多种颜色，能够进一步确认微晶石英与碎屑石英颗粒在晶体光学取向不同［图5-7(a)~(d)；Worden等，

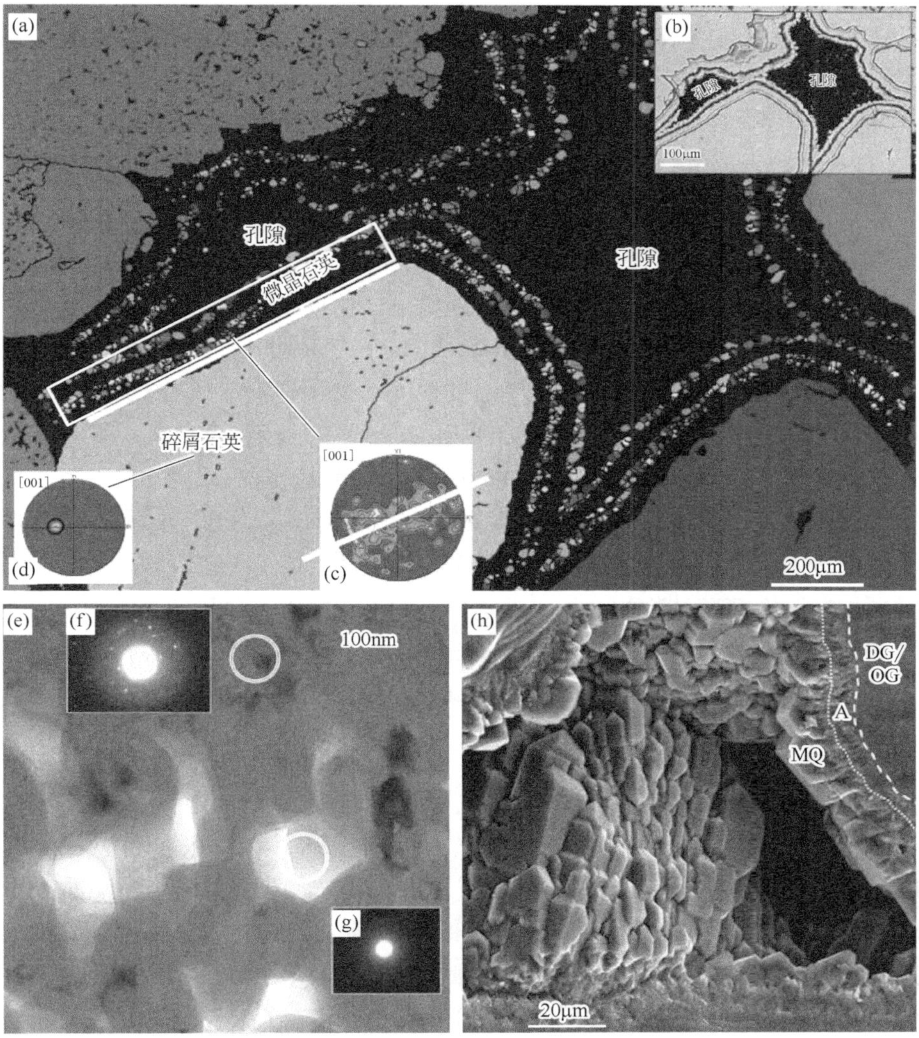

彩图 5-7

图 5-7 微晶石英膜微观镜下特征

（a）EBSD反映石英颗粒与微晶石英不同的取向（据Worden等，2012，有修改）；（b）背散射观察同一视域下的孔隙和微晶石英膜（据Worden等，2012，有修改）；（c）极图反映微晶石英的c轴取向（据Worden等，2012）；（d）石英碎屑颗粒的c轴取向（据Worden等，2012）；（e）透射电子显微镜对微晶石英膜下方的纳米薄层进行进一步观测（据Worden等，2012）；（f）晶体微衍射图样具有一定程度的旋转迹象推测该物质是玉髓（据Worden等，2012）；（g）微衍射图样显示只有发射束（没有衍射强度），作为无定形硅的依据（据Worden等，2012）；（h）高分辨二次电子成像反映配位关系，中间层为包含玉髓在内的无定形硅层（A）、微晶石英膜（MQ）和碎屑石英/石英加大面（DG/OG）（据French和Worden，2013）

2012]。微晶石英的 c 轴取向形成了一个环 [图 5-7(c) 中的白线标明其轨迹],是和碎屑石英颗粒的那个边界平行的,但是这个环有一个变化的范围,大概跟碎屑石英颗粒表面(边界)有±15°的角度(Lander 等,2008;Worden 等,2012),表明微晶石英沿 c 轴且平行于碎屑石英颗粒表面生长,但是微晶石英在碎屑石英颗粒表面分布是随机的,并且绕着它们各自的 c 轴的旋转角度也是随机的。高分辨二次电子成像(SEI)显示德国 Subhercynian 盆地上白垩统 Heidelberg 组砂岩中微晶石英膜厚度约为 $1\mu m$,进一步放大观测倍数可见介于碎屑石英颗粒和微晶石英之间存在一个厚度约 $50\sim100nm$ 的薄层(Worden 等,2012)。通过透射电镜(TEM)和聚焦离子束扫描电镜(FIB-SEM)对这个薄层深入观察发现这一纳米薄层包含共生的玉髓和无定形硅 [图 5-7(e)~(g);Graetsch,1994;Wahl 等,2002;Worden 等,2012]。在无定形硅中存在隐晶质(玉髓)表明由无定形硅至石英形成需要经历一个漫长的过程,而在碎屑石英颗粒与微晶石英之间存在无定形硅说明无定形硅是微晶石英形成的前身 [图 5-7(h);Worden 等,2012;French 和 Worden,2013],这与前人提出的微晶石英的转化过程(A 型蛋白石→CT 型蛋白石→隐晶质石英或玉髓→微晶石英)相吻合(Rimstidt 和 Barnes,1980;Williams 和 Crerar,1985;Williams 等,1985;Worden 等,2012)。Worden 等(2012)进一步提出微晶石英的形成机理,即 SiO_2 浓度的逐渐降低,由最初的无定形硅纳米薄层沿垂直于碎屑石英颗粒表面的方向逐步形成玉髓,进而由玉髓层沿 c 轴取向生成微晶石英。无定形硅、玉髓与微晶石英的集合共同抑制了石英胶结物的生长,无定形硅和玉髓的纳米薄层遮盖了碎屑石英中可以发生石英加大的成核位点,同时平行于碎屑石英颗粒表面的微晶石英又可以阻止向孔隙方向的石英增生(Worden 等,2012),这样的双重作用保证了在深度砂岩储层中粒间孔隙的保存。

二、孔隙流体超压

机械压实作用可使砂体孔隙度由地表初始孔隙度(40%~50%)降为固结作用之时的孔隙度(25%~32%)(Houseknecht,1987;Osborne 和 Swarbrick,1997;Paxton 等,2002),随埋藏深度增加,上覆载荷增加,导致有效压力增加,从而构成了沉积物形成初期最主要的孔隙减少机制。有效压力是砂岩压实作用的一个重要控制因素,而流体超压的发育可以减少垂直有效压力(图 5-8),从而减少粒间以及颗粒与胶结物接触带的负荷来减缓机械压实速率(Taylor 等,2010),从而使砂岩储层的孔隙空间得以保存。流体超压对于孔隙保存作用在快速沉积而形成的新生界等浅部砂岩地层中最为显著(Bloch 等,2002;胡作维等,2012),主要可以总结为三种机制:

(1)流体超压使得在低垂直有效压力环境下压实作用受到抑制,开放性的原生孔隙得以保存;

(2)流体超压可以通过抑制粒间压溶作用的进行来抑制或阻止较为显著的石英胶结作用;

(3)流体超压可能导致潜在的次生孔隙发育,在快速沉降时期超压泄露位置处的压力所产生的垂直流体流动被认为会导致长石溶蚀的产物得以搬运出储层，进而形成次生孔隙。

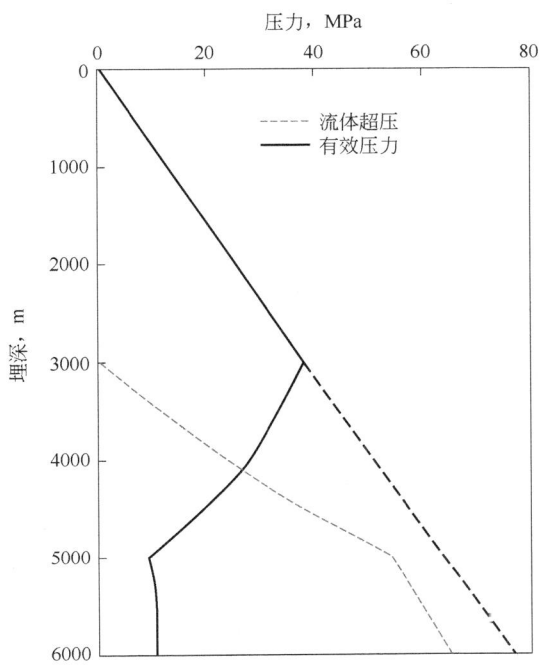

图 5-8　假定的流体压力横断面表征有效压力和流体超压随深度的变化
（据 Bloch 等，2002，有修改）

流体超压发育时间是影响孔隙保存的主要因素，早期超压能够提供一个潜在的孔隙保存深度窗，而晚期超压特别是对应于石英增生显著的地层温度（大于约90℃）时，对孔隙保存的影响要弱得多（Bloch 等，2002；Tauglor 等，2010）。除此之外，对应不同的刚性颗粒与韧性颗粒的相对含量的砂岩组分也影响了孔隙保存。刚性颗粒为主的砂岩可以保存约 6% 的孔隙度，而在韧性颗粒为主的砂岩中孔隙保存程度更高（Bloch 等，2002）。值得指出的是，在许多前新生代盆地中容易受到深部有机和无机反应的影响，如烃类反应或石英胶结等，因而在这种情形下流体超压对于孔隙的保存机制并不显著。

三、与外来盐体有关的热流扰动

与外来盐体有关的热流扰动能够潜在地影响成岩变化（特别是石英胶结）的速率，进而影响孔隙的保存。墨西哥湾 Green Canyon 640 区块的 Tahiti 井，外来盐体厚度约为 3000m，盐下钻遇中新统砂岩（大于 7000m）孔隙度可达 21%~24%，石英胶结物体积分数仅为 1%~2%［图 5-9(a)］；而在墨西哥湾井位相距 200 余千米的 Mississippi Canyon 727 区块的 Poseidon 井无基性盐或盐体厚度较小，其中新统砂岩组分与 Tahiti 井相似，而在相同深度处地温要高 40℃，对应的孔隙度仅为 12%~17%，石英胶结物体积分数为 2%~7%［图 5-9(b)；Taylor 等，2010］。孔隙度的不同主要是由石英胶结物含量所导致

碎屑岩成岩作用（富媒体）

的，是差异性热演化史的结果（Taylor等，2010，2011）。这一现象主要归因于盐体的高热导率[在100℃时约6.0W/(m·K)，远高于泥岩的热导率约1.5W/(m·K)及砂岩的热导率约3.5W/(m·K)]，使得下伏地层的热量能够更快传导到盐体之上的地层（Taylor等，2010）。因而在厚层盐体序列下往往出现温度抑制（相对低温）区（Mello等，1995）。通过对墨西哥湾多口井埋藏热演化史分析，中新统砂岩中有无外来盐体对其影响较为显著。盐体侵位发生在9.4~9.2Ma，在侵位初期古地温呈现出不同的演化路径[图5-9(c)(d)]，其中没有盐体侵位的模型其古地温要高出23℃且孔隙度要低5%~7%[图5-9(e)(f)；Taylor等，2010]。

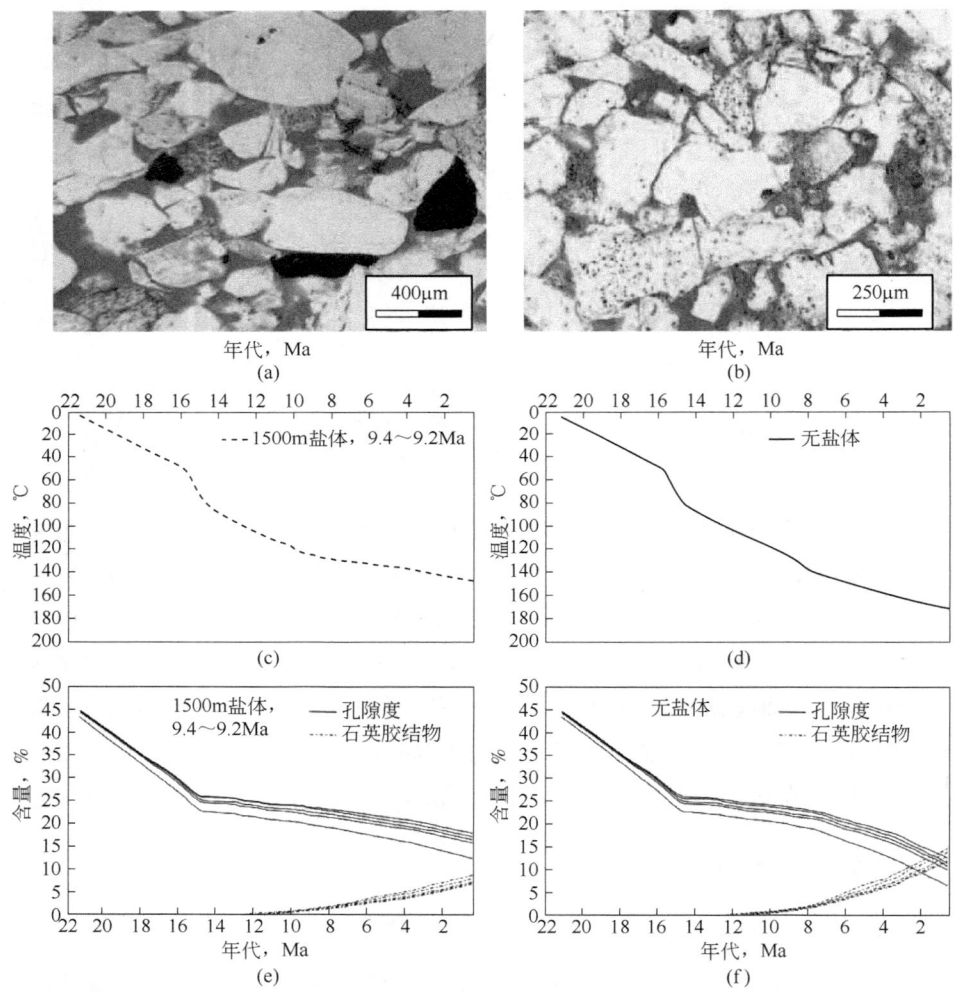

图5-9 外来盐体侵位对石英胶结作用及孔隙保存的影响（据Taylor等，2010，有修改）
(a) 墨西哥湾Tahiti井中新统砂岩，石英胶结物体积分数约1%~2%；(b) 墨西哥湾Poseidon井中新统砂岩，石英胶结物体积分数约2%~7%；(c) 1500m盐体侵位（9.4~9.2Ma）下的中新统砂岩埋藏热演化史模型；(d) 没有盐体侵位的中新统砂岩埋藏热演化史模型；(e) 1500m盐体侵位（9.4~9.2Ma）下的中新统砂岩热演化所对应的孔隙度及石英胶结物含量；(f) 没有盐体侵位的中新统砂岩热演化所对应的孔隙度及石英胶结物含量

除外来盐体的存在与否之外，盐体厚度及盐体侵位时间也同样影响了古地温演化及粒间孔隙的保存。对于盐体侵位时间相同的不同厚度盐体，较厚（3000m）盐体较较薄（1500m）盐体会导致更低的石英增生差值（3%~5%）和更高的粒间孔隙；对于盐体厚度相同（1500m）的情况，盐体侵位时间较早（15.6~14.8Ma）较侵位时间较晚（9.4~9.2Ma）的砂岩有相对较低的石英增生差值（1%~2%）和相对较高的粒间孔隙（Taylor等，2010）。

四、油气充注

早期油气充注最初被多位石油地质学家认为可以有效抑制石英胶结从而很好地保存砂岩原生孔隙，形成了较为统一的认识。在低含水饱和度、束缚水饱和度砂岩中硅扩散路径呈现出更长且曲折的趋势，硅的扩散速率也随含油饱和度的升高和含水饱和度的降低而逐渐减慢（Worden 和 Morad，2000）。早期油气充注在没有其他因素（颗粒包膜、流体超压、盐体侵位、次生孔隙发育）影响的前提下能够抑制砂岩中胶结作用的进行从而有利于孔隙保存，这在澳大利亚西北陆架 Brewster-1 井上侏罗—下白垩统砂岩（Bloch 等，2002）、鄂尔多斯盆地侏罗系和三叠系砂岩（罗静兰等，2006；Luo 等，2009；Xi 等，2019）、北海 Søgne 盆地中侏罗统 Lulita 地区（Carr 和 Petersen，2004）等得以证实。

而与之相反地，油气充注对于孔隙保存机制的反对观点在近年来陆续提出，这些反对观点主要基于纯油层和无油带孔隙减少的差别微乎其微这一认识（Giles 等，1992）。在对北海 Miller 地区侏罗系 Brae 组砂岩成岩作用研究过程中，Marchand 等（2001）提出在结构和组分相似的情况下含油砂岩石英胶结物体积分数平均为 6%，而在含水砂岩中石英胶结物体积分数平均则高达 13.2%。而随后的一些研究工作（Aase 和 Walderhaug，2005；Bonnell 等，2006；Taylor 等，2010）则反驳了这一观点，通过岩心样品的分析测试发现在含油砂岩及含水砂岩中均可见较高含量的石英胶结物，影响孔隙保存的主要因素是微晶石英膜的存在。在石英胶结物中存在含油流体包裹体表明石英胶结作用仍可在许多油气充注砂岩中持续进行（Walderhaug，1990，1994；Saigal 等，1992；Midtbø 等，2000；Aase 和 Walderhaug，2005）。

对于油气充注历史、岩石结构及组分、烃类类型及饱和度、岩石润湿性、石英胶结形成时期、烃源岩成熟度等因素很难协同考量（Bloch 等，2002；Taylor 等，2010），就目前而言，很难明确限定油气侵位对砂岩胶结作用及孔隙演化的影响程度，需要对特定研究区的砂岩储层的孔隙保存情况进行更为严格的评价。

五、孔隙保存机制研究趋势与展望

随着分析技术的革新和成岩数值模拟等新技术的应用，为区域上预测异常高孔隙度的砂岩储层提供了较为可行的思路。提高预测的可靠性，有助于更好地构建含油气盆地砂岩储层粒间孔隙保存机制理论和预测方法，对于油气富集机理的认识和成藏理论的完善具有重要的科学意义，可为（深层）砂岩油气藏高效勘探开发提供理论指导。结合前人的研究工作，粒间孔隙保存机制研究需要在以下几个方面开展进一步的探索。

（1）绿泥石膜对砂岩储层质量的影响到底是积极作用、复合作用，还是无作用，需要考虑和甄别。对绿泥石膜的预测和模拟仍是一个难点，尽管已有部分研究尝试用沉积环境来开展初步预测（Zhang 等，2015），但值得指出的是这必须建立在绿泥石是由非绿泥石源物质经埋藏成岩转化而来这一基础之上（Dowey 等，2012）。不同产状的绿泥石膜的时空分布规律及其形成模式仍有待进一步探究。而伊利石膜的成因机制及分布规律应开展更为系统的研究，其对砂岩储层孔隙保存的影响也需要更为深入的认识。发展成岩响应特征模拟技术，如开发实现黏土矿物颗粒包膜对储层质量的影响等响应的模块，是储层成岩数值模拟技术未来攻关的一个主要方面（张金亮等，2013；林承焰等，2017）。

（2）对于微晶石英形成所需的无定形硅，其可能为生物成因，也可能为非生物成因，其成因机制也有待更深入研究，特别是对于生物成因的无定形硅的预测受控于层序、沉积古环境和古纬度，是建立微晶石英膜识别模型的基础（Worden 等，2012），这也需要更深入的研究，来更好识别和预测微晶石英膜发育的孔隙保存层位。

（3）现有的流体超压识别技术尚未成熟。例如反射地震资料分析等识别方法建立在不均衡压实认识基础上，然而这一识别技术方法无法运用于流体超压发育在正常压实作用之后的情形（Bloch 等，2002）。同时，流体超压的发育可能伴随蒙皂石伊利石化、生烃、石油裂解等因素干扰（Bloch 等，2002），这也导致流体超压的预测模拟仍处于研究探索阶段。

（4）油气侵位对孔隙保存的影响及效果仍然存在较大的争议（Taylor 等，2010；Sathar 等，2012；Worden 等，2018），其保存机制有待进一步剖析和更多岩心分析测试资料的佐证。

（5）对于存在多因素共同影响储层质量时，孔隙保存机制研究也变得更为复杂，增加了数值模拟和分析预测的难度和挑战，需要更有说服力的例证来支撑（张鹏辉等，2019）。因而，孔隙度演化模拟技术会成为重要的技术攻关方向，这对于重塑砂岩储层的形成演化过程及探索油气富集规律具有重要意义。

第三节　碎屑岩储层质量

碎屑岩油气勘探工作的成功在很大程度上取决于能否找到具有较好孔隙度和渗透率的砂岩储层，以支持商业开发（Taylor 等，2010）。储层质量的准确预测是油气勘探和开发的关键挑战（Kupecz 等，1997）。从地质角度看，孔隙类型和孔隙—流体相互作用是决定储层系统特征的最重要因素。储层孔隙度、渗透率、厚度和横向分布的相互关系决定了储层系统的质量。尽管储层质量预测在大量优质数据的情况下最为有效，但仍然可以从非常有限的数据中做出有用的预测。从勘探钻井前到油气发现、评价和开发期间以及整个储层开发管理过程中，必须不断完善对储层质量的正确评价。评估经历过复杂成岩改造的砂岩储层的储层质量风险，仍然是石油地质学家面临的主要挑战。在勘探阶段，储层质量评价的主要挑战是评估和预测储层岩相、几何结构及其分布，用于油气储量计算的储层孔隙度和渗透率、地震特征，以及油气运移路径（Kupecz 等，1997）。在评估、规划和开发阶段，有必要了解和预测储层孔隙度、渗透率和储层分布，以便确定开发井的位置和最佳数量，以及估计含油气孔隙体积、可采储量和开发效率等（Sneider，1990）。通过了解对储层非均质性程度和流动单元分布的控制，可以更准确地理解和预测井间连通性和流体流动路径（Stoudt 和 Harris，1995；Tinker，1996）。此外，量化有效应力、温度和热史条件，以及沉积岩从沉积到埋藏和隆起演化的流体组成，对于实现整体理解和对储层质量做出可信的预测也是至关重要的。

从实用角度来看，储层质量预测技术都必须满足若干标准（Bloch 和 Helmold，1995）：（1）必须从有限数量的钻前评估的输入参数中获得足够的精度；（2）必须能够对不同地质环境中出现的各种岩性进行预测；（3）渗透率应独立于孔隙度进行预测，以减少误差幅度；（4）尽管目前对孔隙度保存、破坏和增加过程的理解有限，但储层质量预测模型应至少隐含地说明沉积物埋藏过程中发生的最重要过程；（5）出于开发和勘探目的，该方法应适用于储层规模、区域规模和亚盆地规模，盆地规模的储层质量预测适用于盆地建模，但并不适用于特定目标的钻探；（6）该技术应具有灵活性，可将其与其他方法一起综合考虑，仍可实现合理的预测精度。在温度和有效应力随时间变化而变化的条件下，砂岩成分、结构和流体化学性质等因素的复杂相互作用影响了储层的孔渗特征（Taylor 等，2010）。量化有效应力、温度和热史条件以及沉积岩从沉积到埋藏和隆起演化的流体组成，对于实现整体理解和对储层质量做出可信的预测也是至关重要的（Worden 等，2018）。

近年来，在常规储层砂岩中储层质量的预测方法已经得到初步的发展（Moraes 和 Surdam，1993；Worden 等 2000；Gier 等，2008；Morad 等，2010；Jardim 等，2011），并在国内外众多沉积盆地的油气勘探中得以广泛应用。含油气盆地深层—超深层是全球油气勘探的"三新"领域之一，是全球关注的重点，其中，整体低渗—致密背景下相对高孔/高渗的优质储层是深层—超深层勘探的甜点，含油气盆地深层—超深层（深度为4~8km）碎屑岩仍可发育原生孔隙主导型、次生孔隙主导型、孔—缝复合型和裂缝主导型优质储层（Dutton 等，2010；Zou 等，2013；孙龙德等，2013；贾承造和庞雄奇，2015；Pang 等，2020；李阳等，2020；操应长等，2022）。尽管目前对于深部致密砂岩储层质量的预测报道很少，但多数常规储层砂岩中储层质量的预测方法也可以运用到致密气砂岩中来预测甜点（Tobin 等，2010；Ozkan 等，2011）。虽然在总体上，深部致密砂岩往往显示出较差的储层质量，但其孔隙系统较大的差异性仍然可以用于估算和评价储层质量的演化。

一、储层质量控制因素：沉积、早期成岩和晚期成岩过程相互作用

深部砂岩的储层质量是沉积、浅埋成岩和深埋成岩过程的累积产物（Ajdukiewicz 和

Lander，2010）。每个阶段所对应的岩性属性强烈影响了随后的孔隙系统演化。物源、搬运和沉积环境决定了初始沉积物结构、成分、孔隙度和渗透率。这些沉积特征随着早期压实变化而演变，并与浅层地下水系统相互作用，以控制流体通量和地球化学反应，影响早期成岩属性的类型和丰度。沉积和早期成岩属性的组合可以显著影响深埋成岩路径。

此外，将成岩过程的类型和分布与砂岩储层的沉积相和层序地层格架关联起来，为预测影响储层质量和非均质性特征的成岩演化分布提供了有力工具（Morad 等，2010）。成岩演化路径的变化与多种因素相关，包括沉积相、砂岩组分、沉积速率以及盆地埋藏热史等。其中，沉积相控制了砂岩的原生孔隙度和渗透率，砂体几何形状、泥砂比和结构，以及孔隙水的化学性质和浅部的早期成岩作用（Morad 等，2000）。同时，将成岩作用与层序地层学联系起来是可能的，因为控制层序地层格架的参数主要包括相对海平面的变化率（构造沉降/隆起与海平面升降之间的相互作用）与沉积速率的对比（Van Wagoner 等，1990；Posamenier 和 Allen，1999），而孔隙水化学性质、滞留时间、骨架颗粒组分的差异、沉积物中有机质含量等参数在海侵和海退中的变化也对浅部沉积物的成岩演化产生深远影响。因此，从层序地层分析中提取有关这些参数中有价值的信息，有助于限定在层序界面框架下的砂岩成岩作用及其储层质量演化（图 5-10）。

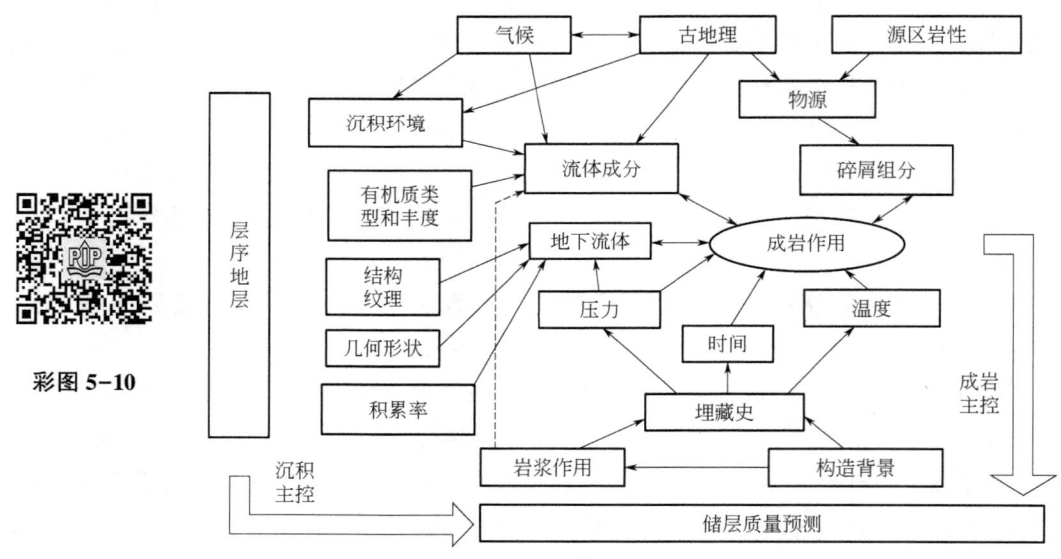

彩图 5-10

图 5-10　控制碎屑岩储层成岩作用的各种复杂因素（据 Morad 等，2012，有修改）
层序地层学可以提供有关沉积环境、构造、结构和成分的有用信息，
这些信息会直接控制成岩过程和模式

二、砂岩储层质量预测的分析技术

储层质量通常首先使用常规技术，如地震解释、测井和岩心分析，而不考虑储层类型（图 5-11）。基于沉积学的岩心描述，以揭示岩石类型、岩相、沉积结构和构造，以及宏

孔隙。此外，对于化石类型和丰度的应用（遗迹学）也越来越重视，以帮助更好地揭示沉积环境以及生物扰动对储层质量的影响。

结合岩石组构和成岩史，可利用多种岩石学技术来描述砂岩特征并辅助理解岩心分析测试数据（Worden 等，2018）。标准岩石学技术包括透射和反射光显微成像、扫描电镜二次电子成像、抛光片的扫描电镜背散射成像（BSEM）、阴极发光技术，以及使用能谱仪（EDS）对感兴趣部位的化学成分进行点分析。碎屑重矿物的光学和成分分析已被用作物源分析的工具，而成岩胶结物的微量元素分析已被用于确定胶结物的来源，并解释地层水的来源和迁移（Kraishan 等，2000）。使用 X 射线衍射和红外技术进行砂岩岩屑和岩心样品的矿物学分析（以给出成分矿物的比例），可作为岩相显微成像计点的辅助方法。新一代集成 SEM-EDS 工具，如 QEMSCAN 或 TIMA 等，也可以实现自动矿物识别和定量信息，并给出了有关孔隙率及其分布。一些地球化学技术如流体包裹体技术的均一化测温揭示圈闭温度，C 和 O 稳定同位素来限定碳酸盐胶结物的来源、时间和条件；此外，还包括放射性成因同位素分析（例如 $^{87}Sr/^{86}Sr$）来分析碳酸盐胶结物的时间和来源等（John，2015；King 和 Goldstein，2016）。

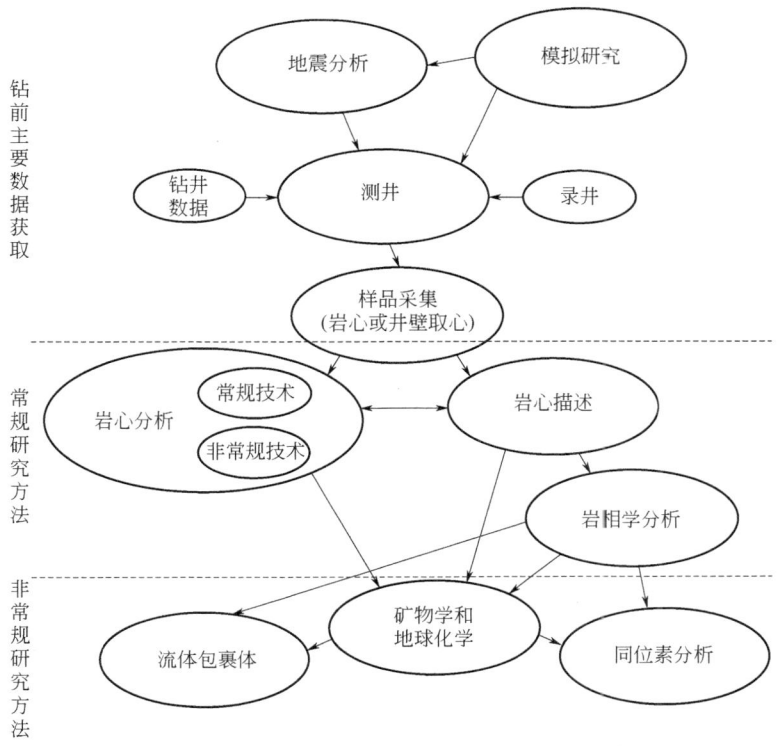

图 5-11　碎屑岩储层质量研究中可利用的技术和数据类型（据 Worden 等，2018，有修改）

三、砂岩储层质量模型概念

储层质量受相互依存的沉积和成岩因素控制，包括沉积物源、沉积环境、风化和气候条件、压实、重结晶和溶解、自生矿物生长、石油充注、埋藏深度、加热程度和速率、流体压力、有效应力和结构变形等（Morad 等，2012）。考虑这些沉积和埋藏史特征的面向过程的成岩模型可以为储层质量控制提供更深入的见解，同时也可能成为预测的有力工具（Worden 等，2018）。

20 世纪 80 年代流行的早期砂岩储层质量模型概念认为：（1）孔隙度随深度的减少程度受压实作用的影响，与粒间石英压溶作用及对应的石英胶结作用有关；（2）深层孔隙则主要是由于不稳定颗粒或早期非石英胶结物与迁移的有机酸相互作用而溶解形成的（Taylor 等，2010）。

基于世界各地数千个储层的岩相观察，形成了目前更切合实际地质条件的砂岩储层质量模型认识：（1）常规砂岩储层中的大多数深部孔隙度主要为原生孔隙度，而最大孔隙度往往对应于压实作用和石英胶结作用最为有限的区域；（2）大多数深层石英胶结物是在与埋藏温度相关的缓慢连续过程中形成的，而并不与原位颗粒间压溶作用或幕式流体通量相关（Ajdukiewicz 和 Lander，2010）。

然而，由于一些尚未解决的争议，阻碍了普遍接受的储层质量预测模型和方法的开发，并因此出现了包括石油充注对矿物生长的影响、有效应力或温度是否控制压溶（化学压实），以及储层成岩过程中开放与封闭体系等尚未解决的问题。

四、储层质量预测趋势

未来，碎屑岩储层质量预测模型可能会扩展到考虑除成岩过程外其他因素的影响，可与沉积模式相联系，也可与岩石物理和地层的地球物理特征以及地质力学模型相结合，并应用于致密砂岩的勘探和开发（Ajdukiewicz 和 Lander，2010）。

1. 现有储层质量预测模型的持续改进

砂岩压实和石英胶结的正演数值模拟（如 Touchstone 软件）与盆地模拟得出的热史和应力史相关，代表了定量孔隙度和渗透率预测的最新技术（Taylor 等，2010）。这种正演数值模拟模型与现有反应输运模型相比的主要区别在于：（1）将更复杂的压实作用、石英胶结、纤维状伊利石形成、孔隙度和渗透率模型与储层质量模型相结合；（2）使用地质数据集而不是实验室数据来约束反应动力学；（3）更加强调不仅可预测矿物成分，而且可预测砂岩结构以及这种结构对反应表面和岩石性质的影响。

此外，未来的模型应考虑基于目前的反应输运模型，纳入对岩石微观结构、几何结构和矿物表面性质更为定量的处理（Lasaga 和 Lüttge，2003，2004）。尽管这些模型必须以数学为基础，并且需要应用超级计算机，但使用现有和新的岩石学、地球化学和岩石物理技术得出的实际和实验岩石数据对于校准和验证至关重要（Ullo，2008）。

2. 预测砂岩空间分布、结构和骨架颗粒组分模型的改进

砂岩沉积成分和结构是当前成岩作用和储层质量模型的重要输入参数。因此，广义上

的储层质量预测模型应包括控制沉积期岩性特征的过程。正向沉积模型为预测砂岩的空间分布和结构特征提供了严格的手段（Granjeon 和 Joseph，1999；Griffiths 等，2001；Sømme 等，2009）。然而，目前这类模型的一个缺点是仍不能在成岩建模所需的细节水平上预测骨架颗粒组成和结构特征。解决这一问题的一个潜在手段是借鉴 Heins 和 Kairo（2007）提出的研究思路，根据沉积物源、气候、运输距离和其他因素来预测骨架颗粒组分的方法纳入沉积模型中。

3. 利用储层质量模型预测作为岩石物理和油层物理模型的输入

综合储层质量/岩石性质模型能够预测测井和地震属性，可为改善储层特征提供重要手段。此外，这种模型可以提供一种通过地史重建地质力学性质的独特方法。砂岩储层的现今特征可能与储层变形期间的岩石特征有很大不同。因此，综合储层质量和岩石性质模型可以很好地限定地质力学模型的输入参数，以预测断层或天然裂缝特征（Laubach 等，2009）。

4. 储层质量模型在非常规储层中的应用

一些针对常规储层质量预测开发的方法和工具可扩展到与非常规储层孔隙度和水力压裂行为相关的甜点预测。此外，该建模方法提供了一种方法，通过重建油气侵入时的储层性质，提高对致密气藏中含油气系统的相关理解（Tobin 等，2010）。

5. 地震成岩研究可能会进一步推动对储层质量的理解

随着对早期成岩作用认识的提高，时间作为成岩作用关键控制因素的重要性已变得明显（Coleman et al，1979），这为将早期成岩过程置于层序地层框架中提供了可能。由于早期成岩作用受到停留时间的强烈影响，确定沉积物层序地层特征（绝对海平面、气候、沉积速率、沉降速率）必须控制早期成岩组合及其发育程度（Worden 和 Burley，2003）。这可能使从地震数据中识别"成岩相"成为可能。由于地震地层学正在向地震沉积学发展，地震采集、成像和反演技术的显著改进，以及岩石物理的进一步发展，岩性、孔隙度和成岩相的区域制图将成为可能（Dvorkin 等，2002）。

参考文献

白斌，朱如凯，吴松涛，等，2014. 非常规油气致密储层微观孔喉结构表征新技术及意义. 中国石油勘探，19（3）：78-86.

操应长，远光辉，杨海军，等，2022. 含油气盆地深层—超深层碎屑岩油气勘探现状与优质储层成因研究进展. 石油学报，43（1）：112-140.

陈欢庆，曹晨，梁淑贤，等，2013. 储层孔隙结构研究进展. 天然气地球科学，24（2）：227-237.

崔勇，赵澄林，2002. 深层砂岩次生孔隙的成因及其与异常超压泄漏的关系：以黄骅坳陷板桥凹陷板中地区滨Ⅳ油组为例. 成都理工学院学院，29（1）：49-52.

丁晓琪，张哨楠，葛鹏莉，等，2010. 鄂南延长组绿泥石环边与储集性能关系研究. 高校地质学报，16

(2): 247-254.

高辉, 解伟, 杨建鹏, 等, 2011. 基于恒速压汞技术的特低—超低渗砂岩储层微观孔喉特征. 石油实验地质, 33 (2): 206-211, 214.

胡作维, 李云, 黄思静, 等, 2012. 砂岩储层中原生孔隙的破坏与保存机制研究进展. 地球科学进展, 27 (1): 14-25.

黄思静, 谢连文, 张萌, 等, 2004. 中国三叠系陆相砂岩中自生绿泥石的形成机制及其与储层孔隙保存的关系. 成都理工大学学报 (自然科学版), 31 (3): 273-281.

纪友亮, 2015. 油气储层地质学. 北京: 石油工业出版社.

贾承造, 庞雄奇, 2015. 深层油气地质理论研究进展与主要发展方向. 石油学报, 36 (12): 1457-1469.

李阳, 薛兆杰, 程喆, 等, 2020. 中国深层油气勘探开发进展与发展方向. 中国石油勘探, 25 (1): 45-57.

林承焰, 王文广, 董春梅, 等, 2017. 储层成岩数值模拟研究现状及进展. 中国矿业大学学报, 46 (5): 1084-1101.

柳广弟, 2018. 石油地质学. 5版. 北京: 石油工业出版社.

罗静兰, 刘小洪, 张三, 等, 2006. 成岩作用与油气侵位对鄂尔多斯盆地延长组砂岩储层物性的影响. 地质学报, 80 (5): 664-673.

孟万斌, 吕正祥, 冯明石, 等, 2011. 致密砂岩自生伊利石的成因及其对相对优质储层发育的影响: 以川西地区须四段储层为例. 石油学报, 32 (5): 783-790.

孙龙德, 邹才能, 朱如凯, 等, 2013. 中国深层油气形成、分布与潜力分析. 石油勘探与开发, 40 (6): 641-649.

田建锋, 陈振林, 凡元芳, 等, 2008. 砂岩中自生绿泥石的产状、形成机制及其分布规律. 矿物岩石地球化学通报, 27 (2): 200-205.

吴胜和, 岳大力, 蒋裕强, 2021. 油矿地质学. 5版. 北京: 石油工业出版社.

姚泾利, 王琪, 张瑞, 等, 2011. 鄂尔多斯盆地华庆地区延长组长6砂岩绿泥石膜的形成机理及其环境指示意义. 沉积学报, 29 (1): 72-29.

张金亮, 张鹏辉, 谢俊, 等, 2013. 碎屑岩储集层成岩作用研究进展与展望. 地球科学进展, 28 (9): 957-967.

张鹏辉, Lee Y I, 张金亮, 等, 2019. 砂岩储集层粒间孔隙保存机制. 天然气工业, 39 (7): 31-40.

周勇, 徐黎明, 纪友亮, 等, 2017. 致密砂岩相对高渗储层特征及分布控制因素研究: 以鄂尔多斯盆地陇东地区延长组长8_2为例. 中国矿业大学学报, 46 (1): 106-120.

朱如凯, 吴松涛, 苏玲, 等, 2016. 中国致密储层孔隙结构表征需注意的问题及未来发展方向. 石油学报, 37 (11): 1323-1336.

朱如凯, 邹才能, 吴松涛, 等, 2019. 中国陆相致密油形成机理与富集规律. 石油与天然气地质, 40 (6): 1168-1184.

邹才能, 杨智, 陶士振, 等, 2012. 纳米油气与源储共生型油气聚集. 石油勘探与开发, 39 (1): 13-26.

Aagaard P, Jahren J S, Harstad A O, et al, 2000. Formation of grain-coating chlorite in sandstones: laboratory-synthesized versus natural occurrences. Clay Minerals, 35: 261-269.

Aase N E, Bjørkum P A, Nadeau P H, 1996. The effect of grain-coating microquartz on preservation of reservoir porosity. AAPG Bulletin, 80: 1654-1673.

第五章 碎屑岩成岩作用与孔隙系统

Aase N E, Walderhaug O, 2005. The effect of hydrocarbons on quartz cementation: diagenesis in the Upper Jurassic sandstones of the Miller Field, North Sea. Petroleum Geoscience, 11: 215-223.

Ajdukiewicz J M, Lander R H, 2010. Sandstone reservoir quality prediction: the state of the art. AAPG Bulletin, 94: 1083-1091.

Ajdukiewicz J M, Nicholson P H, Esch W L, 2010. Prediction of deep reservoir quality using early diagenetic process models in the Jurassic Norphlet Formation, Gulf of Mexico. AAPG Bulletin, 94 (8): 1189-1227.

Ajdukiewicz J M, Larese R E, 2012. How clay grain coats inhibit quartz cement and preserve porosity in deeply buried sandstones: observations and experiments. AAPG Bulletin, 96 (11): 2091-2119.

Barclay S A, Worden R H, 2000. Effects of reservoir wettability on quartz cementation in oil fields // Worden R H, Morad S. Quartz cementation in sandstones. Oxford: International Association of Sedimentologists Special Publication 29.

Becker S P, Eichhubl P, Laubach S E, et al, 2010. A 48 m. y. history of fracture opening, temperature, and fluid pressure: Cretaceous Travis Peak Formation, East Texas Basin. Geological Society of America Bulletin, 122: 1081-1093.

Berger A, Gier S, Krois P, 2009. Porosity-preserving chlorite cements in shallow-marine volcaniclastic sandstones: evidence from Cretaceous sandstones of the Sawan gas field, Pakistan. AAPG Bulletin, 93 (5): 595-615.

Bjørlykke K, Egeberg P K, 1993. Quartz cementation in sedimentary basins. AAPG Bulletin, 77: 1538-1548.

Blackbourn G A, 2012. Cores and Core Logging for Geoscientists. 2nd ed. Dunbeath: Whittles Publishing.

Bloch S, Helmold K P, 1995. Approaches to predicting reservoir quality in sandstones. AAPG Bulletin, 79 (1): 97-115.

Bloch S, Lander R H, Bonnell L, 2002. Anomalously high porosity and permeability in deeply buried sandstone reservoirs: origin and predictability. AAPG Bulletin, 86 (2): 301-328.

Bonnell L, Larese R E, Lander R H, 2006. Hydrocarbon versus microquartz inhibition of quartz cementation in North Sea sandstones: empirical and experimental evidence. Houston: Annual AAPG Convention.

Carr A D, Petersen H I, 2004. Modelling of the hydrocarbon generation history and volumetric considerations of the coal-sourced Lulita Field, Danish North Sea. Petroleum Geoscience, 10: 107-119.

Coleman M L, Curtis CD, Irwin H, 1979. Burial rate: a key to source and reservoir potential. World Oil, 188, 83-92.

Dixon S A, Summers D M, Surdam R C, 1989. Diagenesis and preservation of Porosity in the Norphlet Formation (Upper Jurassic), southern Alabama. AAPG Bulletin, 73: 707-728.

Dowey P J, Hodgson D M, Worden R H, 2012. Pre-requisites, processes, and prediction of chlorite grain coatings in petroleum reservoirs: a review of subsurface examples. Marine and Petroleum Geology, 32: 63-75.

Dvorkin J, Gutierrez M A, Nur A, 2002. On the universality of diagenetic trends. The Leading Edge, 21 (1): 40-43.

Ehrenberg S N, 1993. Preservation of anomalously high porosity in deeply buried sandstones by grain-coating chlorite: examples from theNorwegian continental shelf. AAPG Bulletin, 77 (7): 1260-1286.

Franks S G, Zwingmann H, 2010. Origin and timing of late diagenetic illite in the Permian-Carboniferous Unayzah sandstone reservoirs of Saudi Arabia. AAPG Bulletin, 94: 1133-1159.

French M W, Worden R H, 2013. Orientation of microcrystalline quartz in the Fontainebleau Formation, Paris Basin and why it preserves porosity. Sedimentary Geology, 284-285: 149-158.

Gaupp R, Matter A, Ramseyer K, et al, 1993. Diagenesis and fluid evolution of deeply buried Permian (Rotliegendes) gas reservoirs, northwest Germany. AAPG Bulletin, 77: 1111-1128.

Giles M R, de Boer R B, 1990. Origin and significance of redistributional secondary porosity. Marine and Petroleum Geology, 7 (4): 378-397.

Giles M R, Indrelid S L, Beynon G V, et al, 2000. The origin of large-scale quartz cementation: evidence for large data sets and coupled heat-fluid mass transport modeling//Worden R H, Morad S. Quartz cementation in sandstones. Oxford: International Association of Sedimentologists Special Publication 29.

Graetsch H, 1994. Structural characteristics of opaline and microcrystalline silica minerals. Reviews in Mineralogy & Geochemisrty, 29: 209-232.

Granjeon D, Joseph P, 1999. Concepts and applications of a 3-D multiple lithology, diffusive model in stratigraphic modeling//Harbaugh J W. Numerical experiments in stratigraphy: recent advances in stratigraphic and computer simulations. SEPM Special Publication 62.

Griffiths C M, Dyt C, Paraschivoiu E, et al, 2001. Sedsim in hydrocarbon exploration//Merriam D, Davis J C. Geologic modeling and simulation. New York, Kluwer Academic.

Haddad S C, Worden R H, Prior D J, et al, 2006. Quartz cement in the Fontainebleau sandstone, Paris basin, France: crystallography and implications for mechanisms of cement growth. Journal of Sedimentary Research, 7: 244-256.

Heald M T, Larese R E, 1974. Influence of coatings on quartz cementation. Journal of Sedimentary Petrology, 44: 1269-1274.

Heins W A, Kairo S, 2007. Predicting sand character with integrated genetic analysis. Geological Society of America Special Paper, 420: 345-379.

Hillier S, Fallick A E, Matter A, 1996. Origin of porelining chlorite in the eolian Rotliegend of northern Germany. Clay Minerals, 31: 153-173.

Houseknecht D W, 1987. Assessing the relative importance of compaction processes and cementation to reduction of porosity in sandstones. AAPG Bulletin, 71: 633-642.

Jahren J, Ramm M, 2000. The porosity-preserving effects of microcrystalline quartz coatings in arenitic sandstones: examples from the Norwegian continental shelf//Worden R H, Morad S. Quartz cementation in sandstones. Oxford: International Association of Sedimentologists Special Publication 29.

John C M, 2015. Burial estimates constrained by clumped isotope thermometry: example of the Lower Cretaceous Qishn Formation (Haushi-Huqf High, Oman)//Armitage P J, Butcher A. Reservoir quality of clastic and carbonate rocks: analysis, modelling and prediction. Geological Society, London, Special Publications 435.

King B, Goldstein R H, 2016. History of hydrothermal fluid flow in the midcontinent, USA: the relationship between inverted thermal structure, unconformities and porosity distribution//Armitage P J, Butcher A. Reservoir quality of clastic and carbonate rocks: analysis, modelling and prediction. Geological Society, London, Special Publications, 435.

Kraishan, G M, Rezaee M R, Worden R H, 2000. Significance of trace element composition of quartz cement as a key to reveal the origin of silica in sandstones: an example from the Cretaceous of the Barrow sub-basin,

Western Australia // Worden R H, Morad S. Quartz cementation in sandstones. International Association of Sedimentologists, Special Publications, 29.

Kugler R L, McHugh A, 1990. Regional diagenetic variation in Norphlet sandstone: implications for reservoir quality and origin of porosity. Transactions of the Gulf Coast Association of Geological Societies, 40: 411-423.

Kupecz J A, Gluyas J, Bloch S, 1997. Reservoir Quality Prediction in Sandstones and Carbonates: An Overview // Kupecz J A, Gluyas J, Bloch S. Reservoir quality prediction in sandstones and carbonates, AAPG Memoir 69.

Lai J, Wang G, Wang Z, et al, 2018. A review on pore structure characterization in tight sandstones. Earth-Science Reviews, 177: 436-457.

Lander R H, Larese R E, Bonnell L M, 2008. Toward more accurate quartz cement models: the importance of euhedral versus noneuhedral growth rates. AAPG Bulletin, 92: 1537-1563.

Lasaga A C, Lüttge A, 2003. A model for crystal dissolution. European Journal of Mineralogy, 15 (4): 603-615.

Lasaga A C, Lüttge A, 2004. Mineralogical approaches to fundamental crystal dissolution kinetics. American Mineralogist, 89 (4): 527-540.

Lima R D, De Ros L R, 2002. The role of depositional setting and diagenesis on the reservoir quality of Devonian sandstones from the Solimões Basin, Brazil Amazonia. Marine and Petroleum Geology, 19: 1047-1071.

Line L H, Jahren J, Hellevang H, 2018. Mechanical compaction in chlorite-coated sandstone reservoirs-Examples from Middle-Late Triassic channels in the southwestern Barents Sea. Marine and Petroleum Geology, 96: 348-370.

Luo J L, Morad S, Salem A, et al, 2009. Impact of diagenesis on reservoir-quality evolution in fluvial and lacustrine-deltaic and Triassic sandstones from the Ordos Basin, China. Journal of Petroleum Geology, 32 (1): 79-102.

Maast T E, Jahren J, Bjørlykke K, 2011. Diagenetic controls on reservoir quality in Middle to Upper Jurassic sandstones in the South Viking Graben, North Sea. AAPG Bulletin, 95 (11): 1937-1958.

Marchand A M E, Haszeldine R S, Smalley P C, et al, 2001. Evidence for reduced quartz cementation rates in oil-filled sandstones. Geology, 29: 915-918.

Mcbride E F, 1989. Quartz cement in sandstones: a review. Earth-Science Reviews, 26: 69-112.

Mello U T, Karner G D, Anderson R N, 1995. Role of salt in retraining the maturation of subsalt source rocks. Marine and Petroleum Geology, 12: 697-716.

Midtbø R E A, Rykkje J M, Ramm M, 2000. Deep burial diagenesis and reservoir quality along the eastern flank of the Viking Graben. Evidence for illitization and quartz cementation after hydrocarbon emplacement. Clay Minerals, 35: 227-237.

Morad S, Al-Ramadan K, Ketzer J M, et al, 2010. The impact of diagenesis on the heterogeneity of sandstone reservoirs: a review of the role of depositional facies and sequence stratigraphy. AAPG Bulletin, 94: 1267-1309.

Morad S, Ketzer J M, De Ros F, 2000. Spatial and temporal distribution of diagenetic alterations in siliciclastic rocks: implications for mass transfer in sedimentary basins. Sedimentology, 47, 95-120.

Morad S, Ketzer J M, De Ros L F, 2013. Linking diagenesis to sequence stratigraphy: An integrated tool for understanding and predicting reservoir quality distribution. Linking Diagenesis to Sequence Stratigraphy, 1-36.

碎屑岩成岩作用（富媒体）

Moraes M A S, De Ros L F, 1990. Infiltrated clays in fluvial Jurassic sandstones of Reconcavo Basin, northeastern Brazil. Journal of Sedimentary Petrology, 60: 809-819.

Nelson P H, 2009. Pore-throat sizes in sandstones, tight sandstones, and shales. AAPG Bulletin, 93 (3): 329-340.

Nguyen B T T, Jones S J, Goulty N R, et al, 2013. The role of fluid pressure and diagenetic cements for porosity preservation in Triassic fluvial reservoirs of the Central Graben, North Sea. AAPG Bulletin, 97 (8): 1273-1302.

Osborne M J, Swarbrick R E, 1997. Mechanisms for generating overpressure in sedimentary basins: a reevaluation. AAPG Bulletin, 81: 1023-1041.

Osborne M J, Swarbrick R E, 1999. Diagenesis in North Sea HPHT clastic reservoirs: consequences for porosity and overpressure prediction. Marine and Petroleum Geology, 16: 337-353.

Ozkan A, Cumella S P, Milliken K L, et al, 2011. Prediction of lithofacies and reservoir quality using well logs, Late Cretaceous Williams Fork Formation, Mamm Creek field, Piceance Basin, Colorado. AAPG Bulletin, 95 (10): 1699-1723.

Pang X, Jiang C, Zhang K, et al, 2020. The dead line for oil and gas and implication for fossil resource prediction. Earth System Science Data, 12: 577-590.

Paxton S T, Szabo J O, Ajdukiewicz J M, et al, 2002. Construction of an intergranular volume compaction curve for evaluating and predicting compaction and porosity loss in rigid-grain sandstone reservoirs. AAPG Bulletin, 86: 2047-2067.

Pittman E D, Larese R E, Heald M T, 1992. Clay coats: occurrence and relevance to preservation of porosity in sandstones//Housekenecht D W, Pittman E D. Origin, diagenesis, and petrophysics of clay minerals in sandstones. Tulsa: SEPM Sepical Publication Special Publication 47.

Posamentier H W, Allen G P, 1999. Siliciclastic sequence stratigraphy: concepts and applications. SEPM Society of Economic Paleontologists and Mineralogists, 7.

Ramm M, Forsberg A W, Jahren J, 1997. Porositydepth trends in deeply buried Upper Jurassic reservoirs in Norwegian Central Graben: an example of porosity preservation beneath the normal economic basement by grain coating microquartz. AAPG Memoir 69: 177-199.

Rimstidt J D, Barnes H L, 1980. The kinetics of silica-water reactions. Geochimica et Cosmochimica Acta, 44: 1683-1699.

Ryan P C, Reynolds R C, 1996. The origin and diagenesis of grain-coating serpentine chlorite in Tuscaloosa Formation sandstone, U. S. Gulf Coast. American Mineralogist, 81: 213-225.

Saigal G C, Bjørlykke K, Larter S, 1992. The effects of oil emplacement in diagenetic processes: examples from the Fulmar reservoir sandstones, Central North Sea. AAPG Bulletin, 76: 1024-1033.

Sathar S, Worden R H, Faulkner D R, et al, 2012. The effect of oil saturation on the mechanism of compaction in granular materials: higher oil saturations lead to more grain fracturing and less pressure solution. Journal of Sedimentary Research, 82: 571-584.

Sneider R M, 1990. Introduction: reservoir description of sandstones//Barwis J H, McPherson J G, Studlick J R J. Sandstone petroleum reservoirs. New York: Springer-Verlag.

Sømme T O, Helland-Hansen W, Granjeon D, 2009. Dispersal, and sequence stratigraphic interpretation:

icehouse versus impact of eustatic amplitude variations on shelf morphology, sediment greenhouse systems. Geology, 37 (7): 587-590.

Storvoll V, Bjørlykke K, Karllrsen D, et al, 2002. Porosity preservation in reservoir sandstones caused by grain-coating illite: a study of the Jurassic Garn Formation from the Kristin and Lavrans fields, offshore Mid-Norway. Marine and Petroleum Geology, 19: 767-781.

Stoudt E L, Harris P M, 1995. Hydrocarbon reservoir characterization: geologic framework and flow unit modeling. SEPM Short Course 34, 357.

Sun Z X, Sun Z L, Yao J, et al, 2014. Porosity preservation due to authigenic chlorite coatings in deeply buried Upper Triassic Xujiahe Formation sandstones, Sichuan Basin, western China. Journal of Petroleum Geology, 37 (3): 251-268.

Sun Y, Deng M, Ma S, et al, 2015. Distribution and controlling factors of tight sandstone oil in Fuyu oil layers of Da'an area, Songliao Basin, NE China. Petroleum Exploration and Development, 42 (5): 589-597.

Taylor T R, Stancliffe R, Macaulay C I, et al, 2004. High temperature quartz cementation and the timing of hydrocarbon accumulation in the Jurassic Norphlet Sandstone, offshore Gulf of Mexico, U.S.A//Cubit J M, England W A, Larter S. Understanding petroleum reservoirs: towards an integrated reservoir engineering and geochemical approach. Bath: Geological Society (London) Special Publication 237.

Taylor T R, Giles M R, Hathon L A, et al, 2010. Sandstone diagenesis and reservoir quality prediction: models, myths, and reality. AAPG Bulletin, 94 (8): 1093-1132.

Taylor T R, Giles M R, Hathon L A, et al, 2011. Thermal anomalies near salt: a porosity preservation window. GCAGS Transactions: 451-462.

Thomson A, Stancliffe R J, 1990. Diagenetic controls on reservoir quality, eolian Norphlet Formation, South State Line field, Mississippi//Barwis J H, McPherson J G, Studlick R J. Sandstone petroleum reservoirs. New York: Springer-Verlag.

Thomson A, 1979. Preservation of porosity in the deep Woodbine/Tuscaloosa trend, Louisiana. Gulf Coast Association of Geological Societies Transactions, 30: 396-403.

Tinker S W, 1996. Building the 3-D jigsaw puzzle: applications of sequence stratigraphy to 3-D reservoir characterization, Permian Basin. AAPG Bulletin, 80 (4): 460-485.

Tobin R C, McClain T, Lieber R B, et al, 2010. Reservoir quality modeling of tight gas sands in Wamsutter field: integration of diagenesis, petroleum systems and production data. AAPG Bulletin, 94 (8): 1229-1266.

Ullo J, 2008. Computational challenges in the search for and production of hydrocarbons. Scientific Modeling and Simulation, 15 (1-3): 313-337.

Vagle G B, Hurst A, Dypvik H, 1994. Origin of quartz cement in some sandstone from the Jurassic of the Inner Moray Firth (UK). Sedimentology, 41: 363-377.

Van Wagoner J C, Mitchum R M, Campion K L, et al, 1990. Siliciclastic sequence stratigraphy in well logs, cores, and outcrops. AAPG Methods in Exploration Series 7: 55.

Wahl C, Miehe G, Fuess H, 2002. TEM characterisation and interpretation of fabric and structural degree of order in microcrystalline SiO_2 phases. Contributions to Mineralogy and Petrology, 143: 360-365.

Walderhaug O, 1990. A fluid inclusion study of quartz-cemented sandstones from offshore mid-Norway-Possible evidence for continued quartz cementation during oil emplacement. Journal of Sedimentary Petrology, 60: 203-210.

Walderhaug O, 1992. Temperatures of quartz cementation in Jurassic sandstones from the Norwegian continental shelf- evidence from fluid inclusions. Journal of Sedimentary Research, 64: 311-323.

Walderhaug O, 2000. Modeling quartz cementation and porosity in Middle Jurassic Brent Group sandstones of the Kvitebjørn field, northern North Sea. AAPG Bulletin, 84: 1325-1339.

Wang G W, Chang X C, Yin W, et al, 2017. Impact of diagenesis on reservoir quality and heterogeneity of the Upper Triassic Chang 8 tight oil sandstones in the Zhenjing area, Ordos Basin, China. Marine and Petroleum Geology, 83: 84-96.

Wilkinson M, Darby D, Haszeldine R S, et al, 1997. Secondary porosity generation during deep burial associated with overpressure leak-off: Fulmar Formation, United Kingdom Central Graben. AAPG Bulletin, 81 (5): 803-813.

Williams L A, Crerar D A, 1985. Silica diagenesis: 2. General mechanisms. Journal of Sedimentary Petrology, 55: 312-321.

Williams L A, Parks G A, Crerar D A, 1985. Silica diagenesis: 1. Solubility controls. Journal of Sedimentary Petrology, 55: 301-311.

Wilson M D, Pittman E D, 1977. Authigenic clays in sandstones: recognition and influence on reservoir properties and paleoenvironmental analysis. Journal of Sedimentary Petrology, 47: 1-31.

Worden R H, Oxtoby N H, Smalley P C, 1998. Can oil emplacement prevent quartz cementation in sandstones? Petroleum Geoscience, 4: 129-137.

Worden R H, French M W, Mariani E, 2012. Amorphous silica nanofilms result in growth of misoriented microcrystalline quartz cement maintaining porosity in deeply buried sandstones. Geology, 40 (2): 179-182.

Worden R H, Armitage P J, Butcher A R, et al, 2018. Petroleum reservoir quality prediction: overview and contrasting approaches from sandstone and carbonate communities//Armitage P J, Butcher A R, Churchill J M, et al. Reservoir quality of clastic and carbonate rocks: analysis, modelling and prediction. Geological Society, London, Special Publications.

Worden R H, Bukar M, Shell P, 2018. The effect of oil emplacement on quartz cementation in a deeply buried sandstone reservoir. AAPG Bulletin, 102 (1): 49-75.

Worden R H, Griffiths J, Wooldridge L J, et al, 2020. Chlorite in sandstones. Earth-Science Reviews, 204.

Worden R H, Morad S, 2000. Quartz cementation in sandstones: a review of the key controversies//Worden R H, Morad S. Quartz cementation in sandstones. Oxford: International Association of Sedimentologists Special Publication 29.

Wu H, Zhang C, Ji Y, et al, 2018. An improved method of characterizing the pore structure in tight oil reservoirs: integrated NMR and constant-rate-controlledporosimetry data. Journal of Petroleum Science and Engineering, 166: 778-796.

Xi K, Cao Y, Liu K, et al, 2019. Geochemical constraints on the origins of calcite cements and their impacts on reservoir heterogeneities: a case study on tight oil sandstones of the Upper Triassic Yanchang Formation, Southwestern Ordos Basin, China. AAPG Bulletin, 103 (10): 2447-2485.

Xi K, Cao Y, Li K, et al, 2020. Insight into pore-throat size distribution and the controls on oiliness of tight sandstone reservoirs using NMR parameters: a case study of the Lower Cretaceous Quantou Formation in the southern Songliao Basin, China. AAPG Bulletin, 104 (11): 2351-2377.

Zeng L, Li X, 2009. Fractures in sandstone reservoirs with ultra-low permeability: a case study of the Upper Triassic Yanchang Formation in the Ordos Basin, China. AAPG Bulletin, 93 (4): 461-477.

Zeng L, Su H, Tang X, et al, 2013. Fractured tight sandstone oil and gas reservoirs: a new play type in the Dongpu depression, Bohai Bay Basin, China. AAPG Bulletin, 97 (3): 363-377.

Zhang P H, Lee Y I, Zhang J L, 2015. Diagenesis of tight-gas sandstones from the Lower Cretaceous Denglouku Formation, Songliao Basin, NE China: implications for reservoir quality. Journal of Petroleum Geology, 38 (1): 99-114.

Zhang P, Lee Y I, Zhang J, 2020. Diagenetic controls on the reservoir quality of tight oil-bearing sandstones in the Upper Triassic Yanchang Formation, Ordos Basin, North-Central China. Journal of Petroleum Geology, 43 (2), 225-244.

Zhang X, Lin C M, Cai Y F, et al, 2012. Pore-lining chlorite cements in lacustrine-deltaic sandstones from the Upper Triassic Yanchang Formation, Ordos Basin, China. Journal of Petroleum Geology, 35 (3): 273-290.

Zhou Y, Ji Y L, Xu L M, et al, 2016. Controls on reservoir heterogeneity of tight sand oil reservoirs in Upper Triassic Yanchang Formation in Longdong Area, southwest Ordos Basin, China: implications for reservoir quality prediction and oil accumulation. Marine and Petroleum Geology, 78: 110-135.

Zou C N, Yang Z, Tao S Z, et al, 2013. Continuous hydrocarbon accumulation over a large area as a distinguishing characteristic of unconventional petroleum: the Ordos Basin, North-Central China. Earth-Science Reviews, 126: 358-369.

第六章
致密砂岩储层成岩作用实例分析

第一节 沉积相框架下的致密砂岩储层成岩作用研究

一、储层岩石学特征

通过对松辽盆地长岭断陷下白垩统登娄库组岩心样品的薄片计点分析,选取了8口取心井的24块代表性的岩心样品开展重点研究,这些样品所对应的沉积微相涵盖了研究区登娄库组最主要的砂体微相类型:辫状河相的辫状河道和河道沙坝微相,以及辫状三角洲前缘的分流河道、河口沙坝、河道沙坝、漫溢富砂相、漫溢富泥相和沙席微相(Zhang等,2015)。运用偏光显微镜对样品铸体薄片进行观察和计点统计,铸体薄片磨制前将红色树脂在真空加压下注入样品柱中来方便识别孔隙空间,同时利用铁氰化钾和茜素红S混合染色剂来辅助识别碳酸盐胶结物,进行岩石学计点分析时每个薄片计点数不少于300个。

登娄库组砂岩类型以岩屑长石砂岩为主(图6-1、表6-1),石英、长石和岩屑三者的平均质量分数比为44:19:37($Q_{44}F_{19}R_{37}$)。储集砂体主要为中、细砂岩,整体粒度偏细,砂岩成分较为单一,大多数砂岩分选性中等—好,成分成熟度和结构成熟度总体上均偏低。单晶石英是登娄库组最主要的石英类型,占岩石含量的28%;岩屑是含量第二多的组分,含量从17%到33%,火成岩岩屑和变质岩岩屑是最主要的两种岩屑类型(图6-1);长石含量较少,含量为10%~20%(平均14%),且斜长石含量略多于钾长石含量(二者含量比约为1.4:1)。云母(包含白云母和黑云母)和杂基总体上为含量很小的组分,含量分别占1.4%和1.3%。成岩胶结物占岩石含量的22%(14%~27%),其中黏土矿物、碳酸盐胶结物和石英胶结物是最主要的胶结物类型,还包括少量的黄铁矿、钠长石和硬石膏。

二、储层成岩作用

通过铸体薄片观察与统计、X射线衍射分析、背散射电子显像、扫描电镜镜下观察结

第六章 致密砂岩储层成岩作用实例分析

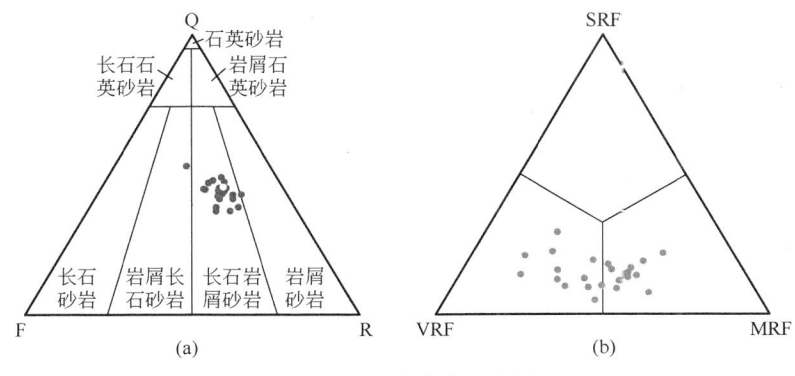

图 6-1 砂岩分类三角图

(a) 砂岩基本分类三角图（底图据 Folk, 1968; Q—石英; F—长石; R—岩屑）;
(b) 岩屑砂岩的次级分类 (SRF—沉积岩岩屑; VRF—火成岩岩屑; MRF—变质岩岩屑)

合能谱分析仪（EDS）矿物成分分析，认为影响登娄库组砂岩储层的成岩作用包括压实作用、碳酸盐胶结作用（方解石、白云石和含铁方解石胶结作用）、黏土矿物胶结作用（绿泥石和伊利石胶结作用）、钠长石和硬石膏胶结作用以及溶蚀作用。这几种成岩作用形成的矿物介绍如下。

1. 黏土矿物

黏土矿物含量为 3.4%~18%，平均约为 12%，主要为环边胶结物分布（图 6-2），而以充填孔隙及交代碎屑颗粒等形式出现较少，图中样品薄片计点显示黏土矿物总量为 6.7%，含量虽然不高但电镜下环边黏土矿物非常发育且较连续分布，具有较高的黏土矿物粒表覆盖率。通过对自然样品和乙二醇样品的 X 射线衍射分析（图 6-3）可知，黏土矿物类型为 14Å 绿泥石和 10Å 伊利石，未发现混层黏土矿物存在。黏土矿物在颗粒接触处未见[图 6-4(a)]，总体上在粒度较细砂岩中（辫状三角洲前缘河口沙坝、沙席下部，以及辫状河河道、河道沙坝上部）分布较为丰富[图 6-4(b)]；相反地，在辫状三角洲前缘河道沙坝下部、沙席上部，以及辫状河河道沙坝下部分布较少量的环边黏土矿物。

图 6-2 长岭断陷环边黏土矿物

(a) 长深 108 井，×100，3608.2m; (b) 长深 108 井，×150，3608.2m

碎屑岩成岩作用（富媒体）

表 6-1 长岭断陷下白垩统登娄库组砂岩组岩石学统计表

井号	深度,m	分类	Qm	Qp	Pl	Ksp	SRF	MRF	VRF	Mica	Matrix	Qo	Cal	Dol	Fe-cal	Ch	I	Bit	Anh	Al	Por-p %	Por-s %	IGV %	COPL %	CEPL %	ICOM %
长深1-4	3585.7	1	36.3	6.0	12.7	7.0	1.7	7.7	8.0	0.7	1.0	3.0	2.0	0.3	0.0	5.3	1.0	0.3	0.3	1.7	4.0	1.0	19.9	25.1	10.4	71
长深108	3618.72	1	30.0	5.0	9.3	5.3	1.3	12.3	13.7	1.7	1.0	2.0	0.7	0.0	0.0	12.3	1.3	1.7	0.3	0.3	1.4	0.3	21.3	23.8	14.2	63
长深1-4	3594.4	3	29.0	5.0	6.7	6.3	4.0	13.7	9.7	2.0	1.7	1.7	3.7	1.3	0.0	13.0	0.3	1.0	0.3	0.0	0.7	0.0	23.7	21.4	16.7	56
长深D1-2	3515.3	3	27.7	4.0	7.7	6.0	2.0	16.3	9.0	2.3	1.3	0.7	0.7	1.0	0.0	15.7	1.3	2.3	0.3	1.0	1.0	0.0	25.3	19.7	18.5	52
长深105	3525.1	3	26.7	4.7	5.3	4.7	6.0	11.7	13.7	2.3	3.0	2.3	1.0	1.0	0.0	13.0	1.0	2.3	0.3	0.3	1.4	0.3	24.9	20.1	16.1	55
长深1-2	3502.7	1	28.0	3.7	11.0	5.0	5.3	15.0	8.3	2.3	1.3	1.7	2.0	0.3	0.0	8.7	3.0	1.7	0.3	0.7	1.7	0.3	21.4	23.7	14.6	62
长深1-2	3505.9	1	27.3	3.0	8.0	4.3	4.7	13.3	12.0	1.3	2.3	2.3	3.3	1.0	0.0	9.7	2.3	2.3	0.0	0.7	1.0	0.3	25.9	19.0	17.5	52
长深105	3521.8	3	24.0	5.0	8.3	4.3	4.7	16.3	12.3	2.3	2.0	1.3	1.7	0.3	0.0	7.7	4.3	2.0	0.7	1.0	1.4	0.3	22.7	22.4	14.7	60
长深108	3608.59	2	25.0	5.7	8.0	5.7	5.7	15.0	5.7	1.3	1.0	4.7	11.0	3.3	0.7	4.7	1.0	1.3	0.0	0.3	0.0	0.3	28.0	16.7	22.5	43
长深108	3618.59	1	22.7	7.3	10.0	5.0	3.3	13.0	9.3	0.7	1.3	2.7	5.3	0.0	0.0	8.3	3.3	1.7	0.7	0.7	2.0	0.7	28.0	16.7	20.0	45
长深1-4	3583.69	2	32.0	6.3	11.3	4.3	2.3	12.7	10.7	0.7	1.0	4.7	5.0	0.7	0.0	2.7	0.7	1.7	0.0	0.3	1.4	0.3	19.8	25.2	12.8	66
长深108	3618.85	3	29.0	3.3	9.7	2.3	4.3	13.3	9.0	2.7	2.7	3.3	0.3	0.3	0.0	13.3	3.7	3.0	0.0	0.7	1.0	0.3	28.3	16.3	20.6	44
长深108	3618.37	2	30.7	6.0	7.0	5.3	3.0	12.3	10.0	0.7	2.0	3.7	6.0	1.7	0.0	6.7	2.0	1.0	0.7	0.3	1.0	0.0	25.1	19.9	18.7	51
长深108	3608.2	3	28.7	9.0	11.7	1.3	2.7	12.0	11.3	0.7	1.3	3.0	4.0	0.0	0.0	2.7	4.0	2.7	0.3	0.3	2.6	0.7	20.4	24.6	12.1	67
长深105	3525.25	3	22.7	3.0	8.3	5.3	2.7	12.0	14.7	2.3	2.0	3.3	2.0	1.7	0.0	12.7	3.7	2.0	0.3	0.3	0.7	0.0	29.1	15.4	22.3	41
长深1-4	3602.9	2	26.3	6.3	9.0	4.3	2.7	9.3	15.7	2.0	0.0	5.0	6.3	5.0	2.0	4.0	1.0	1.0	0.7	0.3	0.7	0.0	24.3	20.7	18.7	53
长深1-4	3593.14	2	27.3	5.7	11.0	3.7	3.3	10.0	13.0	0.7	0.0	4.7	6.3	4.7	0.0	4.0	1.0	2.7	0.3	0.3	0.0	0.0	25.3	19.7	19.8	50
长深D1-2	3508.1	3	28.3	2.7	6.0	5.7	4.0	15.3	9.7	3.0	2.0	2.0	0.7	1.0	0.0	16.0	2.0	1.0	0.3	1.0	0.7	0.0	27.7	17.0	19.9	46
老14	2472.7	3	31.7	2.3	8.3	9.3	5.3	5.7	13.0	0.3	0.7	2.7	4.0	1.3	0.0	12.7	1.0	1.0	0.3	1.0	0.7	0.0	24.1	20.9	17.9	54
龙深1	2105.67	1	28.7	4.7	6.3	11.3	6.7	5.0	11.3	1.7	0.7	1.7	4.0	1.3	0.0	6.7	3.0	2.0	0.3	0.3	2.3	0.7	24.4	20.6	16.4	56
老深101	2452.69	1	26.7	1.3	6.7	11.7	6.0	4.7	18.3	0.3	0.0	2.0	2.3	1.0	0.0	8.3	4.3	3.3	0.3	1.3	1.0	0.3	24.1	20.9	18.0	54
老14	2471.3	1	29.7	6.0	6.0	10.3	3.3	4.3	16.0	0.0	0.0	3.7	3.3	0.7	0.0	13.0	0.3	0.3	0.3	0.7	1.4	0.3	24.4	20.6	18.0	53
龙深1	2091.13	3	30.0	0.7	6.0	6.3	3.7	9.3	17.7	0.7	0.0	2.7	0.7	0.3	0.7	14.3	2.0	2.3	0.3	0.7	0.7	0.0	23.6	21.5	17.7	55
龙深1	2242.7	3	26.7	2.0	5.7	11.7	4.3	8.0	15.7	1.7	1.3	2.7	0.7	0.3	0.0	15.0	1.0	0.3	0.3	0.7	0.7	0.0	24.3	20.7	17.7	54

注：Qm—单晶石英；Qp—多晶石英；Pl—斜长石；Ksp—钾长石；SRF—沉积岩岩屑；MRF—变质岩岩屑；VRF—火成岩岩屑；Mica—云母；Matrix—杂基物；Cal—方解石胶结物；Dol—白云石胶结物；Fe-cal—含铁方解石；Ch—绿泥石；I—伊利石；Bit—沥青；Anh—硬石膏；Al—自生钠长石；Qo—石英胶结物；Por-p—原生孔隙；Por-s—次生孔隙；IGV—粒间体积；COPL—压实减孔量；CEPL—胶结减孔量；ICOM—压实减孔率。

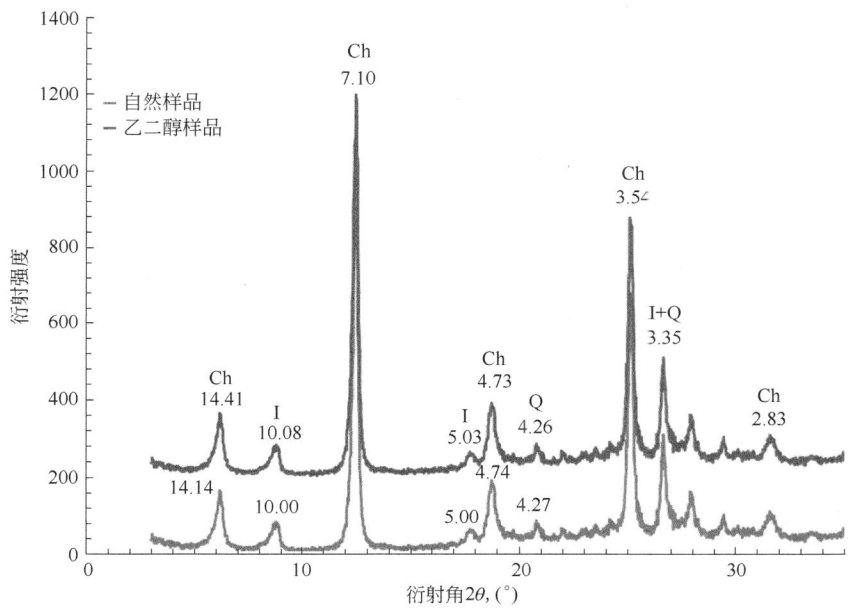

图 6-3 典型 X 射线衍射分析（自然样品和乙二醇样品）
Ch—绿泥石；I—伊利石；Q—石英

绿泥石是登娄库组含量最为丰富的黏土矿物，约占岩石含量的 9.7%。绿泥石环边胶结物呈叶片状垂直于碎屑颗粒表面生长[图 6-4(c)]，镜下可见其交代火成岩岩屑[图 6-4(d)]和黑云母[图 6-4(e)]。通过 X 射线衍射曲线形态及能谱分析可知，研究区绿泥石胶结物富含铁[图 6-3 和图 6-4(a)(c)]。显微镜下，伊利石胶结物具有高双折射率；X 射线衍射曲线形态及扫描电镜形貌显示伊利石晶形较差[图 6-4(a)]。

2. 石英胶结物

石英胶结物在含量上低于黏土矿物和碳酸盐胶结物，平均含量为 2.8%，以石英次生加大和自生石英两种形态产出[图 6-4(c)]。石英增生主要形成于黏土矿物部分覆盖的砂岩骨架颗粒表面[图 6-4(c)]，晚于自生黏土矿物特别是绿泥石胶结物。石英胶结物相对富集于较粗粒的辫状三角洲河道沙坝、席状砂，以及辫状河河道沙坝砂岩中。然而，当较为连续的环边胶结物存在时，自生石英胶结物较为罕见。

3. 碳酸盐胶结物

碳酸盐胶结物含量由微量到 15% 不等，平均约为 4.4%，主要包括方解石、白云石及含铁方解石。碳酸盐胶结物交代碎屑颗粒，主要存在于粗粒沉积物中（辫状三角洲河道沙坝、席状砂、辫状河河道沙坝砂岩），这些沉积物环边黏土矿物数量及粒表覆盖率均较低。而在黏土矿物富集的细粒砂岩处，碳酸盐胶结物含量较少。方解石是登娄库组致密砂岩最重要的碳酸盐胶结物，约占碳酸盐胶结物总量的 70%，呈块状胶结。石英胶结物部分交代并早于方解石胶结物出现[图 6-5(a)]。在部分样品中可见残余长石被方解石胶结物交代的现象[图 6-5(a)]。白云石胶结物常以菱形自形晶存在，交代碎屑骨架颗粒和方

碎屑岩成岩作用（富媒体）

解石胶结物[图6-5(b)]。含铁方解石胶结物含量较少，主要存在于粗粒的河道沙坝、席状砂砂岩中，交代碎屑颗粒和方解石胶结物[图6-5(c)]。

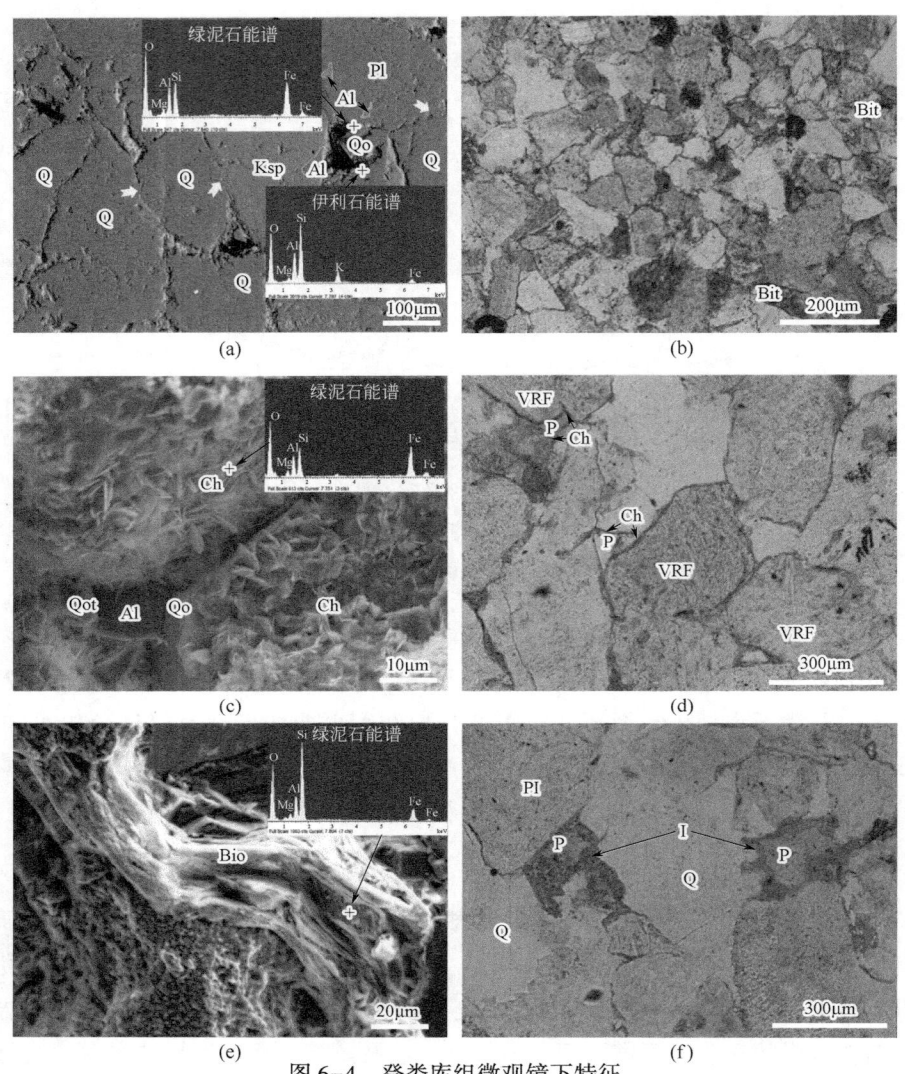

图6-4 登娄库组微观镜下特征

(a) 背散射显示颗粒接触处黏土矿物缺失（粗箭头），内嵌能谱分析表明环边黏土矿物包括绿泥石和伊利石，可共生于同一孔隙空间，部分斜长石（Pl）和钾长石（Ksp）可见钠长石化（Al），长深108井，×100，3608.2m；(b) 粒度较细的砂岩中富含环边黏土矿物，难见粒间孔隙，局部沥青（Bit）可作为孔隙充填残余，长深105井，3525.25m，单偏光；(c) 电镜下显示绿泥石胶结物（Ch）发育于碎屑颗粒表面，石英加大（Qo）、自生石英（Qot）和自生钠长石（Al）出现在黏土矿物缺失或仅部分覆盖粒表处，长深108井，×1500，3608.2m；(d) 部分保存的粒间孔隙（P），见明显的环边绿泥石（Ch），火成岩岩屑（VRF）被绿泥石交代，长深108井，3608.2m，单偏光；(e) 电镜下显示一受压弯曲的黑云母（Bio）部分被绿泥石交代，老14井，×850，2742.7m；(f) 孔隙（P）衬里伊利石（I）发育，长深1-2井，3502.7m，单偏光，Q为石英

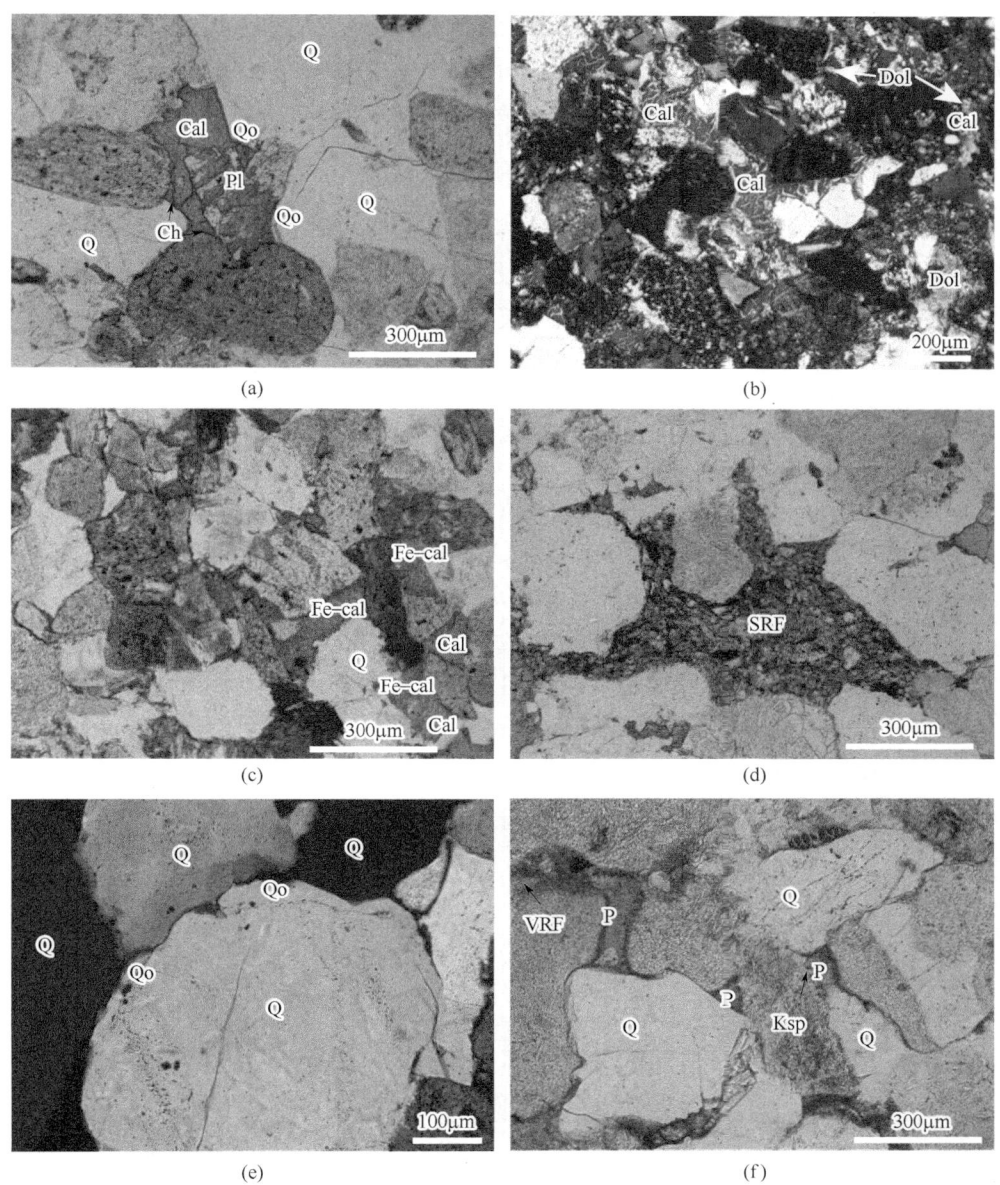

图 6-5 登娄库组微观镜下特征

(a) 方解石胶结物（Cal）晚于绿泥石环边（Ch），交代斜长石（Pl）和石英加大（Qo），长深 1-4 井，3583.69m，单偏光；(b) 方解石胶结物（Cal）和菱形白云石胶结物（Dol），白云石胶结物交代方解石胶结物和碎屑颗粒，长深 1-4 井，3593.14m，正交光；(c) 含铁方解石（Fe-cal）交代方解石胶结物（Cal），长深 1-4 井，3608.52m，单偏光；(d) 受挤压变形的沉积岩岩屑（SRF），长深 1-4 井，3587.7m，单偏光；(e) 石英颗粒（Q）凹凸接触或缝合线接触处见石英加大（Qo），长深 1-4 井，3587.7m，正交光；(f) 孔隙（P）衬边黏土矿物，可见火成岩岩屑（VRF）和钾长石（Ksp）轻微溶蚀，长深 108 井，3618.72m，单偏光

4. 其他成岩矿物

沥青呈充填状或浸染状［图 6-5(b)］，可见其覆盖石英胶结物或黏土矿物表面。少量

碎屑岩成岩作用（富媒体）

的钠长石主要作为钾长石或斜长石的交代物质存在[图6-5(a)(c)]。硬石膏作为一种微量粒间胶结物（含量<1%），交代石英次生加大及方解石胶结物。莓球状（粒径约8μm）或自形粒状（粒径<2μm）黄铁矿只在部分样品中可见，常伴随有机质出现。

5. 压实作用

机械压实作用导致研究区砂岩储层韧性颗粒（例如岩屑和云母）的塑性变形，以及刚性颗粒（碎屑石英、长石）的破裂。埋藏压实导致韧性颗粒向相邻的孔隙空间流动挤压[图6-5(d)]，从而降低孔隙度。碎屑石英颗粒的压溶作用以局部颗粒接触关系呈凹凸接触及缝合线接触为特征，也可在镜下观察且常与石英胶结相伴生[图6-5(e)]，常分布在环边黏土矿物发育较差的部位。

三、致密储层特征

长岭断陷登娄库组砂岩孔隙类型包括原生孔隙、次生孔隙及微孔隙。次生孔隙主要与长石（钾长石和斜长石）及岩屑（如沉积岩和火成岩岩屑）的溶蚀有关[图6-5(f)]；扫描电镜镜下可观察到自生黏土矿物内存在微孔隙。大孔隙（原生孔隙、次生孔隙）是登娄库组主要的孔隙类型，以粒间孔及粒内孔为主（图6-6），且原生孔隙比

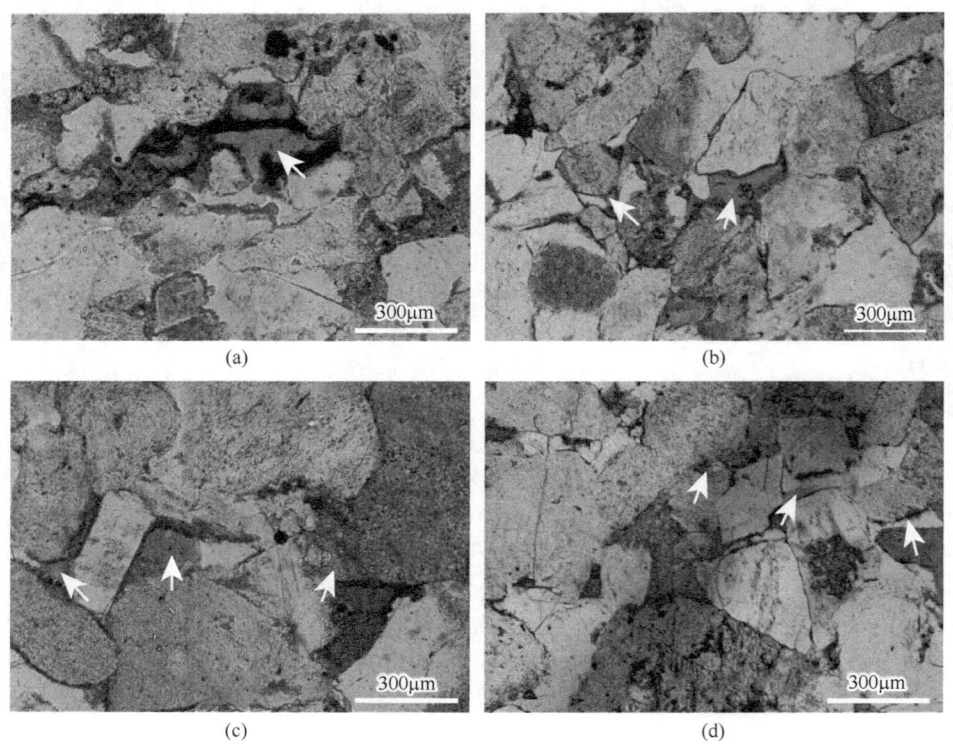

图6-6 长岭断陷主要孔隙类型

(a) 粒间孔，长深1-2井，3505.9m，单偏光；(b) 粒间孔，长深108井，3618.59m，单偏光；
(c) 粒间孔，长深108井，3618.59m，单偏光；(d) 粒内孔，长深108井，3608.2m，单偏光

例较高（表6-1），孔隙度较高的样品多见于粒度较粗的砂岩中，可见大孔隙较高的样品在辫状三角洲前缘河口沙坝上部[图6-7(a)]、分流河道下部[图6-7(b)]，以及辫状河河道下部最为常见；而在辫状河和辫状三角洲前缘的河道沙坝下部[图6-7(c)]、辫状三角洲前缘分流河道上部[图6-7(d)]、河口沙坝下部、漫溢和沙席相、辫状河河道和河道沙坝的上部处可见大孔隙少发育或不发育。

图6-7 不同砂体微相的孔隙空间对比

(a) 粒间孔隙较发育，河口沙坝上部，长深108井，3608.2m，单偏光；(b) 粒间孔隙较发育，分流河道下部，长深108井，3618.72m，单偏光；(c) 无明显大孔隙发育，河道沙坝下部，长深1-4井，3608.52m，单偏光；(d) 无明显大孔隙发育，分流河道上部，长深105井，3525.1m，单偏光

对微观压汞资料进行分析可知，毛管压力曲线整体偏上，非驱压力高，孔喉半径小，孔喉半径主要分布在0.1μm以下，分选较差，分选系数主要分布在1~2之间。喉道大小及其连通性为岩石渗透性的决定性因素（张金亮和常象春，2002），细小的孔隙结构导致了储层渗流能力较差。

登娄库组致密气砂岩储层复杂的孔隙结构给孔隙水的赋存及可动性特征的确定带来了一定的难度（朱华银等，2014），通过气驱水和核磁共振实验资料数据分析，可对致密气砂岩中孔隙水和天然气的赋存特征有更清晰的认识，含水饱和度为100%时核磁共振T_2谱曲线下包面积代表岩样孔隙总体积，相邻两条核磁共振T_2谱曲线之间所夹面积反映相应驱替压力变化所产生的可动流体的变化量（朱华银等，2014；刘凡等，2013），从而可以了解孔隙中水和天然气的分布（图6-8），束缚水含量高的致密砂岩储层中天然气赋存量明显少于束缚水含量低的砂岩储层，而束缚水含量高的岩样多对应于可见大孔隙发育少的粉砂岩砂体微相（辫状三角洲前缘分流河道上部、河口沙坝下部、漫溢和沙席相下部、辫状河河道和河道沙坝的上部），故这类砂体微相不利于形成有利气藏储层。

四、成岩演化阶段及储层划分

成岩演化过程具有阶段性演化特征，综合国内碎屑岩成岩阶段划分的石油天然气行业标准（SY/T 5477—2003）及国外学者Morad等（2000）提出的成岩演化阶段划分观点，依据成岩矿物的分布和形成顺序、镜质组反射率（R_o）等，考虑研究区的实际地质情况，确定登娄库组致密气砂岩储层成岩演化阶段主要处于中成岩阶段（图6-9）。

尽管登娄库组砂岩经历了多种类型的成岩变化，但是依托沉积微相及岩石粒度可以发现各成岩特征具有较系统的分布及相对重要性。于是，共辨识和划分出三类储层，每一类呈现有代表性的粒度、沉积特征和成岩演化的主要的不同点：

（1）第1类储层代表辫状三角洲前缘河口沙坝上部、分流河道下部，以及辫状河河道下部砂岩。在这一类砂岩储层中，环边黏土矿物较为连续且具有较高的粒表覆盖率，同时石英胶结和碳酸盐胶结较为局限。

（2）第2类储层代表辫状三角洲前缘河道沙坝下部、漫溢和沙席上部，以及辫状河河道沙坝下部砂岩。第2类储层较第1类储层具有较多的碳酸盐胶结物和石英胶结物，但具有较少的环边黏土矿物。

（3）第3类储层对应辫状三角洲前缘河口沙坝、漫溢和沙席下部、分流河道和河道沙坝上部，以及辫状河河道和河道沙坝上部砂岩。第3类储层以环边黏土矿物最为富集为特征，且只具有少量的碳酸盐胶结物。

综上，这三类储层的成岩演化如图6-9所示。

绿泥石可由非绿泥石源物质（如颗粒早期的黏土包壳、早期绿/蒙黏土矿物、高岭石等）转化而成，或在成岩阶段直接从富铁或富镁的孔隙水中新生沉淀得来（Grigsby，2001；Anjos等，2003；Berger等，2009；Gould等，2010；Zhang等，2015）。在登娄库组砂岩中，通过在颗粒接触处绿泥石缺失[图6-4(a)]及X射线衍射形态分析（图6-3），没有发现早期绿泥石成因的证据，进而得出研究区登娄库组致密气砂岩储层中的绿泥石环边胶结物为自生成因。构成绿泥石沉淀的铁、镁离子主要来自火成岩岩屑转化[图6-4(d)]，其次是黑云母的转化[图6-4(e)]，这也与前人的研究成果（Berger等，2009；Zhang等，2012）相吻合。

第六章 致密砂岩储层成岩作用实例分析

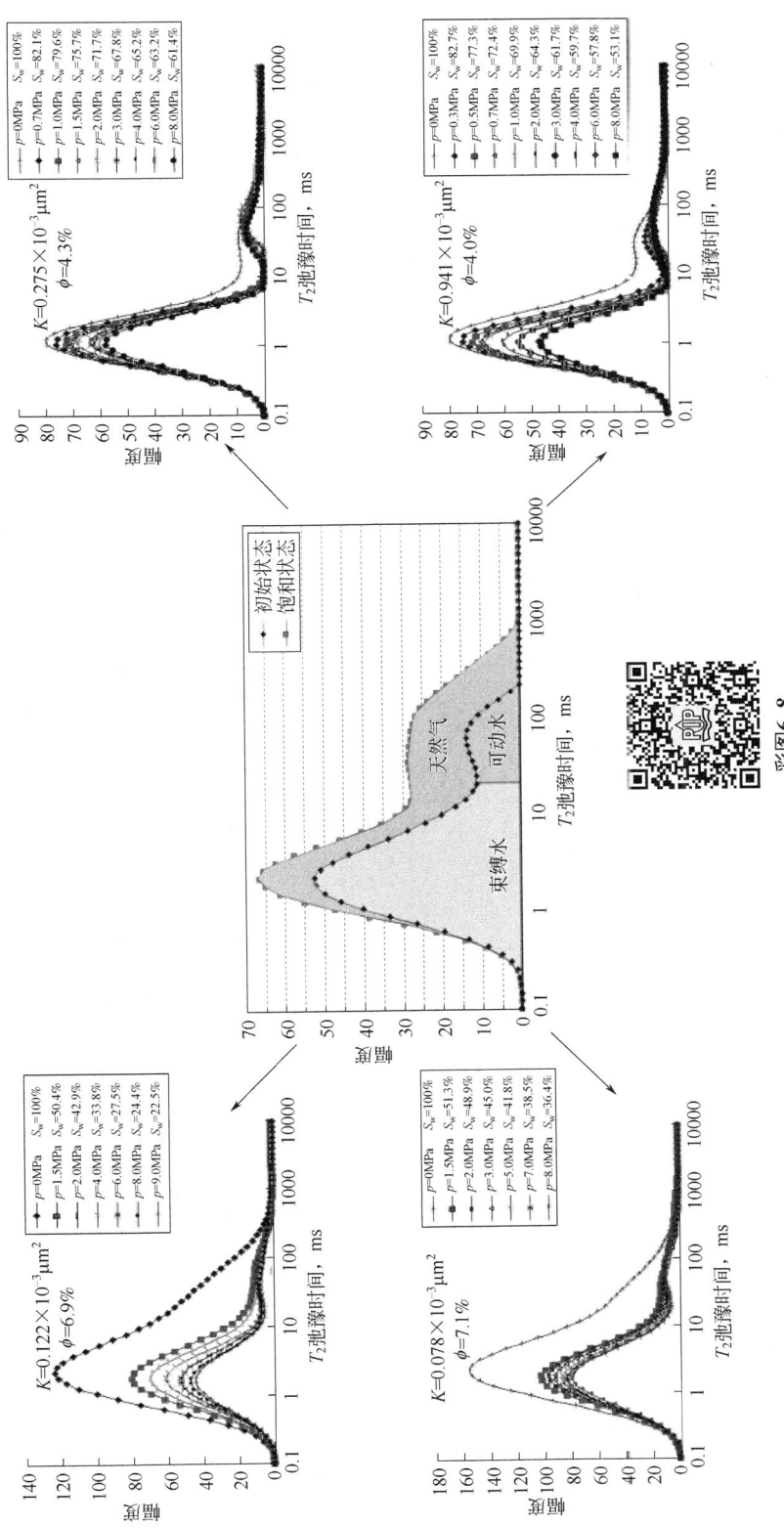

图 6-8 岩样核磁共振 T_2 谱曲线图

碎屑岩成岩作用（富媒体）

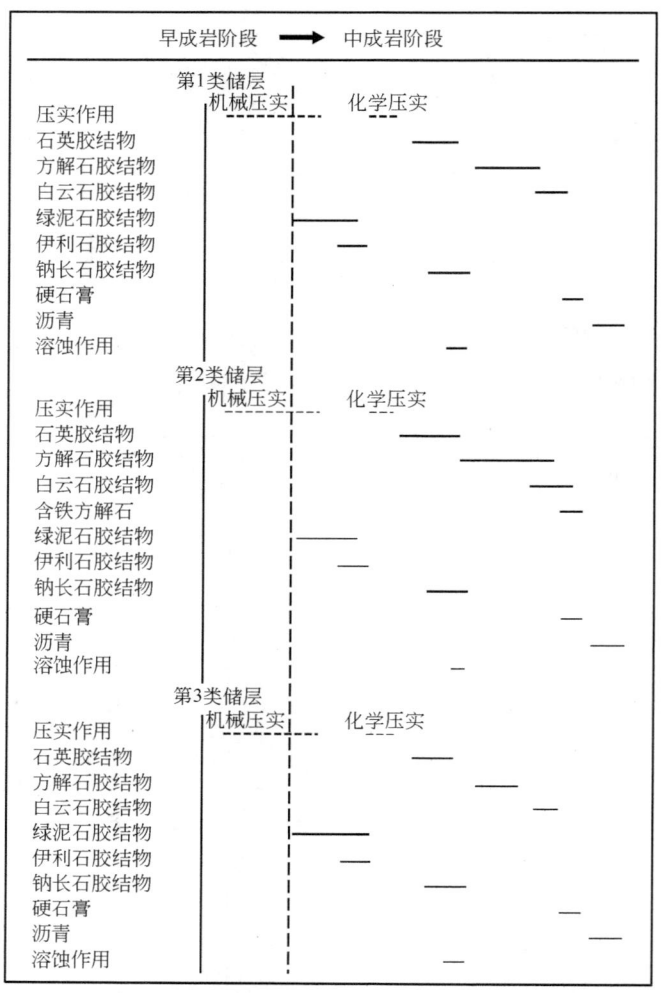

图 6-9 长岭断陷登娄库组砂岩成岩序列（线段粗细代表各成岩变化的相对重要性）
（据 Zhang 等，2015，有修改）

伊利石在研究区储层中被认为是一类较晚期的成岩产物，其主要的形成机制应为孔隙水的直接沉淀，因为并没有找到高岭石和钾长石的伊利石化以及蒙皂石埋藏演化的证据。孔隙水中钾离子的活动在一些盆地中可以解释自生伊利石的沉淀（Wilson 和 Stanton，1994）。这些钾离子的来源主要包括钾长石的转化或溶蚀［图 6-5(f)］（Franks 和 Zwingmann，2010；Lander 和 Bonnell，2010）、从外部来源的流体迁移（De Ros，1998）和相邻泥岩的溶解的溶质（Gaupp 等，1993）。然而，登娄库组砂岩中伊利石形成所需的钾离子的反应目前是不确定的。

方解石胶结和交代碎屑颗粒晚于黏土矿物和石英胶结物的形成［图 6-5(a)］，而相对含量较低的白云石和含铁方解石胶结物的形成要晚于方解石胶结物［图 6-5(b)(c)］。较粗粒砂岩中的碳酸盐胶结物的分布样式，特别是第 2 类砂岩，指示了一种流体对流下的选择性质量流动。溶解的碳酸盐的质量可能来自登娄库组层间泥岩或者沿裂隙的深部层位

(Morad,1998;Zhang 等,2015)。此外,方解石胶结物还可能来自斜长石的钠长石化(Morad,1990;Lee 和 Lee,1998),这一来源对登娄库组砂岩碳酸盐胶结的影响较小,因为镜下只观察到少量的钠长石化的斜长石。

登娄库组砂岩储层中石英胶结物的形成早于方解石胶结物。石英胶结作用是受到一种有利的热力学驱动力,与近石英饱和的流体相伴生(Worden 和 Morad,2000;Lander 等,2008)。这种驱动力受控于硅元素的供给、运输和沉淀速率。沿颗粒接触带的碎屑石英压溶作用(Worden 和 Morad,2000;Bjørkum,1996;Kim 和 Lee,2004),可以看作是登娄库组砂岩石英增生的一种重要机制。然而,石英胶结物形成可能有多重来源,因为在一些情形下石英胶结发生在没有压溶作用发生的区域。此外,尽管长石的钠长石化在登娄库组储层中并不重要,但因其会释放硅[图 6-4(a)](Worden 和 Morad,2000;张鹏辉,2015),也可以成为石英胶结的一个补充来源。

五、孔隙演化机制

1. 孔隙减少机制

较之常规的砂岩储层,致密气砂岩储层在评价压实作用与胶结作用对孔隙降低的相对重要性并未引起足够的关注。孔隙预测和孔隙减少机制在刚性颗粒占主导的砂岩储层中得到了较为深入的研究(Lander 和 Walderhaug,1999;Ehrengerg,1995;Paxton 等,2002)。韧性颗粒形变有可能导致孔隙空间大幅度减少(Lundegard,1992;Worden 等,2000),然而,压实作用与胶结作用对于孔隙度减少的效果,特别是在韧性颗粒含量较高的情况下(正如登娄库组砂岩所含岩屑含量最高可达 37%),需要进行深入研究。

尽管 Pittman 和 Larese(1991)在高压热液容器中对不同含量(5%~95%)韧性颗粒砂岩开展了压实实验研究,但直到 Mousavi 和 Bryant(2013)对含不同比例的韧性和刚性颗粒沉积物开展压实作用与胶结作用对孔隙降低所造成影响的模拟研究,韧性颗粒含量的不同对于孔隙度减少的影响得到系统性的认识。

因为沉积物的压实作用会导致韧性颗粒的形变,Mousavi 和 Bryant(2013)构建了一个韧性颗粒的概念模型(图 6-10),在这个模型中颗粒可以渗入彼此直到它们内部的硬质内核相接触。这种通过构建几何模型的方法是表征理想化的岩石固体颗粒和孔隙空间的一

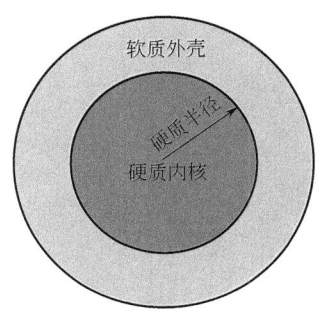

图 6-10 韧性颗粒的概念模型(据 Mousavi 和 Bryant,2013,有修改)

碎屑岩成岩作用（富媒体）

种简单且有效的途径。而这一几何模型最重要的两个参数是韧性颗粒的含量和韧性颗粒的硬质半径。在模型中，压实作用会导致颗粒重叠，但仅限于韧性颗粒与刚性颗粒或者韧性颗粒之间，刚性颗粒或韧性颗粒的硬质内核是不允许重叠的；而依据物质守恒，与韧性颗粒挤压接触时其软质外壳会进行重新分布并进入孔隙空间而使韧性颗粒的半径有所增加。进而通过建立 5000 个韧性颗粒和刚性颗粒组成的球体组合来构成模拟实验体，设置韧性颗粒的刚性半径和韧性颗粒的含量均可以从 0 至 100% 进行变化。通过 190 余次数值模拟实验，从模拟结果图中可知（图 6-11），随韧性含量的增加孔隙度逐渐减低；当韧性颗粒

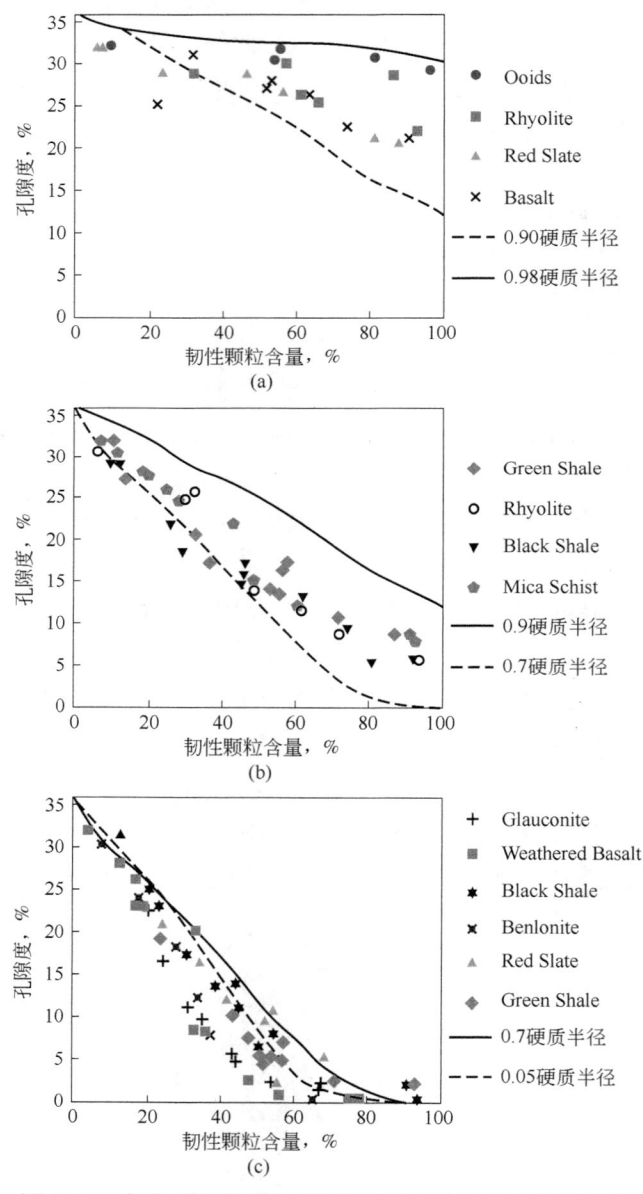

图 6-11 韧性颗粒模型数值模拟实验与室内实验结果对比
（据 Pittman 和 Larese，1991；Mousavi 和 Bryant，2013，有修改）

的硬质半径达到 0.9 以上时，孔隙保留较多，值得注意的是当韧性颗粒的硬质半径在 0.7 以下时几乎具有相同的孔隙变化趋势，这也表明在同等含量的韧性颗粒情形下，即使韧性颗粒硬质内核非常小也不会对岩石孔隙度产生较大的影响（Mousavi 和 Bryant，2013）。对照 Pittman 和 Larese（1991）的实验，Mousavi 和 Bryant（2013）按照不同的岩石组分成分将模拟数据分成三类，分别对应韧性颗粒的硬质内核半径为 0.9~0.98、0.7~0.9 和 0.05~0.7，这也与 Pittman 和 Larese（1991）的实验结果相吻合，进一步验证了模拟实验的有效性。

通过进一步的模拟，Mousavi 和 Bryant（2013）的研究为含有 30% 到 40% 韧性颗粒的常规或致密砂岩中压实作用与胶结作用对孔隙降低可以具有相同效力这一观点提供了有说服力的证据，即使在韧性颗粒很软的情形下也依然适用。这一模拟的模型可以应用到登娄库组致密气砂岩中并得到证实，压实作用及随后的中成岩阶段的胶结作用构成了孔隙变差的主要因素。

压实减孔量（COPL）和胶结减孔量（CEPL）的相对重要性可以通过薄片计点数据得出的粒间体积（IGV）、粒间孔隙充填（C）及原始孔隙度（P_i）来进行估算（Ehrengerg，1995；Lundegard，1992；Houseknecht，1987）。压实减孔率（ICOMPACT）则定义了压实减孔量的比例分数：

$$\text{COPL} = P_i - \frac{(100 - P_i) \times \text{IGV}}{100 - \text{IGV}} \tag{6-1}$$

$$\text{CEPL} = \frac{(P_i - \text{COPL}) \times C}{\text{IGV}} \tag{6-2}$$

$$\text{ICOMPACT} = \frac{\text{COPL}}{\text{COPL} + \text{CEPL}} \tag{6-3}$$

对登娄库组致密气砂岩岩样压实减孔率数值进行测算，绝大部分数值落在 43%~63% 区间内（平均为 54%），表明有超过半数孔隙减少是由压实作用引起的，这与 De Sousa 等（1995）的结论相一致。正如前文所提及，碳酸盐胶结物是登娄库组致密气砂岩储层中最主要的减孔胶结物，这样就对于碳酸盐胶结物含量最为富集的第 2 类储层而言，胶结减孔作用要强于第 1 类和第 3 类储层。

2. 孔隙保存机制

伴随油气勘探开发在深部沉积盆地的不断突破，（原生）粒间孔隙在深部地层中的保存引起了国内外学者的广泛关注。与这一孔隙保存机制相对应的控制因素主要包括颗粒包膜发育、孔隙流体超压和与外来盐体有关的热流扰动（表 6-2）。

表 6-2 国内外报道的代表性的孔隙保存机制

孔隙保存作用		相应机制	作者（年份）
颗粒包膜发育	绿泥石	通过减少可进行石英增生的石英颗粒表面积来抑制石英加大	Bloch 等（2002）
	伊利石		Ajdukiewicz 和 Larese（2012）
	微石英		Worden 等（2012）

碎屑岩成岩作用（富媒体）

续表

孔隙保存作用	相应机制	作者（年份）
孔隙流体超压	有效抑制机械压实	Ramm 和 Bjørlykke（1994）；Osborne 和 Swarbrick（1999）
与外来盐体有关的热流扰动	抑制热液接触来降低石英增生速率	Mello 等（1995）；Taylor 等（2010）

早期的油气充注被多位石油地质学家认为可以有效抑制石英胶结从而很好地保存原生孔隙（Worden 等，1998；Marchand 等，2001），而与之相反地，近十年来对于油气充注机制的反对观点陆续提出，这些反对观点主要基于纯油层和无油带孔隙减少的差别微乎其微（Taylor 等，2010；Molenaar 等，2008）。因此，油气充注作为孔隙保存机制的观点在目前是不能得到有力支持的。

考虑到长岭断陷登娄库组特定的地质条件，广泛发育的环边黏土矿物可以看作潜在的孔隙保存机制。作为深层埋藏砂岩中最为常见的一种孔隙保存机制，绿泥石膜在刚性颗粒占主导的砂岩中通过减少石英颗粒的表面积来有效抑制石英增生。这一抑制机制不仅针对于早期形成的绿泥石包膜（Pittman 等，1992），也适应于成岩期的绿泥石环边（Lander 和 Walderhaug，1999；Berger 等，2009；Zhang 等，2015；张鹏辉等，2019）。

综上所述，长岭断陷登娄库组致密气砂岩中大孔隙特别是粒间大孔隙的存在主要归因于绿泥石[图6-4(d)、图6-5(f)]和伊利石[图6-4(f)]环边胶结物的存在，而这在以往该地区的研究中并未得到足够的重视。这在对比第1类和第2类储层时尤为明显，第1类储层大孔隙平均为2.4%，而在环边黏土矿物较少的第2类储层大孔隙平均只有0.7%。在含较厚且较连续的环边黏土矿物登娄库组砂岩中的石英胶结物含量较低，这也与前人一些关于较厚黏土膜作为石英胶结抑制机制的报道相一致（Pittman 等，1992；Ajdukiewicz 等，2010）。考虑到绿泥石环边胶结物是第1类储层中含量最为丰富的胶结物，绿泥石抑制石英胶结进而使得孔隙得以保存。

Ajdukiewicz 和 Larese（2010）通过利用热液反应实验来验证环边黏土矿物抑制石英胶结和评价这种抑制机制。在实验中将碎屑石英颗粒与表面的黏土矿物分开，将黏土矿物剥离的碎屑石英置于能够发生石英增生的实验条件下24h。结果在石英表面观察到石英加大现象，与实验前有较大的反差对比，从而验证了环边黏土矿物对石英胶结的抑制作用。对不同黏土矿物产生的实验结果的进一步分析表明，绿泥石环边胶结物抑制石英增生的效果较伊利石更为有效（Ajdukiewicz 和 Larese，2012）。

而登娄库组绿泥石含量较伊利石更有优势的事实也与这一观点相一致。尽管第3类储层的黏土矿物最为富集，但因其粒度较细且只含有少量的大孔隙，因而在该类储层中黏土矿物抑制石英增生的效果是不明显的，这也与 Bloch 等（2002）的研究结论相吻合。Bloch 等（2002）通过对北海 Haltenbanken 地区侏罗系富含绿泥石环边胶结物的砂岩进行统计分析，岩石粒度与孔隙度、渗透率均呈较为明显的线性相关关系，论证了岩石粒度的控制作用。

六、储层质量预测

近年来，在常规储层砂岩中储层质量的预测方法已经得到初步的发展（Salem 等，2000；Ajdukiewicz 和 Lander，2010），并在国内外众多沉积盆地的油气勘探中得以广泛应用。尽管对于致密气砂岩储层质量的预测报道很少，但常规储层砂岩中储层质量的预测方法也可以运用到致密气砂岩中来预测甜点（Tobin 等，2010；Ozkan 等，2011；Zhang 等，2019）。虽然在总体上，致密气砂岩只显示出较差的储层质量，但其孔隙系统较大的差异性仍然可以用于估算和评价储层质量的演化。

在储层成岩序列和孔隙演化机制的认识下，有助于更好地分析深部登娄库组砂岩的储层质量变化（Zhang 等，2015；张鹏辉，2015）。考虑到岩石粒度、沉积微相和成岩变化的差异与大孔隙的孔隙空间及其分布样式的差异紧密相关，因而为储层质量预测的主控因素分析提供了可行性。通过粒度、沉积与成岩属性的相互作用进行对比，进而为探讨登娄库组砂岩的储层质量提供了依据和指标（图6-12），建立了研究区登娄库组致密气藏相对优质储层形成机制。

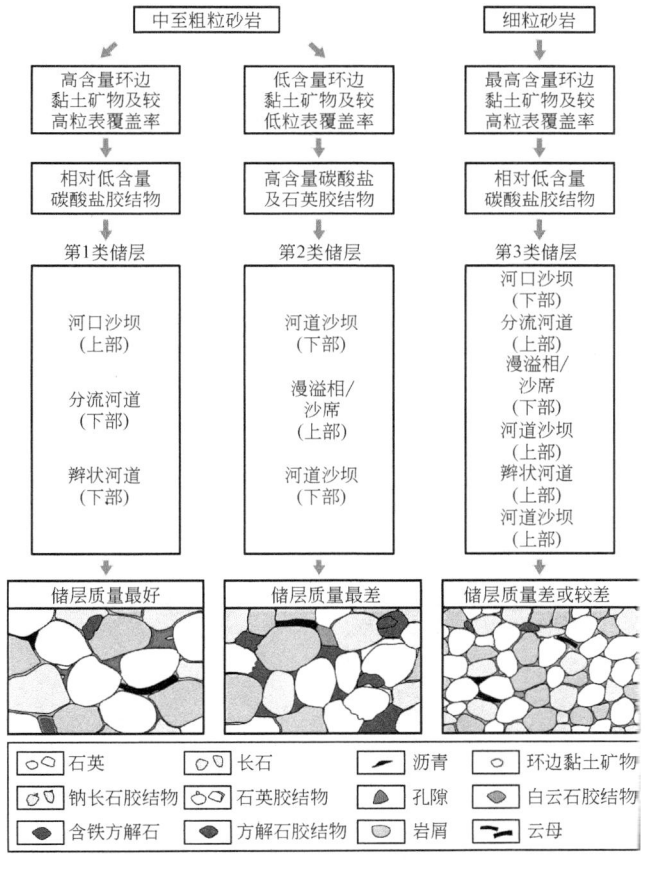

图 6-12 松辽盆地长岭断陷登娄库组储层质量预测概念模型
（据 Zhang 等，2015，有修改）

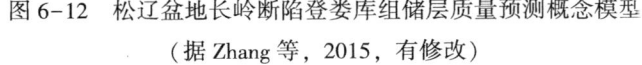

彩图中绿色文字对应辫状三角洲沉积微相；红色文字对应辫状河沉积微相

碎屑岩成岩作用（富媒体）

在第 1 类储层中，一些大孔隙和较大孔径的孔喉得以保存，导致该类储层具有较其他类型储层更好的物性条件，而在这类储层中石英胶结和碳酸盐胶结相对受限。该类储层的孔隙特征也与 Wescott（1983）、Weimer 和 Sonnenberg（1994）所报道的致密气砂岩甜点分布相一致。

第 2 类储层以较多的碳酸盐胶结为特征，在该类储层中绝大多数的粒间孔和喉道被封堵。该类砂岩层段较为富集的碳酸盐胶结物和较少的环边黏土矿物形成了流体流动的屏障，因而看作非储层。

第 3 类储层包含大量的黏土矿物，导致孔喉尺寸降低并对孔隙空间连通性造成干扰。孔隙衬边黏土矿物过厚会吸附较多水并对孔隙连通性造成干扰（Spencer，1985），进而阻碍天然气采收率。该类细粒砂岩储层带对应研究区储层质量差或较差部分，这也与前面提到的核磁共振特征响应相吻合（图 6-8）。

为了进一步验证储层质量预测认识，优先第 1 类和第 3 类储层的典型样品进行显微 CT 分析，以 3D 量化表征其内部结构，进行渗流模拟以确定有效渗滤能力（Zhang 等，2019）。通过显微 CT 进行定量三维成像和建模，可以更好地分析了解孔隙尺度上的孔隙连通性和孔隙保存特征。使用显微 CT 分析的 3D 断层扫描中的 2D 切片提供了区分整个岩石样品孔隙区域分布的代表性视图。通过二维逐层处理比较了这两类储层样品，获得了两种不同的孔隙结构（图 6-13），可以看出第 1 类储层 [图 6-13（a）（c）] 比第 3 类储层 [图 6-13（b）（d）] 具有更多更大的孔隙空间。

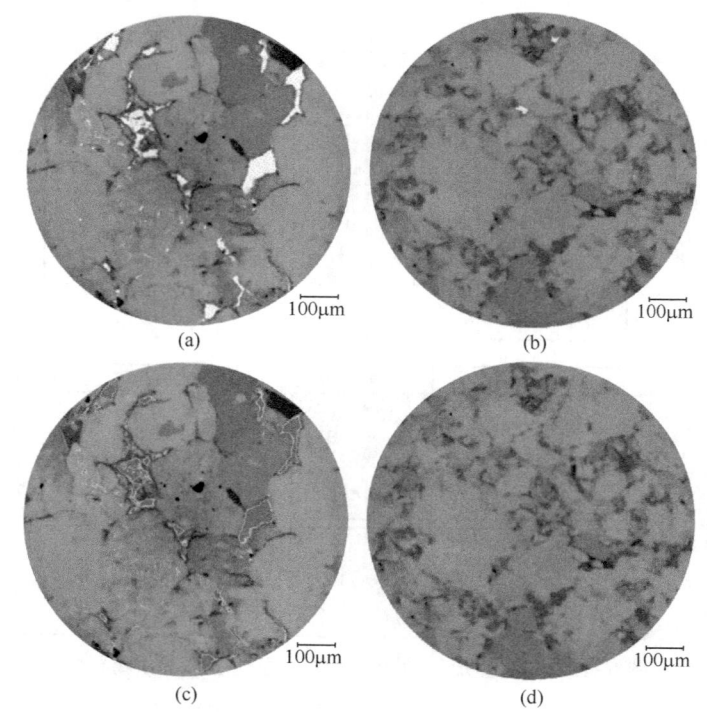

彩图 6-13　图 6-13　第 1 类储层样品（a）和第 3 类储层样品（b）的 CT 图像 2D 切片彩图中提取的孔隙分别以红色（c）（d）突出显示。注意两类样品之间的孔隙空间差异

根据一系列 1000 张断层扫描计算出的孔隙率在第 1 类储层样品中为 1.21%~5.26%（平均 3.06%），在第 3 类储层样品中从 0.02% 到 0.97%（平均 0.19%）不等（图 6-14；Zhang 等，2019）。此外，基于孔隙统计的定量测量表明，第 1 类储层样品的平均孔径为 3.30μm，平均喉径为 2.22μm，平均孔体积为 829.945μm³。相比之下，第 3 类储层样品的平均孔径和喉部直径分别为 1.98μm 和 1.00μm，平均孔体积为 78.15μm³。

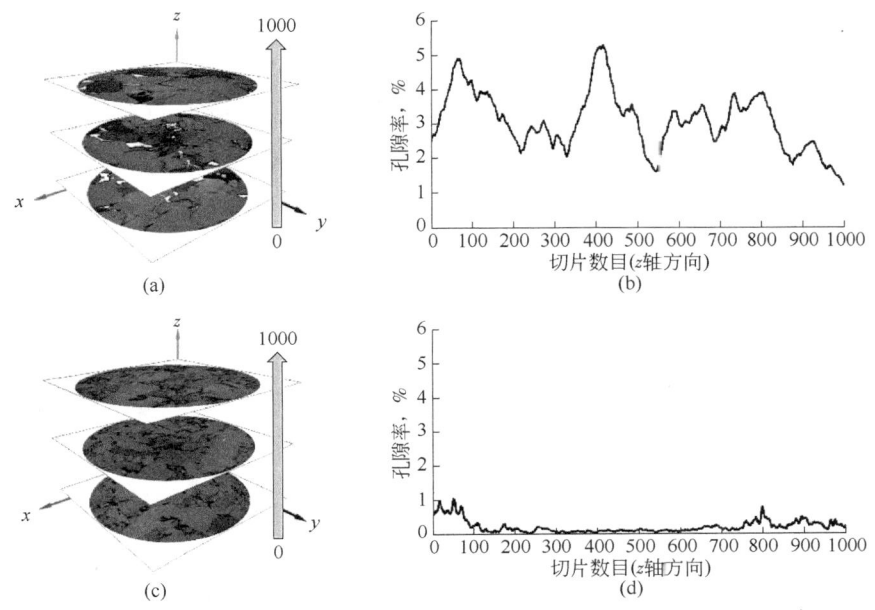

图 6-14　第 1 类储层样品（a）(b) 和第 3 类储层样品（c）(d) 中的一系列共 1000 张 CT 扫描切片的孔隙率计算（据 Zhang 等，2019，有修改）

基于显微 CT 图像，对两类样品的孔隙网络进行了 3D 重建（图 6-15、图 6-16）。其中孔隙显示为红色，而喉道标记为绿色。如可视化所示，第 1 类储层样品中的孔隙系统保存得更好，而第 3 类储层样品中通常没有较大尺寸的孔体积（Zhang 等，2019）。此外，图 6-15(f) 和图 6-16(f) 对样品孔隙空间连通性结果进行了可视化，以不同的颜色显示了内部连接的孔体积。可见第 1 类储层样品中孔隙网络的连通性比第 3 类储层样品更好。

致密气砂岩的储集和流动特征密切依赖于孔隙网络的连通性（Golab 等，2010；Mousavi 和 Bryant，2012；Anovitz 和 Cole，2015；Zhang 等，2019）。为了进一步了解孔隙网络的连通性，对上述三维重构模型进行了渗流模拟。在图 6-17 中，流动沉线表示第 1 类储层样品中的流体流动路径。绿色表示连通的孔隙网络。模拟的孔隙尺度流动可以沿 y、z 两个方向穿过第 1 类储层样品内重构的孔隙系统（图 6-17），形成连通的流动路径。可以看出，连通孔喉结构对渗透率的影响较大（Zhang 等，2019）。而对于第 3 类储层样品，其数值模拟结果表明，由于连通性较差，即使在亚微米尺度孔隙网络也不存在渗流现象。这一结果与前人的认识（Bloch 等，2002）较为一致，即相近厚度的绿泥石膜对细粒砂岩渗透率降低的影响明显高于中粗粒砂岩。三维模拟结果提供了流体渗流能力随孔隙度变化的图像，直接证实了在

碎屑岩成岩作用（富媒体）

第1类储层样品中观察到更好的孔隙网络连通性。这一结果也能与上述岩石粒度、沉积微相和成岩演化的储层质量预测框架很好地吻合。表明第1类储层砂岩在孔隙尺度上为气体流动提供了更有效的储层空间和连通路径，代表了更好的储层质量段。

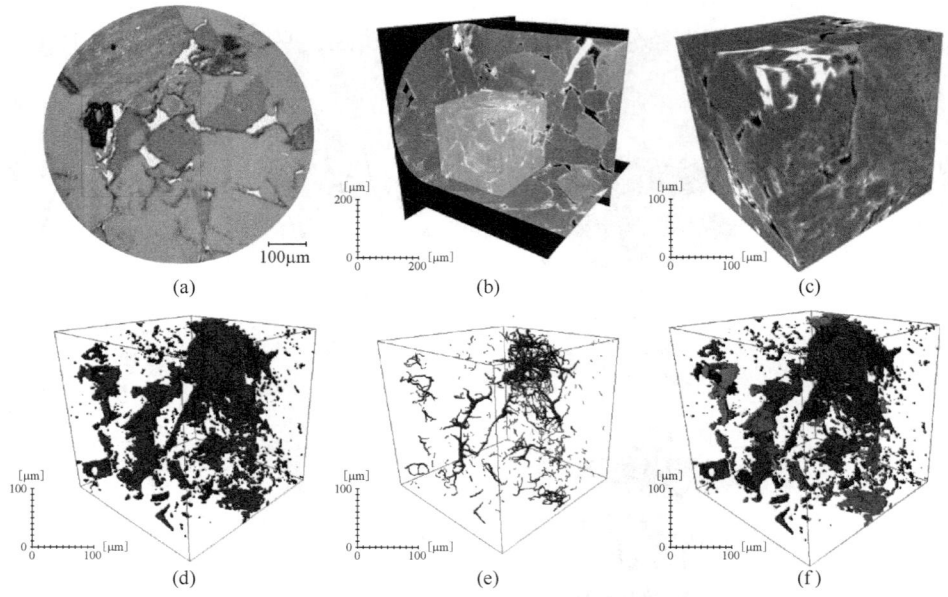

图 6-15　第1类储层样品的 2D 和 3D 体积渲染可视化（据 Zhang 等，2019，有修改）

（a）中用橙色线标记的区域已被选择并重建，用于（b）和（c）所示的 3D 可视化；（d）从显微 CT 图像中获得的孔隙体积；（e）喉道网络；（f）连通孔隙体积的不同分组以不同的颜色显示

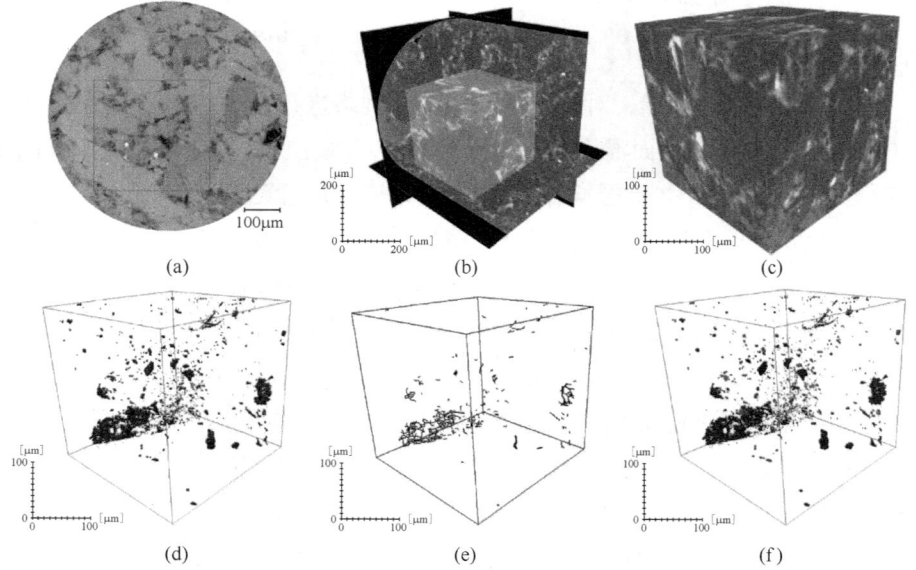

图 6-16　第3类储层样品的 2D 和 3D 体积渲染可视化（据 Zhang 等，2019，有修改）

（a）中用橙色线标记的区域已被选择并重建，用于（b）和（c）所示的 3D 可视化；（d）从显微 CT 图像中获得的孔隙体积；（e）喉道网络；（f）连通孔隙体积的不同分组以不同的颜色显示

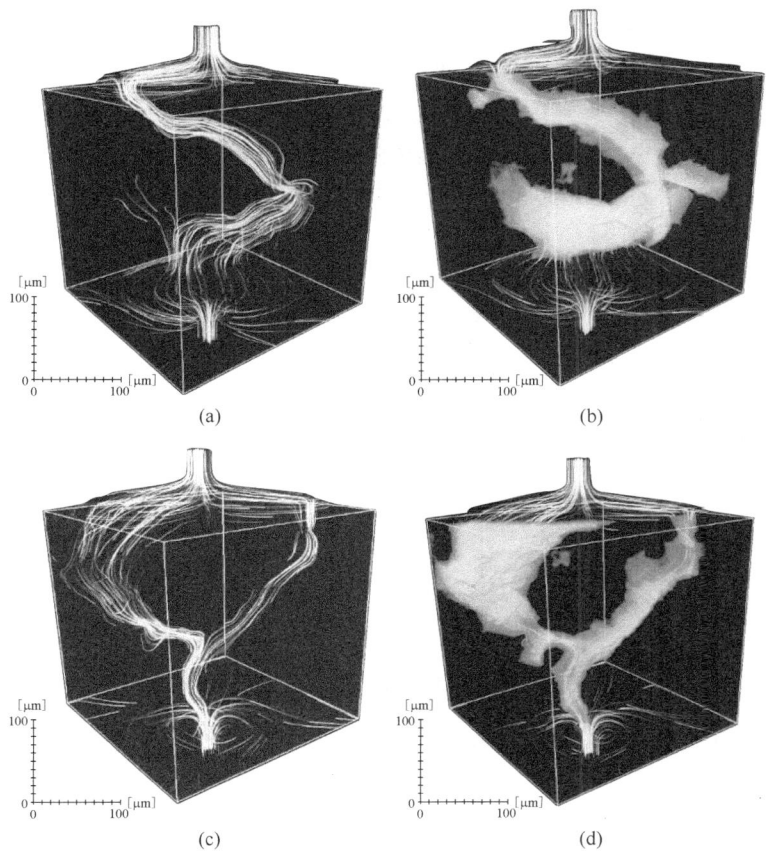

图 6-17　第 1 类储层样品的流体渗流模拟结果

彩图 6-17

黄色流线代表流动路径，绿色表示与流动路径相关的连通孔隙网络。

流体注入为从上到下，沿 y 轴方向（a）(b) 和 z 轴方向（c）(d)

因此，通过显微 CT 表征孔隙尺度（从纳米/亚微米到微米）与岩心尺度（从毫米到米）的沉积性质相关，可以作为输入信息或验证，以进一步了解储层质量，尽管在从孔隙尺度到岩心尺度的提升上仍存在许多限制和挑战（Zhang 等，2019）。因此，结合显微 CT、成岩作用和沉积特征，为松辽盆地长岭断陷登娄库组致密气砂岩储层质量预测提供了很好的指标。

第二节　层序地层框架下的致密砂岩储层成岩作用研究

一、储层岩石学特征

东海陆架盆地丽水凹陷古新统储层砂岩以长石岩屑砂岩为主，岩屑长石砂岩和岩屑砂岩含量较少，投点较为集中（图 6-18）；储层岩屑集中在火山岩。储层岩石通常以细粒到中粒砂岩为特征。古新统明月峰砂岩以长石岩屑为主，其平均成分为 $Q_{23}F_{10}R_{67}$。组分颗粒多为次棱角到次圆角，分选较一般。明月峰组石英含量较低，单晶石英颗粒较丰富。长石在岩石中的含量相对较少，尽管钾长石（平均含量7.2%）比斜长石（平均含量3.4%）更常见。岩屑（火成岩、变质岩和沉积岩）是所有砂岩样品中最丰富的碎屑矿物，火成岩成分占主导地位（平均含量47.2%）。云母较少见，平均含量小于0.1%（Xu等，2015；Li等，2016）。

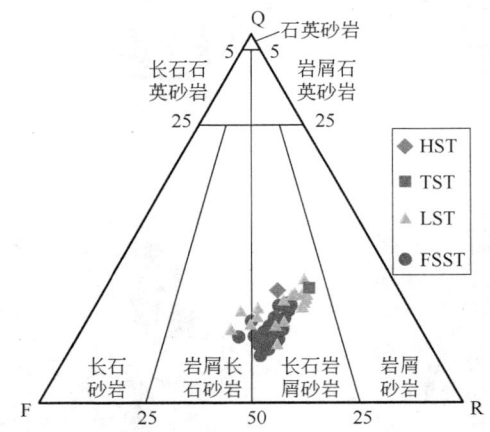

图6-18 丽水凹陷古新统砂岩三角图（据Xu等，2015）

二、储层物性和孔喉结构特征

1. 储层物性特征

丽水凹陷古新统物性，除明月峰组下段储层物性较好以外，其余层段均较差。其中月桂峰组为低孔低渗储层，灵峰组为特低孔特低渗储层，明月峰组下段物性较好，属中孔中渗储层，明月峰组上段为低孔特低渗储层。明月峰组储层物性明显好于灵峰组、月桂峰组，月桂峰组又比灵峰组的物性稍好（表6-3）。

表6-3 丽水凹陷古新统各层组物性统计表

层位	孔隙度,%				渗透率,mD			
	最大值	最小值	平均	样数	最大值	最小值	平均	样数
明月峰组上段	27.44	3.45	16.54	43	2781.36	0.15	201.95	37
明月峰组下段	25.5	1.3	15.74	125	92.8	0.001	10.62	124
灵峰组上段	16.2	2.1	9.38	17	5.07	0.001	0.91	14
灵峰组下段	8.6	6.7	7.64	24	1.1	0.01	0.18	15
月桂峰组	13	5.25	9.78	16	0.46	0.16	0.26	13

丽水凹陷古新统渗透率和孔隙度呈现较好的指数关系（图6-19），相关系数为0.7187，其中明月峰组孔渗相关性较好，相关系数为0.6708，灵峰组和月桂峰组的相关性较差，相关

系数分别为 0.3937 与 0.1753，这可能与灵峰组和月桂峰组地层泥质含量较高有关。

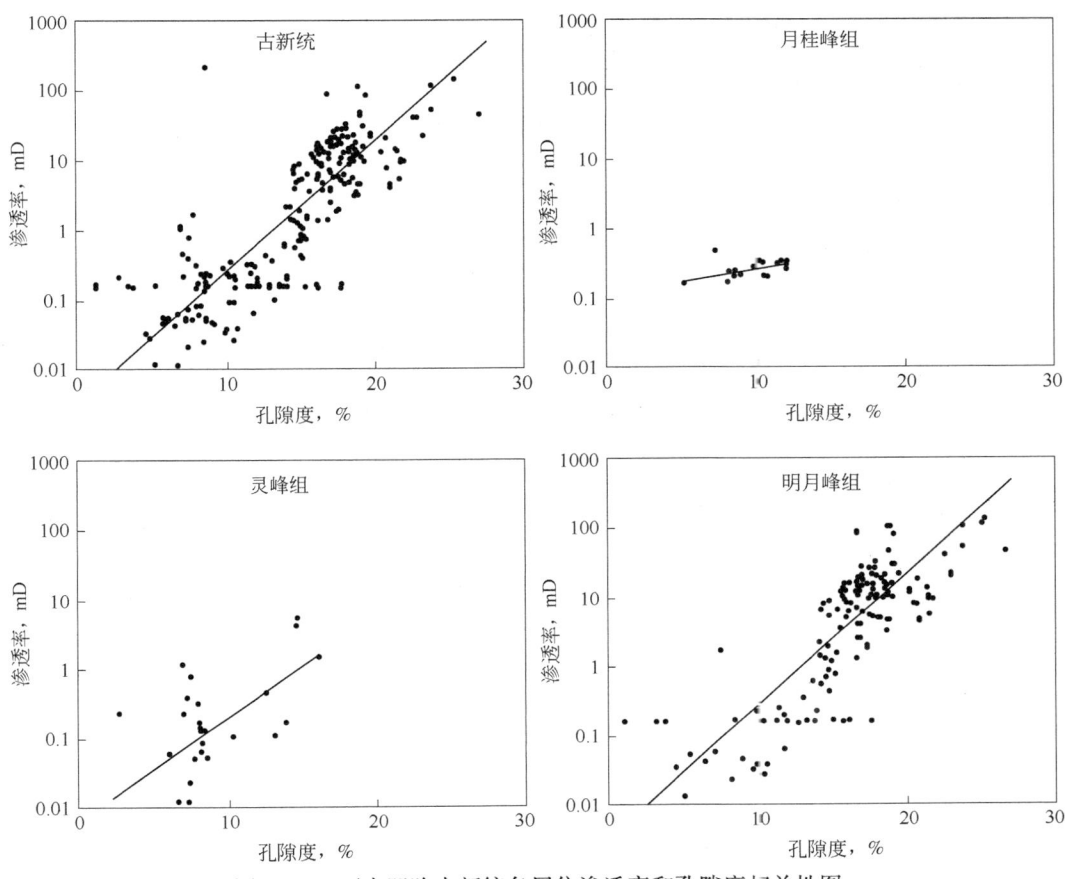

图 6-19　丽水凹陷古新统各层位渗透率和孔隙度相关性图

2. 储层孔隙类型

丽水凹陷古新统主要为低孔低渗储层，孔隙小、喉道细是研究区孔隙结构的主要特征。研究区孔隙结构较复杂，有连通性较好的孔隙，也有不连通的死孔，泥质杂基与碳酸盐充填于孔隙间与附着在颗粒表面。孔隙类型多样，主要有粒间孔、粒内孔、铸模孔，裂缝、微孔隙和特大孔少见。孔隙以原生孔隙与次生孔隙混合型为主，残余原生粒间孔、溶蚀孔、裂缝是该区的主要孔隙类型，且残余原生孔隙最为普遍，是油气水储集的场所和油气水流动的重要通道。

粒间孔普遍存在于丽水凹陷，是研究区最为重要的一种孔隙类型。粒间孔主要由残余原生粒间孔和次生粒间孔组成（图 6-20），次生粒间孔主要是长石和岩屑被溶蚀形成的，长石和岩屑的溶蚀作用加大了孔隙，扩大了喉道。

粒内孔也是研究区一种常见的孔隙类型，研究区内最为常见的是长石颗粒粒内溶解，其次是岩屑溶蚀。长石溶解十分明显，通过扫描电镜和铸体薄片的观察，长石沿解理面溶蚀形成窗格状，溶蚀强烈时，则形成蜂巢状或残骸状（图 6-21）。

碎屑岩成岩作用（富媒体）

图 6-20 粒间孔铸体薄片特征

(a) LS36-1-1, 2581.93m; (b) LS36-1-2, 2257.2m;
(c) LS36-1-2, 2243.16m; (d) WZ20-1-1, 1891m

图 6-21 粒内孔铸体薄片特征

(a) LS36-1-2, 2248.3m; (b) LS36-1-1, 2578.1m

铸模孔在研究区内也较为常见，是不稳定颗粒完全被溶蚀后形成的孔隙，其形态与被溶颗粒相似。最常见的是长石和岩屑溶蚀形成的铸模孔（图6-22）。

研究区偶见微裂缝，从铸体薄片和扫描电镜上观察到，裂缝宽 1~10 余微米，延伸 100 余微米至数千微米。研究区可见开启的裂缝，这部分裂缝是良好的油气储集空间，并且裂缝与孔隙相连通，有利于油气运移及酸性地层水的流动[图6-23(a)]，部分裂缝被沥青充填[图6-23(b)]，也有部分裂缝被碳酸盐岩（方解石）充填[图6-23(c)]。

第六章 致密砂岩储层成岩作用实例分析

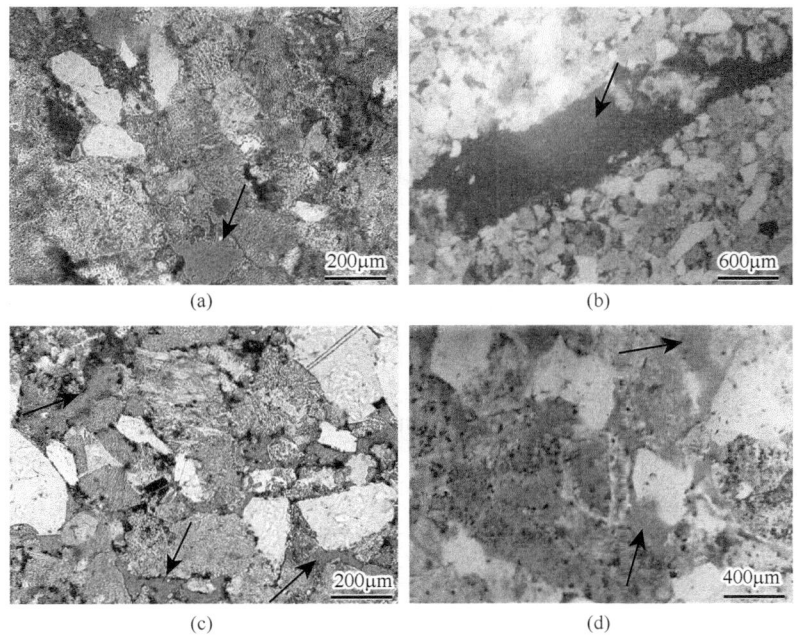

图 6-22 铸模孔铸体薄片特征

(a) LS36-1-1,2578.1m;(b) LS36-1-1,2579.07m;
(c) LS36-1-2,2248.3m;(d) LS36-1-2,2291.25m

图 6-23 裂缝铸体薄片特征

(a) LS36-1-2,2295.44m;(b) LS35-3-1,2558m;(c) WZ20-1-1,1819m

3. 孔喉结构

孔喉的大小和形态主要取决于砂岩的颗粒接触类型和胶结类型，以及颗粒本身的大小和形状。研究孔喉结构主要采用铸体薄片、扫描电镜和毛细管压力资料进行分析。铸体薄片、扫描电镜资料能够直观反映孔喉结构特征，由铸体薄片及图像分析资料来看，研究区古新统储层孔隙较小，喉道狭窄，主要为片状或片弯状喉道。

毛细管压力法是间接测定孔隙结构的一种实验方法，压汞资料可从三维空间的角度反

碎屑岩成岩作用（富媒体）

映储层的孔喉特征，也可为定量分析孔喉结构特征提供重要参数（表6-4）。从压汞曲线的形态上可以看出研究区储层砂岩分选较差，歪度偏细歪度，而压汞实验取得的孔喉结构的特征参数则可以使孔喉结构好坏的评价定量化。将压汞曲线的形态相似与孔喉结构特征参数值相近的样品归为一类，研究区孔喉结构可以分为以下四类：

表6-4 明月峰组下段孔喉结构关键参数统计表

孔喉类别	井号	样数	渗透率 mD	孔隙度 %	R_{50} μm	分选系数	歪度	退出效率 %	排驱压力 MPa
Ⅰ类	LS36-1-2	22	21.2/ 12.2~48.5	17.9/ 16.2~20.8	0.93/ 0.48~1.52	1.12/ 0.97~1.72	2.29/ 0.37~6.77	50.6/ 40.4~61.1	0.09/ 0.09~0.09
Ⅰ类	LS36-2-1	2	74.3/ 72.2~76.4	23.4/ 23.3~23.5	0.67/ 0.61~0.72	0.41/ 0.37~0.45	—	55.9/ 55.5~56.2	0.11/ 0.10~0.12
Ⅰ类	总计	24	25.6/ 12.2~76.4	18.3/ 16.2~23.5	0.91/ 0.48~1.52	1.06/ 0.37~1.72	2.29/ 0.37~6.77	51.1/ 40.4~61.1	0.09/ 0.09~0.12
Ⅱ类	LS36-1-2	50	12.6/ 3.94~27.8	17.4/ 14.5~21.9	0.60/ 0.27~1.17	1.31/ 0.31~4.52	2.74/ 0.56~8.03	46.2/ 39.1~59.3	0.14/ 0.08~0.87
Ⅱ类	总计	50	12.6/ 3.94~27.8	17.4/ 14.5~21.9	0.60/ 0.27~1.17	1.31/ 0.31~4.52	2.74/ 0.56~8.03	46.2/ 39.1~59.3	0.14/ 0.08~0.87
Ⅲ类	LS36-1-2	13	3.24/ 0.19~7.2	16.3/ 12~18.8	0.33/ 0.18~0.45	1.04/ 0.83~1.26	1.26/ 0.61~4.05	45.4/ 34.2~59	0.31/ 0.10~0.85
Ⅲ类	LS36-2-1	8	13.4/ 3.3~38.5	20.4/ 17.2~24.0	0.32/ 0.15~0.59	0.32/ 0.24~0.51	—	51.6/ 50.3~54.0	0.19/ 0.12~0.31
Ⅲ类	总计	21	6.49/ 0.19~38.5	17.6/ 12~24.0	0.32/ 0.15~0.59	0.81/ 0.24~1.26	1.26/ 0.61~4.05	47.4/ 34.2~59	0.27/ 0.10~0.85
Ⅳ类	LS36-1-1	17	0.39/ 0.03~1.4	10.6/ 4.6~14.9	0.09/ 0.004~0.27	2.54/ 1.55~3.51	-0.1/ -1~0.51	31.0/ 15.3~41.5	1.44/ 0.15~4.68
Ⅳ类	LS36-1-2	10	0.13/ 0.01~0.68	10.5/ 5.31~15	0.05/ 0.01~0.08	2.60/ 0.56~18.0	2.26/ 1.01~4.71	26.5/ 16.0~41.5	5.68/ 0.83~18.6
Ⅳ类	LS36-2-1	5	0.23/ 0.02~0.77	11.2/ 7.87~15.5	0.03/ 0.02~0.04	0.53/ 0.39~0.71	—	43.9/ 32.9~56.4	1.45/ 0.30~1.99
Ⅳ类	WZ26-1-1	7	—	9.4/ 7.7~10.1	0.10/ 0.01~0.20	3.26/ 2.36~6.15	-2.8/ -4.5~0.11	—	—
Ⅳ类	总计	39	0.28/ 0.01~1.4	10.4/ 4.6~15.5	0.08/ 0.004~0.27	2.43/ 0.39~18.0	-0.002/ -4.5~4.71	31.8/ 15.3~56.4	2.77/ 0.15~18.6

注："/"左边数字为平均值，右边数字为数值范围。

Ⅰ类孔喉结构：压汞曲线呈现明显的平台，最大进汞饱和度在85%~100%之间，孔隙度>16%，渗透率>12mD。孔喉相对较粗，孔隙间连通性较好。R_{50}分布在0.48~1.52μm之间，分选较好，分选系数>0.37，粗歪度，排驱压力较小，平均小于0.12MPa。从单井来看，LS36-2-1的样品虽然比LS36-1-2的孔渗高，但是由于LS36-2-1的分选较差，喉道较细，直接影响了流体的流动，导致其排驱压力较高。该现象说明了储层砂岩的分选好坏与喉道粗细是影响孔隙结构优劣的关键。

Ⅱ类孔喉结构：压汞曲线呈现较为明显的平台，最大进汞饱和度在75%~90%之间。样品孔隙度分布在14.5%~21.9%之间，渗透率分布在3.94~27.8mD之间，喉道半径较Ⅰ类细，R_{50}分布在0.27~1.17μm之间，分选较好，歪度较粗，歪度分布于0.56~8.03之间，排驱压力较小，位于0.08~0.87MPa之间。

Ⅲ类孔喉结构：压汞曲线未见明显的平台，最大进汞饱和度在80%~90%之间。样品孔隙度分布在12%~24%之间，渗透率分布在0.19~38.5mD之间，喉道明显变细，孔隙间连通性较差，R_{50}分布在0.15~0.59μm之间，分选变差，分选系数分布在0.24~1.26之间，歪度较细，排驱压力较大，位于0.1~0.85MPa之间。

Ⅳ类孔喉结构：压汞曲线未见明显的平台，最大进汞饱和度在20%~80%之间。孔隙度<15%，渗透率<1.4mD，喉道非常细，孔隙间基本不连通，R_{50}在0.004~0.27μm，歪度非常细，样品的歪度均值为-0.002，分选较好，排驱压力大，位于0.15~18.6MPa之间。

三、储层成岩作用

通过取心井普通薄片、铸体薄片以及扫描电镜的镜下观察，确定对丽水凹陷古新统碎屑岩储层有重要影响的成岩作用主要包括压实—压溶作用、胶结作用、溶蚀作用、交代作用。

1. 压实—压溶作用

研究区压实作用以机械压实作用为主，其中颗粒的压实定向常见于杂基支撑的粉砂岩、粉细砂岩中，由于埋深增加，碎屑颗粒重新排列，发生压实定向，碎屑颗粒长轴近于水平方向定向排列[图6-24(a)]。

塑性颗粒的压实变形主要是生物碎屑、云母、海绿石颗粒、泥质岩屑等受压弯曲、伸长或被硬碎屑嵌入。碎屑经压实可以压断、挤碎，甚至可以变成假杂基[图6-24(b)(c)(d)]。

碎屑颗粒接触关系的变化随压实作用增强，颗粒的分布趋于紧密，颗粒由分离到相互靠近，碎屑颗粒从以点—线接触为主，到以线—面接触与凹凸接触为主[图6-24(b)(c)]，同时颗粒间的紧密接触往往会导致石英和长石碎屑的压溶生长现象，形成碎屑颗粒的增长加大边，使颗粒间连接孔隙的喉道越来越扁平狭窄，对储层渗透率有着重要的影响[图6-24(d)]。

石英、长石等刚性颗粒，在上覆压力超过颗粒的抗压强度时，颗粒沿其薄弱面破裂，长石一般沿其解理面破裂，石英产生菱面体解理[图6-24(e)]。

岩石半固结或固结后，在压实作用下可以产生构造裂缝，这类裂缝有的已被化学沉淀矿物或被碎屑岩脉充填，有的完全张开，作为油气通道存在或被沥青充填。构造裂缝与岩

碎屑岩成岩作用（富媒体）

图 6-24 压实—压溶铸体薄片特征

(a) LS36-1-1, 2579.1m; (b) LS35-3-1, 2853m; (c) LS36-1-1, 2579.1m;
(d) LS36-1-1, 2581.03m; (e) LS36-1-1, 2579.1m; (f) LS35-3-1, 2220.5m

石中的孔隙相连通，对油气的渗流十分有利，但在本区较少发育[图 6-24(f)]。

2. 胶结作用

丽水凹陷古新统自生矿物由碳酸盐矿物（包括含铁方解石、铁白云石、白云石、方解石、菱铁矿、片钠铝石）、黄铁矿、褐铁矿、重晶石、锐钛矿等构成，其中碳酸盐矿物最为普遍且含量最高，黄铁矿含量次之，褐铁矿、重晶石、锐钛矿少量。丽水凹陷古新统砂体储层的胶结类型主要有：碳酸盐胶结（含量最高）、硅质胶结、黏土矿物胶结和其他自生矿物胶结。

1) 碳酸盐胶结作用

碳酸盐胶结作用在研究区内储层中十分普遍，以含铁方解石、铁白云石、菱铁矿普遍发育为特征，碳酸盐胶结作用是影响本区储层性质的主要因素之一。碳酸盐胶结程度各异，含铁方解石和铁白云石明显多于白云石、方解石，此外菱铁矿含量较高，并见少量片钠铝石发育。其中，钙质含量（平均为 3.48%）明显高于镁质含量（平均为 0.84%）。按在成岩过程中形成的先后顺序，碳酸盐胶结物大致可分为早期碳酸盐胶结物和晚期碳酸盐胶结物。

早期碳酸盐胶结物由自形—半自形的方解石和白云石[图 6-25(a)(b)]与他形方解石和白云石呈连晶结构[图 6-25(c)(d)]充填于碎屑颗粒间，方解石和白云石几乎占据了所有原生孔隙，使碎屑岩物性变差。镜下，碎屑颗粒多以点—短线方式接触，碎屑颗粒没有被压碎，这充分说明早期碳酸盐胶结物形成于有效压实之前。早期碳酸盐胶结物支撑原始孔隙，有效阻碍了压实作用的进行，为酸性水溶蚀和次生孔隙形成创造了条件。

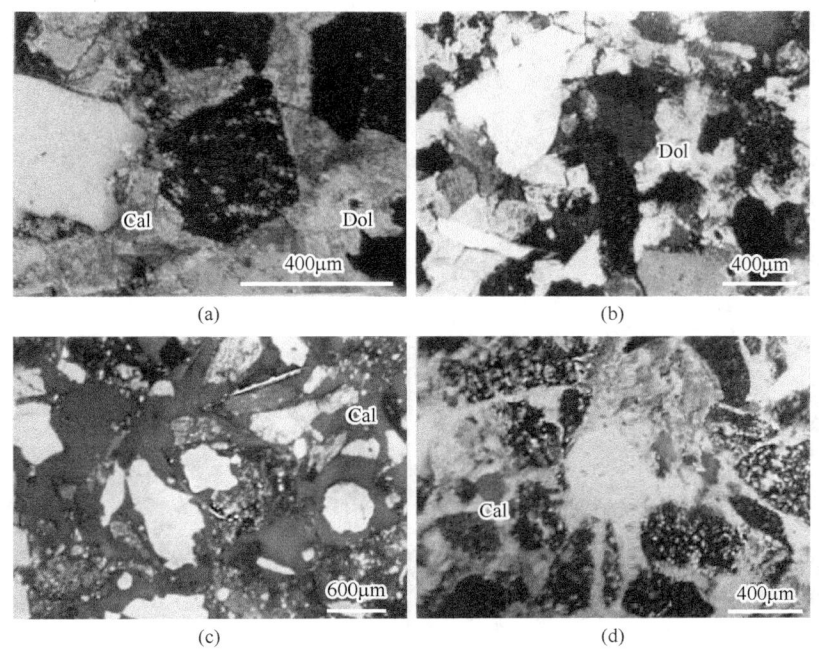

图 6-25　早期碳酸盐胶结铸体薄片特征

(a) LS36-1-1，1200m；(b) LS36-1-1，1665m；
(c) LS36-1-2，2256.16m；(d) WZ20-1-1，2308.5m
Cal—方解石，Dol—白云石

晚期碳酸盐胶结物由含铁方解石、铁白云石、菱铁矿、片钠铝石构成。通过显微镜下观察可见，细晶、中—粗晶含铁方解石[图 6-26(a)(b)]、铁白云石呈斑点状、板块状填充于孔隙间[图 6-26(c)(d)]，其自形程度较好。含铁方解石、铁白云石胶结多发生在石英加大与长石溶蚀之后。

研究区菱铁矿有两种产状——隐晶团块状和微晶自形粒状，多以微晶菱铁矿绕颗粒形成链状胶结形式产出，部分微晶菱铁矿充填于长石、岩屑溶蚀孔[图 6-26(e)(f)]。据薄片鉴定资料统计分析（LS36-1-1、LS36-1-2），菱铁矿在各层位都有分布，由埋深 630m 到 3650m 均有分布，说明菱铁矿形成有分早、晚两个时期。

纤维状片钠铝石呈放射状填充粒间孔或者溶蚀孔[图 6-26(g)(h)(i)]，常伴随长石溶蚀，伴生少量菱铁矿、高岭石。片钠铝石主要发育在明月峰组下段，多会占据长石、岩屑溶蚀孔，因此可以判断其形成时间晚于长石溶蚀作用之后，形成时期较晚。

2）硅质胶结作用

研究区内储层硅质胶结物主要以石英次生加大与自生石英形式产出。铸体薄片镜下观察可见，石英一般具Ⅰ~Ⅱ级次生加大（图 6-27），偶尔也能见Ⅲ级石英加大[图 6-27(a)(b)]。石英加大多有黏土脏边，黏土脏边限制了石英加大，这也许是研究区石英次生

碎屑岩成岩作用（富媒体）

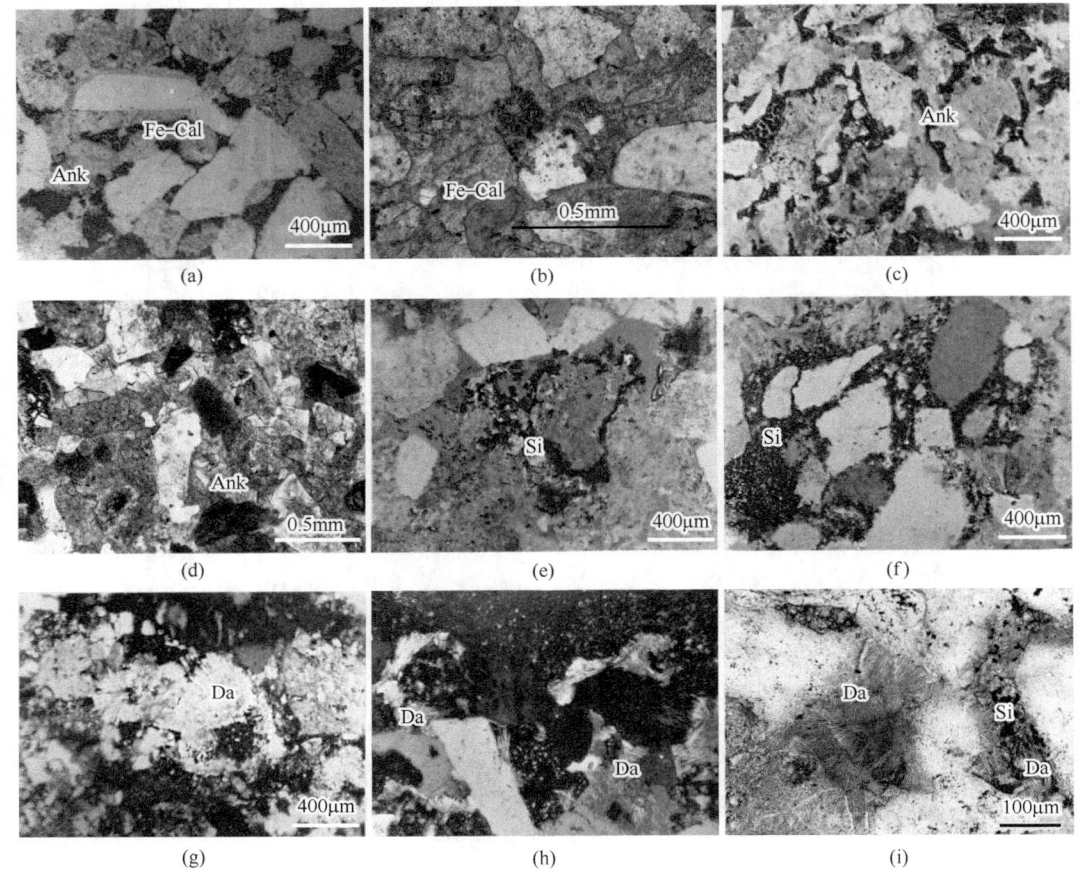

图 6-26 晚期碳酸盐胶结铸体薄片特征

（a）LS36-1-1，2444m；（b）LS35-3-1，2227.5m；（c）LS36-1-2，2258.36m；
（d）LS35-3-1，1968m；（e）LS36-1-2，2241.41m；（f）LS36-1-2，2252.35m；
（g）LS36-1-2，2236.53m；（h）LS36-1-1，2370.5m；（i）LS36-1-2，2257.2m
Fe-Cal—含铁方解石；Ank—铁白云石；Si—菱铁矿；Da—片钠铝石

加大级别较低的原因之一。石英次生加大在研究区不发育且只出现在较大埋深处（埋深大于2200m），其加大边向孔隙方向生长充填孔隙，从而占据了孔隙空间，缩小喉道，改变孔隙结构，明显降低储层物性。

扫描电镜下，六方锥形自生石英外缘晶面平直、棱角分明，向孔隙伸长，也见部分自生石英晶粒间与粒表有黏土颗粒分布。

3）黏土矿物胶结作用

丽水凹陷古新统黏土矿物比较发育，据X射线衍射与镜下观察，研究区古新统储层中黏土矿物含量在2%~50.8%之间，平均含量12.48%。研究区高岭石、I/S混层、伊利石等黏土矿物分布广泛，其中伊利石含量最高，I/S混层次之，绿泥石少见，未见蒙皂石。

图 6-27 石英加大铸体薄片特征

(a) LS36-1-1, 2580.15m; (b) LS36-1-1, 2582.93m;
(c) LS35-3-1, 2265.5m; (d) LS35-3-1, 2619m

研究区内高岭石较发育，据 X 射线衍射资料，高岭石含量在 0.37%~76.43% 之间，平均 25%。当砂岩储层埋深超过 2300m 时，高岭石含量骤减，大量高岭石向 I/S 混层、伊利石转化。研究区高岭石主要是由颗粒蚀变和杂基蚀变形成，长石高岭石化现象十分普遍（图 6-28）。扫描电镜下高岭石自形程度较好，高岭石单晶本呈干净、明亮的全自形六角板状，集合体呈书页状或蠕虫状，主要充填于粒间孔及粒间溶孔内。

I/S 混层矿物的结构、有序度、矿物含量的变化是研究人员最感兴趣的，通常用 I/S 混层中蒙皂石含量来定量表示 I/S 混层的演化阶段，并以此判定成岩阶段（Hoffman 和 Hower，1979）。研究区 I/S 混层相对含量较高，相对含量在 1.3%~98.14% 之间，平均 28.2%，I/S 混层中蒙皂石含量在 15%~30% 之间。电镜下，I/S 混层的形态介于蒙皂石和伊利石之间，多以孔隙衬垫和充填的形式出现，形态为丝片状及片状，I/S 混层多为无序状。

伊利石是研究区最为发育的黏土矿物。据 X 射线衍射资料，其相对含量在 0.17%~86.91% 之间，平均 45.69%。电镜下，伊利石呈片状或丝状充填于粒孔间或分布于粒表。丝状的伊利石常常呈搭桥状充填孔喉或呈薄膜状披盖在颗粒表面形成伊利石膜，极大降低了储层的渗透性能。

3. 溶蚀作用

研究区内砂岩储层常经受不同程度的溶蚀作用，形成多种类型的次生孔隙，对改善砂

碎屑岩成岩作用（富媒体）

图 6-28 高岭石铸体薄片特征
(a) LS36-1-1, 2579.1m; (b) LS36-2-1, 2248.3m;
(c) WZ20-1-1, 1826.5m; (d) WZ20-1-1, 2293.5m

岩储层的储集性能起到了积极作用。镜下观察，被溶蚀的矿物主要发生在长石、岩屑和部分碳酸盐胶结物等不稳定矿物，最常见是长石溶解，岩屑溶蚀也较为普遍。

长石溶蚀是最为常见的溶解现象，其溶解程度不同，长石的溶解往往从其内部开始，解理缝和双晶面首先产生机械破裂，形成微裂缝，粒间溶液沿着微裂缝渗透，蚕食鲸吞，最后可将颗粒完全溶去。被溶的长石往往具有港湾状、锯齿状、蜂窝状溶蚀边缘（图6-29），溶蚀十分强烈时，可形成铸模孔。电镜下，可见长石溶蚀成蜂窝状、窗格状和残骸状。长石溶蚀形成大量的粒内孔、粒间孔、铸模孔，很大程度上改善了储层的物性。

研究区火山岩碎屑和岩屑的溶蚀现象也较为普遍，火山岩碎屑常被溶蚀成蜂巢状，形成大量粒内孔（图6-30）。岩屑的溶蚀多不规则，溶蚀较弱时会形成大量的粒内溶孔，溶蚀强烈时也可形成铸模孔和包壳孔。

碳酸盐矿物的溶蚀在研究区内目的层较少，对储层物性的改善作用不大。铸体薄片镜下观察可见，粒间充填的碳酸盐胶结物具溶蚀特征。铁白云石被溶解成参差不齐或不规则的港湾状，铁方解石被溶解呈蜂窝状，形成粒内溶孔。

4. 交代作用

交代作用包括碳酸盐胶结物之间的相互交代，黏土矿物交代碎屑颗粒以及碳酸盐矿物交代碎屑颗粒等。

研究区碳酸盐矿物之间的交代作用普遍发育。白云岩化作用是研究区最常见的交代作

图 6-29 长石溶蚀铸体薄片特征

(a) LS36-1-1, 2270m, 正交光; (b) LS36-1-1, 2585m;
(c) LS36-1-2, 2235.73m; (d) LS36-1-2, 2244.22m

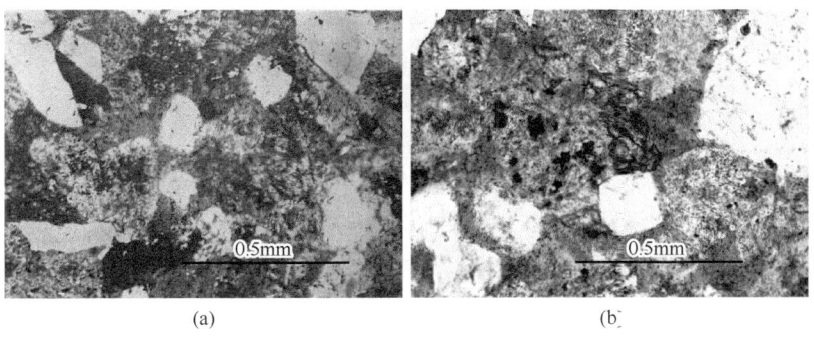

图 6-30 岩屑溶蚀铸体薄片特征

(a) LS35-3-1, 2240m; (b) LS35-3-1, 2323m

用。铸体薄片镜下观察可见，白云岩化作用表现为白云石交代含铁方解石[图6-31(a)]，白云石、铁白云石交代含铁方解石[图6-31(b)]，研究区还存在片钠铝石交代含铁方解石现象[图6-31(c)]。

5. 储层早成岩阶段主要成岩变化

个别长石颗粒被溶蚀呈残余状[图6-32(a)]；局部地方粒间孔分布书页状高岭石[图6-32(b)]，并见长石向高岭石转化[图6-32(c)]，多见于高位体系域（HST）和低位体系域（LST）砂岩中，表明高岭石的形成与长石的溶解有关。

碎屑岩成岩作用（富媒体）

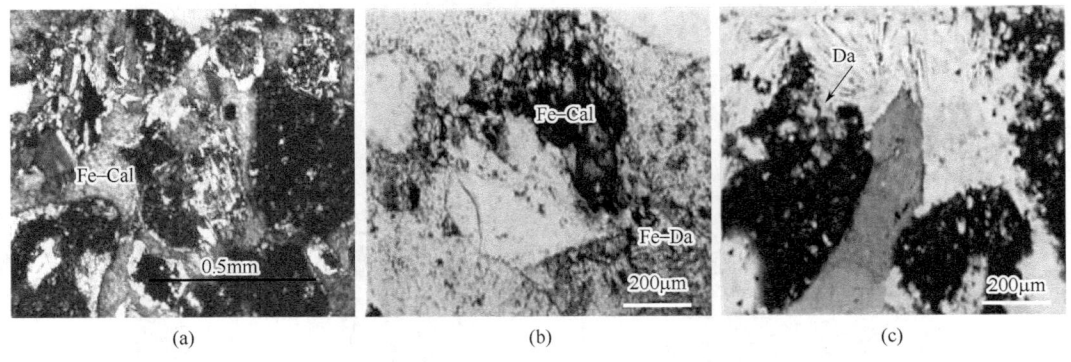

图 6-31　交代作用铸体薄片特征

（a）LS35-3-1，2796.5m，正交光；（b）LS36-1-1，2578m；（c）LS36-1-1，2578m，正交光

图 6-32　早成岩阶段部分成岩特征

（a）长石部分溶蚀，LS36-1-2，LST；（b）高岭石胶结物，LS36-1-2，LST；（c）碎屑高岭石化，LS36-1-2，LST

黄铁矿平均含量为 0.84%，常充填石英、长石以及岩屑颗粒的溶蚀孔隙。扫描电镜下黄铁矿常呈小型球状、草莓状集合体充填于粒间孔隙中；黄铁矿常为伊利石、高岭石等黏土矿物所覆盖，并常与自生石英共生。黄铁矿集合体多见于 HST 和 LST 中（图 6-33），形成所需的硫主要来自生物作用分解有机质所产生的 H_2S。

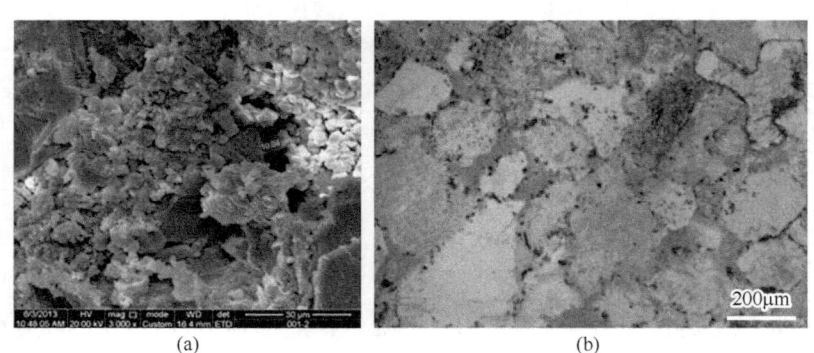

图 6-33　早期黄铁矿胶结电镜及薄片特征

（a）LS36-1-2，LST；（b）LS36-1-2，LST

6. 储层中成岩阶段主要成岩变化

LST 砂岩中见部分高岭石转化为地开石[图 6-34(a)]；少量绿泥石黏土矿物零星分布于下降体系域（FSST）砂岩中[图 6-34(b)]。这两种成岩变化均有保存渗透率的作用，但因含量较小，对储层质量的整体影响不大。

图 6-34　中成岩阶段部分成岩特征

(a) 部分高岭石转化地开石，LS36-1-2，LST；(b) 少量绿泥石胶结作用，LS36-1-1，FSST

以石英次生加大和自生石英为主的石英胶结（图 6-35），局部见Ⅱ~Ⅲ级加大，其胶结物含量不足 0.5%。充填孔隙之中的碳酸盐胶结物如方解石胶结物限制了石英次生加大。扫描电镜下，六方锥形自生石英外缘晶面平直、棱角分明，向孔隙伸长，也见部分自生石英晶粒间与粒表有黏土颗粒分布。石英晶体往往呈杂乱状分布，并常与黏土矿物如高岭石和伊利石等共生；偶见部分自生石英定向分布在碎屑颗粒表面之上。石英胶结在 LST 和 FSST 沉积砂岩中均有发育，主要形成于中成岩阶段的中后期，可见被晚期方解石胶结物所包围，其形成所需的 SiO_2 可能来源于邻层泥岩黏土矿物转化及岩屑蚀变。

图 6-35　石英胶结作用薄片特征

(a) LS36-1-2，LST；(b) LS36-1-2，LST

在 TST 和早期 HST 砂岩中常见铁白云石和含铁方解石的存在，多数样品在该阶段具

碎屑岩成岩作用（富媒体）

较大的负胶结物孔隙度，与孔隙度呈负相关关系（图6-36），抑制压实作用进行，形成流体流动的屏障而方解石在明月峰下段主要以晚期胶结物的形式存在，在不稳定组分溶蚀和石英次生加大之后形成（图6-37）。

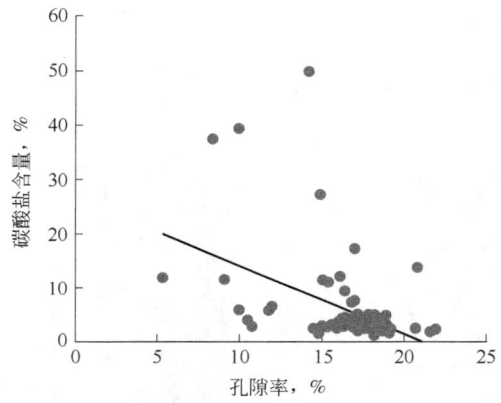

图6-36　碳酸盐含量与孔隙度关系图

图6-37　胶结作用铸体薄片及电镜特征
(a) LS35-3-1, HST；(b) LS35-3-1, TST；(c) LS36-1-2, LST

在粒间孔分布有纤维状、放射状片钠铝石（图6-38），是在富CO_2环境下形成的碱

图6-38　片钠铝石扫描电镜特征
(a) LS36-1-2, LST；(b) LS36-1-1, FSST

性碳酸盐矿物,交代碎屑颗粒,反映最晚一期成岩事件是 CO_2 热流体活动,片钠铝石最早出现的深度也在一定程度上反映了气藏顶部深度,在丽水凹陷多个含油气构造中发现了 CO_2 气体的赋存,如 SMT-1 井在 2574.0~2587.5m 段的气样中,CO_2 的含量高达 99.4%,LS36-1-1 井明月峰组内所采集的气体样品组分主要以 CO_2 和 CH_4 为主。同时片钠铝石含量与斜长石含量具有负相关关系(图 6-39),反映了片钠铝石的沉淀与斜长石溶解有关。

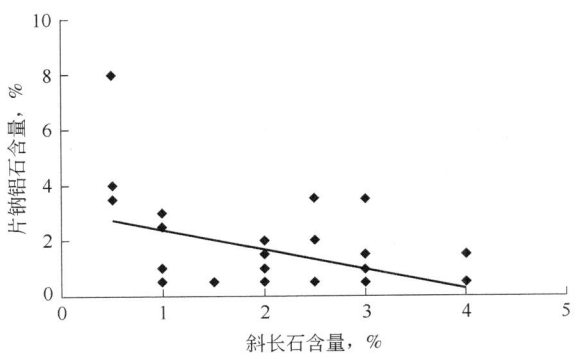

图 6-39 片钠铝石含量与斜长石含量关系图

四、储层成岩序列

在岩石学研究的基础上,通过沉积—层序框架内研究明月峰下段成岩变化,可以更为系统地分析各成岩矿物的分布情况(图 6-40),刻画了成岩作用与这一时期沉积环境和体

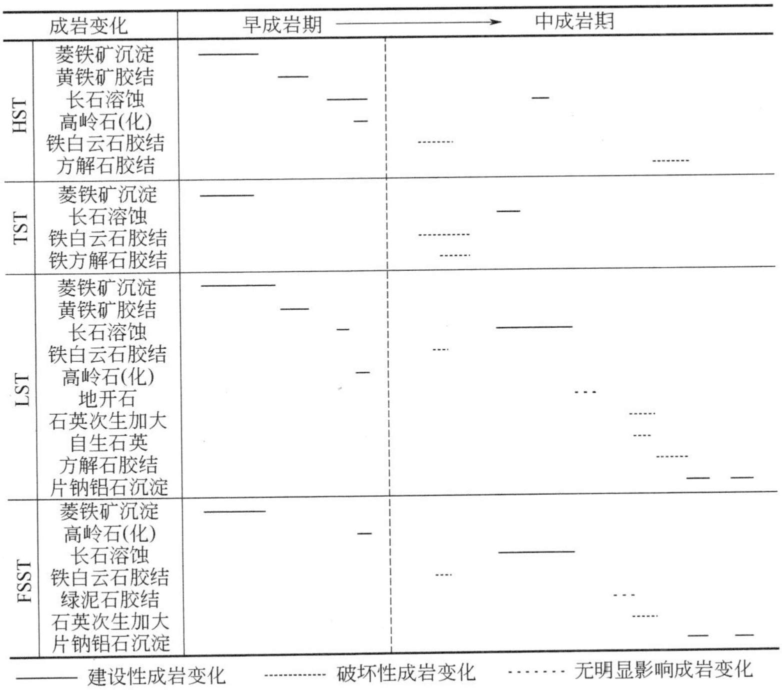

图 6-40 储层成岩演化阶段模式图

系域的变化关系。

菱铁矿在还原条件下和相对较高的 Fe/Ca 比率下比较有利形成（Berner，1981），表明由于其自形形状，孔隙空间可用于沉淀。大气降水造成了长石的初步溶解。长石高岭石化现象的缺乏，反映出早成岩期高岭石的形成是由长石的溶解引起的。硫化物离子由具有草莓状结构的黄铁矿沉淀提供，几乎可以肯定与细菌硫酸盐还原有关（Xu 等，2015）。

高岭石向地开石的部分转变表明，在中成岩演化条件下，高岭石向更有序、更稳定结构的新形态转变（Ehrenberg 等，1993；Kordi 等，2011）。广泛的中成岩期发生的胶结作用，特别是碳酸盐胶结，在一定程度上抑制了机械压实作用，并形成了阻碍流体流动的挡板和屏障。碳酸盐胶结物含量与孔隙度大致呈负相关关系，表明碳酸盐胶结物对储层质量有很强的控制作用（图 6-36）。中成岩期碳酸盐胶结物的形成需要 Ca 和 Mg 质量转移的机制，可由泥页岩成岩作用产生（Moraes 和 Surdam，1993）。滨面 HST 和 TST 砂岩中石英胶结物的缺乏主要是由于普遍存在的碳酸盐岩胶结作用。一般而言，所研究的砂岩中成岩期石英胶结物的主要硅质来源可能是碎屑长石矿物或伊利石化反应（Barclay and Worden，2000；Worden 和 Morad，2000）。明月峰组下部伊利石沉淀是高岭石与钾长石反应的结果，被认为是伊利石化中钾的来源（Chuhan 等，2000；Franks and Zwingmann，2010；Xu 等，2015）。绿泥石成为骨架颗粒的边缘，可能是碎屑或成岩黏土转化的结果（Gier 等，2008；Zhang 等，2008；Zhang 等，2013）。一些研究表明，片钠铝石可能是 CO_2 注入的常规结果（Worden，2006；Bai 和 Keene，2007）。作为这一砂岩中地下环境的晚期成岩矿物，可以反映富 CO_2 流体的存在，从而有助于定位含 CO_2 储层。片钠铝石和斜长石的负相关关系可能反映了斜长石在三角洲 LST 和 FSST 砂岩中的溶解作用可作为片钠铝石的来源（图 6-39）。

在这一框架内，早成岩变化包括：（1）泥晶菱铁矿，在几乎所有体系域均可见，可以抑制压实的进一步进行；（2）颗粒溶蚀和高岭石化，主要分布于 HST 和 LST；（3）黄铁矿胶结，主要形成于 HST 和 LST。

中成岩变化包括：（1）LST 中局部见高岭石向地开石转化，在 FSST 中可见绿泥石零星分布；（2）铁白云石主要分布于 HST 和 TST，含铁方解石发育于 TST，而晚期方解石形成更晚，常见于石英加大之后；（3）石英胶结多见于 LST 和 FSST；（4）片钠铝石作为含 CO_2 气藏的指向标，主要分布于 LST 和 FSST（图 6-40）。

五、沉积—层序格架内成岩时空分布预测模式

由于多岩屑等塑性颗粒和缺乏早期碳酸盐胶结物，投点较为集中，表明本区明月峰下段经历的压实作用对储层质量的影响要大于胶结作用（图 6-41）。综合各体系域成岩变化分布，在沉积—层序格架内构建了成岩时空分布预测模式（图 6-42），进而可以更好反映对储层质量的影响。

明月峰砂岩成岩作用的时空分布的概念模型如图 6-42 所示，表明成岩作用可与沉积

第六章 致密砂岩储层成岩作用实例分析

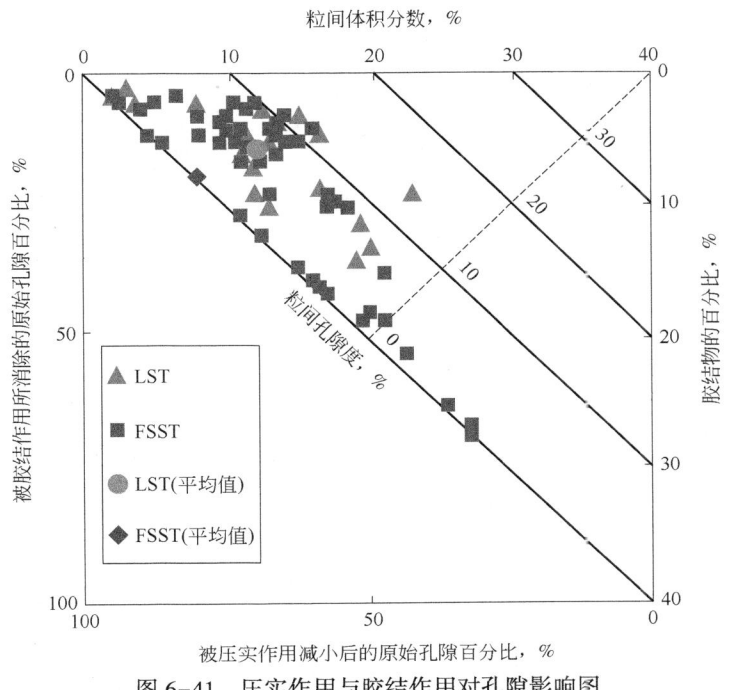

图 6-41 压实作用与胶结作用对孔隙影响图

环境和体系域相关联。此外,储层生成、破坏和保存的特征与成岩过程密切相关。因此,所研究砂岩的储层质量取决于沉积环境和层序地层学框架内成岩过程的变化(Xu 等,2015)。形成储层的主要成岩作用是碎屑骨架颗粒的溶解,这导致了次生孔隙的形成,充分证明了由这种溶解作用引起的次生孔隙度对于深埋砂岩的储存和生产力很重要(Ehrenberg 和 Jakobsen,2001;Taylor 等,2010)。破坏储层质量的成岩作用主要包括机械压实、碳酸盐胶结和石英胶结作用。特别是,在滨面 TST 砂岩中发生的局部但重要的碳酸盐胶结作用可能会阻塞大部分孔隙空间,从而在阻止气体聚集成藏起主要作用。对于有助于保持储层质量的成岩作用,能够促使高岭石转变为地开石、伊利石化以及绿泥石的形成。此外,黄铁矿、菱铁矿和片钠铝石的形成以及颗粒高岭土化对储层质量影响较小(Xu 等,2015)。

压实作用与胶结作用对孔隙影响关系图表明,在 LST 和 FSST 砂岩中,压实引起的主要孔隙度损失比胶结作用更为重要(图6-41)。这可以归因于存在少量的早期成岩胶结物能够阻碍机械压实的进行(Salem 等,2005;Xu 等,2015)。

将成岩作用对储层非均质性的影响与沉积环境和层序地层联系起来,可以预见,三角洲的 LST 和 FSST 砂岩将是天然气成藏的重要目标,储层质量相对较好。在不同沉积环境和体系域的框架内建立储层质量演化模型将为预测和分级油气勘探和开发前景提供有价值的手段。

碎屑岩成岩作用（富媒体）

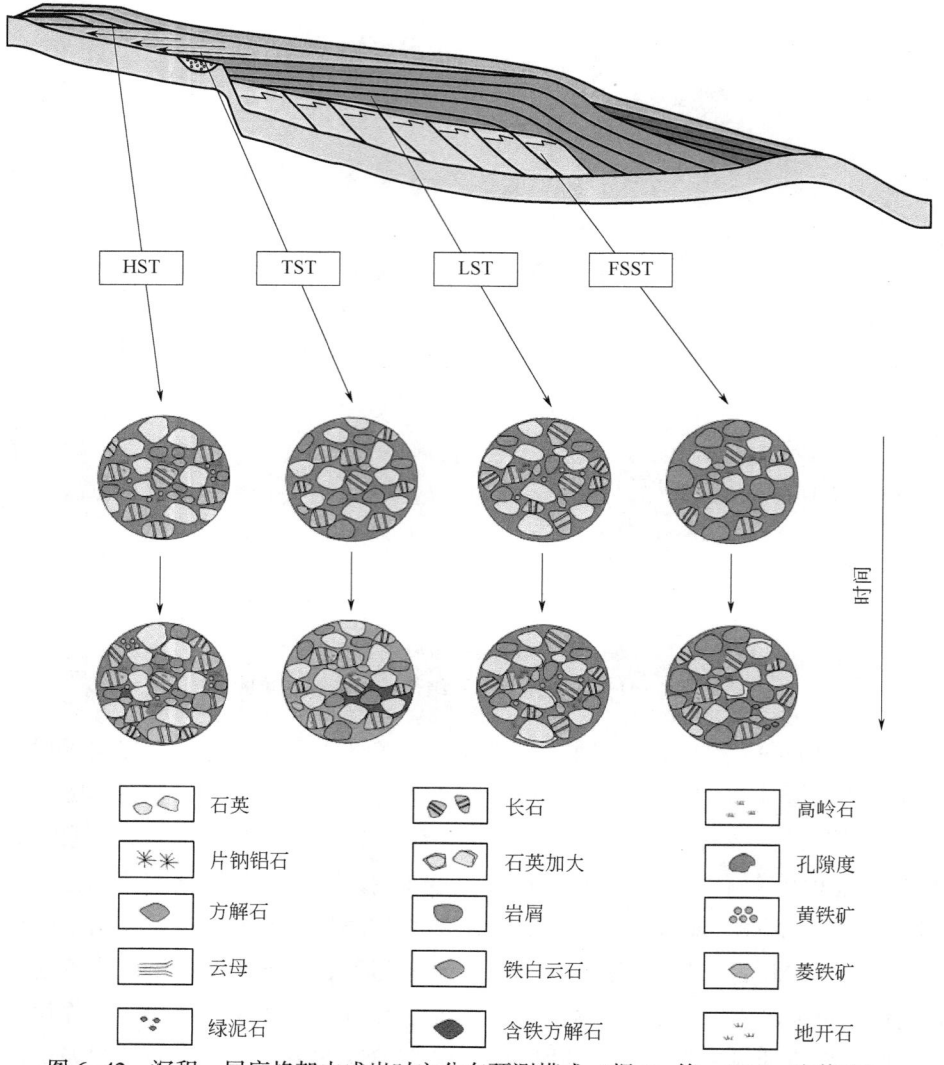

图 6-42　沉积—层序格架内成岩时空分布预测模式（据 Xu 等，2015，有修改）

参考文献

刘凡，姜汉桥，张贤松，等，2013. 基于核磁共振的水平井开发孔隙动用机理研究. 西南石油大学学报：自然科学版，35（6）：99-103.

张金亮，常象春，2002. 深盆气地质理论及应用. 北京：地质出版社.

张金亮，司学强，梁杰，等，2004. 陕甘宁盆地庆阳地区长 8 油层砂岩成岩作用及其对储层性质的影响. 沉积学报，22（2）：225-233.

张鹏辉，Lee Y I，张金亮，等，2019. 砂岩储集层粒间孔隙保存机制. 天然气工业，39（7）：31-40.

朱华银，徐轩，高岩，等，2014. 致密砂岩孔隙内水的赋存特征及其对气体渗流的影响：以松辽盆地长岭气田登娄库组气藏为例. 天然气工业，34（10）：54-58.

第六章 致密砂岩储层成岩作用实例分析

Anovitz L M, Cole D R, 2015. Characterization and analysis of porosity and pore structures. Reviews in Mineralogy & Geochemistry, 80: 61-164.

Ajdukiewicz J M, Lander R H, 2010. Sandstone reservoir quality prediction: the state of the art. AAPG Bulletin, 94 (8): 1083-1091.

Ajdukiewicz J M, Nicholson P H, Esch W L, 2010. Prediction of deep reservoir quality using early diagenetic process models in the Jurassic Norphlet Formation, Gulf of Mexico. AAPG Bulletin, 94 (8): 1189-1227.

Ajdukiewicz J M, Larese R E, 2012. How clay grain coats inhibit quartz cement and preserve porosity in deeply buried sandstones: observations and experiments. AAPG Bulletin, 96 (11): 2091-2119.

Anjos S M C, De Ros L F, Souza R S, et al, 2000. Depositional and diagenetic controls on the reservoir quality of Lower Cretaceous Pendência sandstones, Potiguar rift basin, Brazil. AAPG Bulletin, 84 (11): 1719-1742.

Anjos S M C, De Ros L F, Silva C M A, 2003. Chlorite authigenesis and porosity preservation in the Upper Cretaceous marine sandstones of the Santos Basin, offshore eastern Brazil//Worden R H, Morad S. Clay mineral cements in sandstones. International Association of Sedimentology Special Publication, 34: 291-316.

Atkins J E, McBride E F, 1992. Porosity and packing of Holocene river, delta, and beach sands. AAPG Bulletin, 76: 339-355.

Bai G, Keene J B, 2007. Diagenesis and fluid flow history in sandstones of the Upper Permian Black Jack Formation, Gunnedah Basin, Eastern Australia. Acta Geologica Sinica-English Edition, 81 (3): 433-441.

Barclay S A, Worden R H, 2000. Geochemical modeling of diagenetic reactions in an arkosic sandstone. Clay Minerals, 35: 61-71.

Berner R A, 1981. A review of geochemical classification of sedimentary environments. Journal of Sedimentary Petrology, 51: 359-365.

Berger A, Gier S, Krois P, 2009. Porosity-preserving chlorite cements in shallow-marine volcaniclastic sandstones: evidence from Cretaceous sandstones of the Sawan gas field, Pakistan. AAPG Bulletin, 93 (5): 595-615.

Bjørkum P A, 1996. How important is pressure in causing dissolution of quartz in sandstones? Journal of Sedimentary Research, 66 (6): 147-154.

Bloch S, Lander R H, Bonnel L, 2002. Anomalously high porosity and permeability in deeply buried sandstone reservoirs: origin and predictability. AAPG Bulletin, 86 (2): 301-328.

Boles J R, Coombs D S, 1977. Zeolite facies alteration of sandstones in the Southland Syncline, New Zealand. American Journal of Science, 277: 982-1012.

Boles J R, 1978. Active ankerite cementation in the subsurface Eocene of Southwest Texas. Contributions to Mineralogy and Petrology, 68: 13-22.

Chuhan F K, Bjørlykke K, Lowrey C, 2001. The role of provenance in illitization of deeply buried reservoir sandstones from Haltenbanken and north Viking Graben, offshore Norway. Marine and Petroleum Geology, 17: 673-689.

De Ros L F, 1998. Heterogeneous generation and evolution of diagenetic quartz arenites in the Silurian-Devonian Furnas Formation of the Paraná Basin, southern Brazil. Sedimentary Geology, 116: 99-129.

De Sousa R S, De Ros L F, Morad S, 1995. Dolomite diagenesis and porosity preservation in lithic reservoirs: Carmópolis Member, Sergipe-Alagoas Basin, northeastern Brazil. AAPG Bulletin, 79: 725-748.

碎屑岩成岩作用（富媒体）

Dutton S P, Land L S, 1998. Cementation and burial history of a low – permeability quartzarenite, Lower Cretaceous Travis Peak Formation, East Texas. GSA Bulletin, 100: 1271-1282.

Ehrenberg S N, Aagaard P, Wilson M J, et al, 1993. Depth-dependent transformation of kaolinite to dickite in sandstones of the Norwegian continental shelf. Clay Minerals, 28: 325-352.

Ehrengerg S N, 1995. Measuring sandstone compaction from modal analyses of thin sections: how to do it and what the results mean. Journal of Sedimentary Research, 65A (2): 369-379.

Ehrenberg S N, Jakobsen K G, 2001. Plagioclase dissolution related to biodegradation of oil in Brent Group sandstones (Middle Jurassic) of Gullfaks field, northern North Sea. Sedimentology, 48: 703-721.

Folk R L, 1968. Petrology of Sedimentary Rocks. Austin: Hemphill Publishing Co.

Franks S G, Zwingmann H, 2010. Origin and timing of late diagenetic illite in the Permian – Carboniferous Unayzah sandstone reservoirs of Saudi Arabia. AAPG Bulletin, 94 (8): 1133-1159.

Gaupp R, Matter A, Platt J, et al, 1993. Diagenesis and fluid evolution of deeply buried Permian (Rotliegende) gas reservoirs, northwest Germany. AAPG Bulletin, 77: 1111-1128.

Gluyas J G, Cade C A, 1997. Prediction of porosity in compacted sands.//Kupecz J A, Gluyas J G, Bloch S. Reservoir quality prediction in sandstones and carbonates. AAPG Memoir, 69.

Golab A N, Knackstedt M A, Averdunk H, et al, 2010. 3D porosity and mineralogy characterization in tight gas sandstones. The Leading Edge, 29 (12): 1476-1483.

Gould K, Pe-Piper G, Piper D J W, 2010. Relationship of diagenetic chlorite rims to depositional facies in Lower Cretaceous reservoir sandstones of the Scotian Basin. Sedimentlogy, 57: 587-610.

Grigsby J D, 2001. Origin and growth mechanism of authigenic chlorite in sandstones of the lower Vicksburg Formation, South Texas. Journal of Sedimentary Research, 71 (1): 27-36.

Heald M T, Larese R E, 1974. Influence of coatings on quartz cementation. Journal of Sedimentary Petrology, 44: 1269-1274.

Houseknecht D W, 1987. Assessing the relative importance of compaction processes and cementation to reduction of porosity in sandstones. AAPG Bulletin, 71: 633-642.

Kim Y, Lee Y I, 2004. Origin of quartz cement in the Lower Ordovician Dongjeom Formation, Korea. Journal of Asian Earth Sciences, 24: 327-335.

Kordi M, Turner B, Salem A M K, 2011. Linking diagenesis to sequence stratigraphy in fluvial and shallow marine sandstones: evidence from the Cambrian – Ordovician lower sandstone unit in southwestern Sinai, Egypt. Marine and Petroleum Geology, 28: 1554-1571.

Land L S, Miliken K L, 1981. Feldspar diagenesis in the Frio Formation, Brazoria County, Texas Gulf Coast. Geology, 9: 314-318.

Land L S, Milliken K L, Mcbride E F, 1987. Diagenetic evolution of Cenozoic sandstones, Gulf of Mexico sedimentary basin. Sedimentary Geology, 50: 195-225.

Lander R H, Walderhaug O, 1999. Predicting porosity through simulating sandstone compaction and quartz cementation. AAPG Bulletin, 83: 433-449.

Lander R H, Larese R E, Bonnel L M, 2008. Toward more accurate quartz-cement models: the importance of euhedral versus noneuhedral growth rates. AAPG Bulletin, 92 (11): 1537-1563.

Lander R H, Bonnell L M, 2010. A model for fibrous illite nucleation and growth in sandstone. AAPG Bulletin,

94 (8): 1161-1187.

Lee J I, Lee Y I, 1998. Feldspar albitization in Cretaceous nonmarine mudrocks, Gyeongsang Basin, Korea. Sedimentology, 45: 745-754.

Li D Y, Jiang X D, Xu F, et al, 2016. Geochemisry of the paleocene clastic rocks in Lishui Sag, East China Sea Shelf Basin: implications for tectonic background and provenance. Acta Geologica Sinica, 90: 166-181.

Lundegard P D, 1992. Sandstone porosity loss—a "big picture" view of the importance of compaction. Journal of Sedimentary Petrology, 62 (2): 250-260.

Marchand A M E, Haszeldine R S, Smalley P C, et al, 2001. Evidence for reduced quartz cementation rates in oil-filled sandstones. Geology, 29: 915-918.

McAulay G E, Burley S D, Fallick A E, et al, 1994. Palaeohydrodynamic fluid flow regimes during diagenesis of the Brent group in the Hutton-NW Hutton reservoirs, constraints from oxygen isotope studies of authigenic kaolin and reserves flexural modeling. Clay Minerals, 29: 609-629.

Mello U T, Karne G D, Anderson R N, 1995. Role of salt in restraining the maturation of subsalt source rocks. Marine and Petroleum Geology, 12: 697-716.

Molenaar S, Cyziene J, Sliaupa S, et al, 2008. Lack of inhibiting effect of oil emplacement on quartz cementation: evidence from Cambrian reservoir sandstones, Paleozoic Baltic Basin. GSA Bulletin, 120 (9/10): 1280-1295.

Morad S, 1990. Mica alteration reactions in Jurassic reservoir sandstones from the Haltenbanken area, offshore Norway. Clay and Clay Minerals, 38: 584-590.

Morad S, 1998. Carbonate cementation in sandstones: distribution patterns and geochemical evolution // Morad S. Carbonate cementation in sandstones. International Association of Sedimentology Special Publication, 26: 1-26.

Morad S, Ketzer J M, De Ros L F, 2000. Spatial and temporal distribution of diagenetic alterations in siliciclastic rocks: implications of mass transfer in sedimentary basins. Sedimentology, 47: 95-120.

Morad S, Al-Ramadan K, Ketzer J M, et al, 2010. The impact of diagenesis on the heterogeneity of sandstone reservoirs: a review of the role of depositional facies and sequence stratigraphy. AAPG Bulletin, 94 (8): 1267-1309.

Moraes M A S, Surdam R C, 1993. Diagenetic heterogeneity and reservoir quality: fluvial, deltaic, and turbiditic sandstone reservoirs, Potiguar and Recôncavo rift basins, Brazil. AAPG Bulletin, 77: 1142-1158.

Mousavi M A, Bryant S L, 2012. Connectivity of pore space as a control on two-phase flow properties of tight-gas sandstones. Transport in Porous Media, 94 (2): 537-554.

Mousavi M A, Bryant S L, 2013. Geometric models of porosity reduction by ductile grain compaction and cementation. AAPG Bulletin, 97 (12): 2129-2148.

Osborne M J, Swarbrick R E, 1999. Diagenesis in North Sea HPHT clastic reservoirs: consequences for porosity and overpressure prediction. Marine and Petroleum Geology, 16: 337-353.

Ozkan A, Cumella S P, Milliken K L, et al, 2011. Prediction of lithofacies and reservoir quality using well logs, Late Cretaceous Williams Fork Formation, Mamm Creek field, Piceance Basin, Colorado. AAPG Bulletin, 95 (10): 1699-1723.

Paxton S T, Szabo J O, Ajdukiewicz J M, et al, 2002. Construction of an intergranular volume compaction curve for evaluating and predicting compaction and porosity loss in rigid-grain sandstone reservoirs. AAPG Bulletin,

86 (12): 2047-2067.

Pittman E D, Larese R E, Heald M T, 1992. Clay coats: Occurrence and relevance to preservation of porosity in sandstones // Houseknecht D W, Pittman E D. Origin, diagenesis, and petrophysics of clay minerals in sandstones. SEPM Sepical Publication 47: 241-264.

Pittman E D, Larese R E, 1991. Compaction of lithic sands: experimental results and applications. AAPG Bulletin, 75 (8): 1279-1299.

Ramm M, Bjørlykke, 1994. Porosity/depth trends in reservoir sandstones: Assessing the quantitative effects of varying pore pressure, temperature history and mineralogy, Norwegian shelf area. Clay Minerals, 29: 475-490.

Salem A M, Ketzer J M, Morad S, et al, 2005. Diagenesis and reservoir-quality evolution of incised-valley sandstones: evidence from the Abu Madi gas reservoirs (Upper Miocene), the Nile Delta Basin, Egypt. Journal of Sedimentary Research, 75: 572-584.

Salem A M, Morad S, Mato L F, et al, 2000. Diagenesis and reservoir-quality evolution of fluvial sandstones during progressive burial and uplift: evidence from the Upper Jurassic Boipeba Member, Recôncavo Basin, northeastern Brazil. AAPG Bulletin, 84 (7): 1015-1040.

Spencer C W, 1985. Geologic aspects of tight gas reservoirs in the Rocky Mountain Region. Journal of Petroleum Technology, 37: 1308-1314.

Taylor T R, Giles M R, Hathon L A, et al, 2010. Sandstone diagenesis and reservoir quality prediction: models, myths, and reality. AAPG Bulletin, 94 (8): 1093-1132.

Tobin R C, McClain T, Lieber R B, et al, 2010. Reservoir quality modeling of tight-gas sands in Wamsutter field: integration of diagenesis, petroleum systems, and production data. AAPG Bulletin, 94 (8): 1229-1266.

Weimer R J, Sonnenberg S A, 1994. Low resistivity pays in J Sandstone, deep basin center accumulations, Denver basin. AAPG Annual Convention Program 6, 280.

Wescott W A, 1983. Diagenesis of Cotton Valley sandstone (Upper Jurassic), east Texas: implications for tight gas formation pay recognition. AAPG Bulletin, 67: 1002-1013.

Wilson M D, Pittman E D, 1977. Authigenic clays in sandstones: recognition and influence on reservoir properties and paleoenvironmental analysis. Journal of Sedimentary Petrology, 47 (1): 3-31.

Wilson M D, 1982. Origin of clays controlling permeability in tight gas sands. Journal of Petroleum Technology, 34: 2871-2876.

Wilson M D, Stanton P T, 1994. Diagenetic mechanisms of porosity and permeability reduction and enhancement // Wilson M D. Reservoir quality assessment and prediction in clastic rocks. SEPM Short Course, 30: 59-118.

Worden R H, Oxtoby N H, Smalley P C, 1998. Can oil emplacement prevent quartz cementation in sandstones? Petroleum Geoscience, 4: 129-137.

Worden R H, Morad S, 2000. Quartz cementation in oil field sandstones // Worden R H, Morad S. Quartz cementation in sandstones. International Association of Sedimentology Special Publication, 29: 1-20.

Worden R H, 2006. Dawsonite cement in the Triassic Lam Formation, Shabwa Basin, Yemen: a natural analogue for a potential mineral product of subsurface CO_2 storage for greenhouse gas reduction. Marine and Petroleum Geology, 23: 61-77.

Worden R H, French M W, Mariani E, 2012. Amorphous silica nanofilms result in growth of misoriented microcrystalline quartz cement maintaining porosity in deeply buried sandstones. Geology, 40 (2): 179-182.

Xu F, Zhang P, Zhang J, et al, 2015. Diagenesis and diagenetic evolution of deltaic and neritic gas-bearing sandstones in the Lower Mingyuefeng Formation of Paleogene, Lishui Sag, East China Sea Shelf Basin: implications for depositional environments and sequence stratigraphy controls. Acta Geologica Sinica-English Edition, 89: 1625-1635.

Xu T, Apps J A, Pruess K, 2003. Reactive geochemical transport simulation to study mineral trapping for CO_2 disposal in deep arenaceous formations. Journal of Geophysical Research-Solid Earth, 108 (B2): 1-13.

Zhang P, Lee Y I, Zhang J, 2015. Diagenesis of tight-gas sandstones from the Lower Cretaceous Denglouku Formation, Songliao Basin, NE China: implications for reservoir quality. Journal of Petroleum Geology, 38 (1): 99-114.

Zhang P, Lee Y I, Zhang J, 2019. A review of high-resolution X-ray computed tomography applied to petroleum geology and a case study. Micron, 12.

Zou C N, Yang Z, Tao S Z, et al, 2013. Continuous hydrocarbon accumulation over a large area as a distinguishing characteristic of unconventional petroleum: the Ordos Basin, North-Central China. Earth-Science Reviews, 126: 358-369.